Chaim Schatzker

Die Juden in den deutschen Geschichtsbüchern

Schulbuchanalyse zur Darstellung der Juden, des Judentums und des Staates Israel

Chaim Schatzker

Die Juden in den deutschen Geschichtsbüchern

Schulbuchanalyse zur Darstellung der Juden, des Judentums und des Staates Israel

Schriftenreihe der Bundeszentrale für politische Bildung · Bonn
Band 173

1981
ISBN 3-921352-78-9

Herausgeber:
Bundeszentrale für politische Bildung · Bonn

Redaktion:
Dr. Dieter Schmidt-Sinns, Dr. Gernot Dallinger

Gesamtherstellung:
A. Bernecker, 3508 Melsungen

Inhalt

Der Dank des Verfassers gilt der Bundeszentrale für politische Bildung und seinem Direktorium, ohne deren Förderung und Unterstützung diese Untersuchung nicht hätte erscheinen können. Auch der Gesamthochschule Duisburg sei gedankt, besonders den Herren Professoren Dr. Heinz Kremers und Dr. Horst Schallenberger, die durch die Errichtung des „Forschungsschwerpunktes Juden, Judentum und Staat Israel“ und die daraus entstandenen Schulbuchseminare weitere Voraussetzungen für die vorliegende Untersuchung schufen. Im Auftrag der Bundeszentrale begleitete Herr Dr. Dieter Schmidt-Sinns die Entstehung der Studie mit Rat und Tat. Der Direktor des Instituts für Schulbuchforschung, Herr Dr. Gerd Stein, war bei der Auswahl und Beschaffung der untersuchten Lehrbücher behilflich. Frau Ina Möller und Herr Claus Bergdoll leisteten mannigfaltige Unterstützung und technische Hilfe. Ihnen allen weiß sich der Verfasser dankbar verbunden.

Vorwort

Seit Gründung der Bundeszentrale für politische Bildung im Jahre 1952 gehörte die Aufklärung über die NS-Zeit und damit auch über die Verfolgung der Juden in Deutschland und in Europa zu ihren wichtigsten Aufgaben. Die Beobachtung des zeitgeschichtlichen Unterrichts in der Schule und Anregungen zu dessen Verbesserung stehen damit in engem Zusammenhang. Eine der Voraussetzungen dafür ist Schulbuchanalyse und Schulbuchkritik.

Die erste Studie dieser Art und Thematik wurde im Jahre 1963 von Saul B. Robinsohn und Chaim Schatzker erarbeitet und von Georg Eckert und Otto-Ernst Schüddekopf in der Schriftenreihe des Internationalen Schulbuchinstituts in Braunschweig herausgegeben: „Jüdische Geschichte in deutschen Geschichtslehrbüchern." Nach fast zwei Jahrzehnten, in denen die Geschichtsdidaktik eine zeitweise stürmische Entwicklung genommen hat, erscheint es sinnvoll, deutsche Geschichtsbücher unter der gleichen Fragestellung erneut zu untersuchen.

Saul B. Robinsohn ist schon vor längerer Zeit gestorben. Chaim Schatzker, der jüngere der beiden Verfasser jener ersten Studie jedoch, lehrt heute Erziehungswissenschaften an der Hebräischen Universität Jerusalem. Die Bundeszentrale ist ihm zu besonderem Dank verpflichtet, da er bereit war, jene Untersuchung zu wiederholen, nunmehr an völlig veränderten Lehrbüchern und mit einem modernisierten methodischen Instrumentarium. Wir hoffen, damit zugleich eine der wesentlichen Voraussetzungen für den Beginn von Schulbuchgesprächen zwischen israelischen und deutschen Wissenschaftlern, die in nächster Zeit aufgenommen werden sollen, geschaffen zu haben. Ziel all dieser Aktivitäten und auch Lernziel des betreffenden Schulunterrichts ist die Aufklärung über das Judentum, sein Verhältnis zu Deutschland und die gemeinsame Geschichte, um über die verbesserte Kenntnis voneinander zu einem vertieften Verständnis füreinander zu gelangen und damit auch den dunkelsten Teil des deutsch-jüdischen Zusammenlebens, der hebräisch „Schoah", die Katastrophe, heißt, überwinden zu können.

Das Direktorium der Bundeszentrale für politische Bildung

Franklin Schultheiß — Horst Dahlhaus — Dr. Gerd Langguth

Dieter Schmidt-Sinns

Probleme deutsch-israelischer Schulbuchrevision

Zur Einführung

Das Verhältnis zwischen den Juden und den Deutschen ist von den Ereignissen geprägt, die im NS-Deutsch zynisch-verdunkelnd als *„Endlösung"* bezeichnet wurden, die im Englischen *holocaust,* hebräisch *Schoah* heißen, und die in der nüchternen Sprache der Juristen *Genozid, Völkermord,* genannt werden. Von dieser gemeinsamen Vergangenheit kann man nicht absehen.

Das Wort *Endlösung* steht wie das damit verschleierte Verbrechen am Ende einer Kette von unterschiedlichen Plänen und Aktionen der nationalsozialistischen Führung zur *„Lösung der Judenfrage"*. Auch die Pläne erzwungener Auswanderung, etwa nach Madagaskar, fielen zunächst unter jenen Begriff. Man sprach von *„Endziel"* und schließlich von der *„Endlösung"* im Sinne einer „Vertreibung und Isolierung aller Juden im deutschen Machtbereich"[1]). Hitlers Entschluß zum Massenmord an den Juden scheint zwischen Spätsommer und November 1941 gefallen zu sein; von nun ab hieß Endlösung Vernichtung.

Der Begriff *Holocaust* war in Deutschland weithin unbekannt, bis ihn eine Fernsehserie aus Amerika vermarktete und damit in der Bundesrepublik Anfang 1979 auch ein erneuertes Bewußtsein von den Verbrechen verbreitete. Seither wird er oft gedankenlos als Bezeichnung für die Serie gebraucht („Der unerwartete Erfolg von Holocaust . . ."!). Aber auch bei angemessener Verwendung ist diese Bezeichnung für einen brutalen, fabrikmäßigen Massenmord recht eigentümlich: Die genaueste Übersetzung heißt „Brandopfer"; der Begriff enthält eine religiöse Verbrämung, ja Mystifizierung, die dem nicht-jüdischen Benutzer des Wortes schwer nachvollziehbar bleibt, die aber zugleich einen

---

[1]) Uwe Dietrich Adam, Judenpolitik im Dritten Reich, Düsseldorf 1972, S. 304; dort auch die Darstellung der semantischen Entwicklung und die chronologische Festlegung in Auseinandersetzung mit der älteren Literatur. Dazu ergänzend Martin Broszat, Hitler und die Genesis der „Endlösung". Aus Anlaß der Thesen von David Irving, Vierteljahreshefte für Zeitgeschichte, 4/1977, S. 739ff.

unmittelbaren Einblick in die Art der jüdischen Religiosität eröffnet. Holocaust als Opfergang?[2])

Demgegenüber wird die Einordnung des Holocaust als *Völkermord* von den meisten Juden als unzutreffend weil unzureichend abgelehnt; auch der Autor verwendet den Begriff nicht. Es handele sich eben nicht nur um die „Vernichtung einer nationalen, religiösen, rassischen oder völkischen Gruppe“, wie die Vereinten Nationen Völkermord definieren, sondern um den Versuch, den als Urbild des Bösen ideologisch verteufelten Juden physisch und geistig zu vernichten. Die Gleichsetzung der Judenvernichtung mit der Verfolgung von Zigeunern, Homosexuellen oder politischen und religiösen Gegnern aller Lager wird daher in Israel, auch abgesehen von den Zahlen der Opfer, allgemein als unangemessen betrachtet[3]).

Eine bilaterale Schulbuchrevision wird von einer traumatischen Fixierung des jüdischen Volkes auf die Katastrophe in der NS-Zeit auszugehen haben; auch die Behandlung des Holocaust im Schulwesen Israels macht das deutlich. Chaim Schatzker beschreibt drei Phasen unterschiedlicher didaktischer Ansätze, die sich abwechseln, aber auch gegenseitig überlagern[4]). Zunächst stand der *gefühlsmäßige Zugang* stark im Vordergrund, als „Lernziel und -inhalt, Motivation und Methode“[5]), ohne didaktische Reflexion. Religiös-nationale Gedenkfeiern prägten und ergänzten mit ihren Ritualen den Unterricht. Als Reaktion auf diese Einseitigkeiten gewann der Lerngegenstand mehr und mehr *instrumentale Funktion:* ethische, allgemein erzieherische und allgemein menschliche Probleme, Menschenrechte und Demokratie wurden im Unterricht angesprochen, was jedoch die Gefahr mit sich brachte, daß die Einzigartigkeit des Ereignisses durch die Abstraktheit der Darstellung und die Art der Auseinandersetzung relativiert wurde.

---

[2]) Der Sprachgebrauch von „Holocaust“ umfaßt trotz der ursprünglichen Bedeutung nicht allein die Judenvernichtung, sondern schließt die Verfolgung ein: „Did you or a member of your family experience holocaust in Europe?“ (Frage aus einer sozialwissenschaftlichen Studie; s. Hannah Levinsohn, The Television Series „Holocaust“ in Israel, in: International Journal of Political Education 1981, 1/2, S. 158.)

[3]) „Jews . . . did not fall into the category of class struggle, policy toward minorities, war victims, or any other general term that tries to avoid the confrontation with the core of the so-called Holocaust.“ Chaim Schatzker, The Teaching of the Holocaust: Dilemmas and Considerations. The Annals of the American Academy of Political and Social Science, 450, 1980, S. 226.

[4]) Chaim Schatzker, The Holocaust in Israeli Education, unveröffentl. Vortragsmanuskript 1981. – Ders., 1980 (s. Anm. 3) – Ders., Didactic Considerations in Teaching the Holocaust, Beacon Selection from the Massuah Yearbooks on the Holocaust and Heroism No 1, Tel Yitshak u. Tel Aviv, 1978.

[5]) Schatzker, 1981, S. 5.

Zur Zeit sieht Schatzker einen dritten Ansatz, den „*existenziellen*", an Boden gewinnen, er hält ihn für charakteristisch für die gegenwärtige israelische Gesellschaft. Dabei wird der Existenzkampf der Juden inmitten der Unmenschlichkeit und Entmenschlichung, der Schrecken des Gettos und der Todesmaschinerie herausgestellt, damit zugleich die historischen Wurzeln des gegenwärtigen Staates mit dem Ziel der stärkeren Identifizierung, vielleicht auch unter dem Eindruck wachsender Isolation und antisemitischer Äußerungen und Ausschreitungen in der Welt[6]). Diese Entwicklungen wird man zur Beurteilung der Schulbuchsituation in beiden Staaten beachten müssen; es fällt auf, daß die Judenverfolgung auch didaktisch für die Opfer offenbar schwerer zu bewältigen ist als für die Täter.

Die Auseinandersetzung mit den Geschehnissen ist in Israel auch intensiver erfolgt als in der Bundesrepublik. Schatzkers kritische Hinweise auf diese Tatsache lassen sich durch die folgenden Überlegungen ergänzen und stützen:

Eine Bibliographie, die alle in deutschen Fachzeitschriften zwischen 1960 und 1979 veröffentlichten Unterrichtseinheiten zur politischen Bildung zu erfassen sucht, führt unter den 85 den Nationalsozialismus betreffenden Titeln 13 auf, die Antisemitismus und Judenverfolgung behandeln (zum Vergleich: 12 Titel zum Widerstand und 8 Titel zu Kriegsvorbereitung und Krieg)[7]). Eine nähere Aufschlüsselung läßt erkennen, daß fünf Titel aus den Jahren 1960/61 stammen, drei davon den Antisemitismus in offenbar *historischem Zugriff* behandeln (ein Titel: „Der Fall Eichmann") – es waren die Jahre, die auf die Kölner Synagogenschändung 1959 folgten; im Jahre 1961 stand Eichmann in Jerusalem vor Gericht. Gegen Mitte des Jahrzehnts erscheinen zwei Aufsätze, die den Antisemitismus *sozialpsychologisch* aufarbeiten und seine Behandlung nach dem Konzept des sozialen Vorurteils vorschlagen. Nach einem einzigen weiteren Beitrag zum Thema Judenverfolgung (1970) wird das didaktische Problem erst wieder 1978/79, und dann fast ausschließlich unter der engeren Themenstellung „*Judenverfolgung*" oder (meist) „*Holocaust*" wieder aufgenommen; die Fernsehserie wurde in der Bundesrepublik im Januar 1979 ausgestrahlt, und bis Ende 1979 wurden schon fünf Unterrichtseinheiten publiziert. Trotz des geringen Zahlenmaterials wird man folgern dürfen, daß die Tendenz bestand, die Thematik zu Beginn der sechziger Jahre in eher historischem, gegen Mitte der sechziger Jahre in eher sozialpsychologischem Zugriff zu unterrichten; nach einem längeren Zeitraum fast ohne einschlägige Veröffentlichungen – zwischen 1967 und 1977 standen in der Literatur didaktische Grundsatzfragen, wissenschaftstheoretische Begründungszusammenhänge und innenpolitische Streitfra-

---

[6]) Schatzker, 1981, S. 7.

[7]) Alfred Kurz/Robert Graeff, Bibliographie zu Unterrrichtseinheiten der politischen Bildung. Veröffentlichungen in Zeitschriften 1960–1979. Schriftenreihe der Bundeszentrale für politische Bildung, H. 141, Bonn ^{2}1981, S. 188 ff.

gen im Vordergrund – wird in der Bundesrepublik seit 1978/79 verstärkt die Judenverfolgung und -vernichtung als Thema des Unterrichts aufgenommen und erörtert.

Nun wird in der vorliegenden Schulbuchanalyse keineswegs die Ansicht vertreten, das Verhältnis zwischen Juden und Deutschen sei mit der schulischen Behandlung der durch die Nationalsozialisten verursachten Katastrophe zureichend oder auch nur schwerpunktmäßig aufzuarbeiten. Dies geschieht auch in Israel nicht in dieser Weise; bei aller Ausführlichkeit, mit der das jüdische Schicksal in den Jahren 1933 bis 1945 besprochen wird, ist doch ein großer Teil der Behandlung des deutsch-jüdischen Verhältnisses den vorangehenden Jahrhunderten gewidmet[8]). Man ist erstaunt, wie ausführlich Teile der deutschen, man kann sagen deutsch-jüdischen Geschichte unterrichtet werden. Allein die Zeit nach etwa 1950 bleibt fast unerwähnt. „Die Geschichte der Bundesrepublik Deutschland kommt in keinem der . . . Lehrbücher vor“ sagt Chaim Schatzker noch im Jahre 1976. „Eine Abhilfe dieser mißlichen Lage würde wohl eine der vornehmlichsten Aufgaben und dringlichsten Empfehlungen einer künftigen gemischten Schulbuchkonferenz bilden.“[9])

Die Verbesserung der in den Schulen benutzten Bücher ist das Ziel der vorliegenden wie grundsätzlich jeder Schulbuchanalyse, wobei der Leser dieser Untersuchung sich darüber klar sein sollte, daß die Analyse jeweils nur den ersten Schritt ausmachen kann. Die internationale Schulbuchrevision baut auf einem komplexen, von Fachwissenschaft, Fachdidaktik, Erziehungswissenschaft und Politik gespeisten Beziehungsfeld auf; der gute Wille sei, sagt Karl-Ernst Jeismann, zwar eine notwendige, keineswegs jedoch eine hinreichende Voraussetzung internationaler Schulbuchforschung. Auch gehe es darum, „das komplizierte und empfindliche Feld eines scharf und tief besetzten historischen Bewußtseins und seine Verflechtung mit gegenwärtigen Optionen zu erforschen und in Rechnung zu stellen.“[10]) Das gilt sicher für Juden und Deutsche in besonderem Maße.

Chaim Schatzker hat sich bemüht, seine Untersuchung auf die quantitative und qualitative Analyse zu beschränken und keine Bewertungskriterien aufzustellen, die seinen Vorstellungen vom optimalen Schulbuch entsprechen. Dennoch lassen sich Wertungen bei naturgemäß vergleichend ansetzenden Analysen nicht ganz ausschließen. Der Leser hätte sich vielleicht sogar an mancher Stelle eine schärfere Aussage oder abschließend eine zusammenfassende Gesamtwertung gewünscht; der Autor hat dies bewußt vermieden. Einige der zugrunde-

---

[8]) Chaim Schatzker, Das Deutschlandbild in den israelischen Geschichtsbüchern, Aus Politik und Zeitgeschichte, B 41/76, S. 5 ff.

[9]) Schatzker, ebenda S. 5.

[10]) Karl-Ernst Jeismann, Internationale Schulbuchforschung. Aufgaben und Probleme. Internationale Schulbuchforschung 1979/1, S. 13.

liegenden didaktischen Grundpositionen sollen jedoch einleitend zum besseren Verständnis der Analyse herausgehoben und erörtert werden.

Schatzker geht davon aus, daß ein ausreichendes Verständnis für die Vergangenheit des jüdischen Volkes vor allem dadurch behindert wird, daß die Juden in den Geschichtsbüchern zwar vielfach, aber meist punktuell auftreten, häufig noch beim Schüler negative Assoziationen auslösend: als Mörder Christi, als Aufrührer gegen die römische Weltmacht, als vermeintliche Brunnenvergifter und deshalb Verfolgte im Mittelalter, als Handelsjuden, schließlich als zu erfolgreiche Emporkömmlinge nach ihrer Emanzipation. Dagegen wäre zunächst einzuwenden, daß selbst bei fairer Darstellung die Geschichte der Juden im historischen Curriculum unserer allgemeinbildenden Schulen, wie es bisher eingerichtet ist, jedenfalls in Sekundarstufe I nicht wie gewünscht kontinuierlich vermittelt werden kann. Der geheiligte chronologische Durchgang steht dem entgegen[11]).

Eine weitere didaktische Einsicht gehört in diesen Zusammenhang, führt aber über die vorliegende Analyse von Geschichtsbüchern hinaus: Das Judentum kann geradezu als exemplarisch für einen Themenkomplex gelten, der im allein fachorientierten Zugriff nicht zureichend zu bewältigen ist.

Deshalb enthalten die Vorschläge für die Darstellung von Juden, Judentum und Staat Israel in deutschen Schulbüchern, die von einer Forschungsgruppe an der Universität Duisburg erarbeitet worden sind, die Empfehlung, „die Geschichte der Juden in einem fächerübergreifenden interdisziplinären Curriculum einzubringen" (vgl. S. 24). Hier wie bei zahlreichen zentralen Themenbereichen der politischen Bildung – Umwelt, Energie, Friede und Rüstung, „Unterentwicklung" seien als Beispiele genannt – macht sich das Fehlen einer Lernbereichsdidaktik immer nachdrücklicher bemerkbar. Glücklicherweise eröffnet das nach der Bonner Vereinbarung der Kultusminister im Jahre 1972 eingeführte Kurssystem in Sekundarstufe II Möglichkeiten einer kontinuierlichen und interdisziplinären Behandlung des Judentums. Schatzkers Untersuchung belegt die vielfältigen didaktischen Vorzüge eines solchen Zugangs anhand der Aussagen über das einzige themenorientierte Buch, das er erfassen konnte, das Heft 1 des Westermanns-Collegs „Zeit + Gesellschaft"[12]), wobei er unterstreicht, daß dieses Unterrichtswerk aufgrund seiner Anlage mit den – als Mini-Universalgeschichten konzipierten – Textbüchern nicht gleichzusetzen ist. Aber diese Problematik zeigt allgemein ungelöste Schwierigkeiten der schulischen Geschichtsdidaktik auf.

In der neuesten Auflage der „Geschichte des jüdischen Volkes" der „Informationen zur politischen Bildung" heißt es über die Juden: „Ihr tausendfacher

---

[11]) Dazu s. demnächst: Dieter Schmidt-Sinns, Global History as Part of Global Education. International Journal of Political Education 1981/4.

[12]) Henning Eichberg, Minderheit und Mehrheit. Westermann-Colleg, Zeit + Gesellschaft, Heft 1, Braunschweig 1979.

Tod . . . vernichtete die meisten jüdischen Gemeinden." Seither seien „nur noch vereinzelt Juden in Deutschland anzutreffen."[13]) Diese Aussage, deren Gültigkeit für die Gegenwart dem deutschen Besucher Israels immer wieder schmerzlich bewußt wird, bezieht sich in jenem Zusammenhang nicht auf unsere Zeit, sondern auf das Späte Mittelalter, als mit der Pestepidemie der Jahre 1348/49 eine Massenverfolgung und Vernichtung der jüdischen Bevölkerung einsetzte; sie zeigt zugleich, daß die Pogrome keine vereinzelte Erscheinung, sondern eine Konstante jüdischer Geschichte waren. Die Geschichte des jüdischen Volkes, zumindest nach der Zerstörung des Zweiten Tempels durch die römischen Legionen, ist eine Geschichte seiner Verfolgung. Und damit ist die Frage nach der Kontinuität der jüdischen Geschichte und zugleich der historischen Einordnung des Holocaust und, ob man will oder nicht, seiner Relativierung aufgeworfen. Mit aller Deutlichkeit plädiert der Autor, wie bereits erwähnt, für eine didaktische Konzeption, die die inneren Zusammenhänge und die Eigenständigkeit der jüdischen Geschichte im Unterricht deutlich machen müsse; anderenfalls könne man weder geschichtlich einstufen noch etwa erklären; es erschiene „der moderne Antisemitismus und das Geschehen im ‚Dritten Reich' unmotiviert, geschichtsfremd und – losgelöst – als eine Art Betriebsunfall der Geschichte" (S. 31). Ohne daß Chaim Schatzker es ausdrücklich sagt, leuchtet ein, welche Aufgabe der Pädagogik, wohl auch einer zukünftigen Schulbuchrevision, gestellt ist: Die Aufklärung des christlichen Vorurteils gegen die Juden seit der Spätantike und eine eindeutige, absagende Stellungnahme dazu sowie die Auseinandersetzung mit der Frage, inwieweit religiöse Vorurteile auch in der profanen Gesellschaft des 20. Jahrhunderts die Judenverfolgung und -ermordung begünstigt haben: Die Euthanasie von Geisteskranken wurde von den Nationalsozialisten auf den massiven Protest der Kirche hin eingestellt.

Vor allzu simplen Deutungsmustern ist jedoch zu warnen, und es wäre zu begrüßen, wenn man auch in Schulbüchern einmal lesen könnte, daß wir für gewisse Geschehnisse keine oder recht unsichere Erklärungen haben. Auch die Gegenüberstellung der jüdischen/israelischen und der christlichen/deutschen Sichtweisen im Textbuch wäre methodisch hilfreich und kann sachlich geboten sein, wenn keine Einigung erreichbar scheint. Maßstab für die Bemühungen um Verbesserung bleibt der Stand der wissenschaftlichen Erkenntnis.

*

[13]) Geschichte des jüdischen Volkes. Informationen zur politischen Bildung F. 140, hrsg. v. d. Bundeszentrale für politische Bildung, Bonn 1981, S. 19.

I. Die bisherigen Untersuchungen und der gegenwärtige Stand der Diskussion

Die Frage, wie Inhalte jüdischer Geschichte, des Judentums, des Geschehens im Dritten Reich und der Geschichte des Staates Israel in den deutschen Lehrbüchern dargestellt und behandelt werden, beschäftigt die Öffentlichkeit in der Bundesrepublik und in Israel seit nunmehr über 20 Jahren. Wohl kaum eine der zahlreichen Begegnungen deutscher und israelischer Pädagogen, Theologen, Historiker, aber auch von Delegationen, Gewerkschaftsfunktionären, Bildungspolitikern, Studenten und Jugendlichen (im Rahmen des bestehenden Jugendaustausches zwischen beiden Staaten) verlief, ohne nicht auch das vorliegende Thema zur Sprache zu bringen, Intentionen zu verkünden und – nicht selten aufgrund einer mehr oder weniger flüchtigen Untersuchung – Lehrbücher zu kritisieren und entsprechende Werturteile zu fällen.

Die Analyse deutscher Lehrbücher hinsichtlich der in ihnen enthaltenen Inhalte jüdischer Geschichte und die Ausarbeitung entsprechender Empfehlungen waren Gegenstand einiger Begegnungen offizieller Delegationen der Lehrergewerkschaften und Philologenverbände beider Länder im Rahmen gegenseitiger Besuche, wobei die Dringlichkeit der Aufgabe und die Ernsthaftigkeit der Absichten, sie anzugehen, wiederholt öffentlich verkündet und bekräftigt wurden, ohne daß es jedoch – von dieser Seite – bis heute zu einer systematisch angelegten und auf wissenschaftlicher Grundlage beruhenden Verwirklichung dieser Intentionen gekommen wäre.

Kurze Berichte über derartige Begegnungen und die dabei zur Sprache gekommene Schulbuchkritik drangen über Tagespresse, Zeitschriften und andere Medien mit einer gewissen Regelmäßigkeit an die Öffentlichkeit, und die Behauptung von Mängeln der Lehrbücher in dieser Frage wurde zu einer beinahe stereotypen Aussage. Angesichts dieser Situation scheint es der Sache dienlich, die Abfolge der bedeutsameren Forschungsprojekte aus den letzten zwei Jahrzehnten zu verfolgen und ihre Ergebnisse kurz zu skizzieren. Hierbei ist eine nüchterne und kritische Beurteilung angebracht, wie gut und ehrenhaft die Absichten auch immer sein mögen, die jenen Untersuchungen zugrundeliegen.

Schon Ende der vierziger und im Laufe der fünfziger Jahre ergingen Aufrufe führender Persönlichkeiten, in denen es als menschliche, moralische und nationale Pflicht gefordert wurde, der Behandlung jüdischen Schicksals und jüdischer Geschichte im deutschen Geschichtsunterricht erhöhte Aufmerksamkeit zuzuwenden.[1]) „Es wurden Stimmen laut, die forderten, daß darum gerade der Schulunterricht (vor allem der Geschichtsunterricht und der evangelische und katholische Religionsunterricht), durch sachliche Informationen über die Juden und durch Erziehung zur Toleranz gerade auch gegenüber den Juden einen wesentlichen Beitrag zu einer geistigen Wiedergutmachung leisten müsse".[2])

Über Defizite in der Beurteilung des Nationalsozialismus und in dem Verhältnis vieler Deutscher zu ihrer jüngsten Vergangenheit klagte auch der Deutsche Ausschuß für das Erziehungs- und Bildungswesen (von 1953 bis 1965 offizielles Beratungsgremium für die staatliche Bildungspolitik) in seinem Gutachten zur politischen Bildung und Erziehung im Jahre 1955. Dieses Verhältnis spiegelte sich damals wie heute am klarsten im Geschichtsunterricht wider. „Für die frühen fünfziger Jahre dürfte die allgemeine Feststellung zutreffen, daß der Unterricht in deutscher Geschichte schwerpunktmäßig kaum weiter als bis zum Ausbruch des Ersten Weltkrieges führte . . ."[3]) Die daraus resultierenden Widersprüchlichkeiten, Kenntnislücken, Einstellungen, Vorurteile und Verharmlosungen treten bei den in jüngster Zeit durchgeführten Umfragen deutlich zutage[4]).

Andererseits wurden wiederholt Stimmen laut, die davor warnten, aus aktueller Gewissensnot in moralpädagogischer Absicht Geschichte „bewältigen" zu wollen. Es fehlte auch nicht an Argumenten gegen eine eingehende Behandlung dieser Phase der jüdischen Geschichte, die mit mangelnder Perspektive, aus großer Nähe einerseits und der Gefahr der „Einseitigkeit" andererseits begründet wurden. „Bei den Lehrern, die damals zögerten, den Weg der deutschen

---

[1]) Über die ersten Versuche einer Neuorientierung des Geschichtsunterrichts in dem Bestreben einer „kritischen Auseinandersetzung mit der Vergangenheit um einer besseren Zukunft willen" siehe: Peter Meyers, Vom „Antifaschismus" zur „Tendenzwende", Ein Überblick über die Behandlung des Nationalsozialismus in der historisch-politischen Bildung seit 1945, in: Der Nationalsozialismus als didaktisches Problem, Schriftenreihe der Bundeszentrale für politische Bildung (Bd. 156), 1980, S. 43–51.

[2]) Heinz Kremers, Die Darstellung der Juden in neuen Schulbüchern in der Bundesrepublik Deutschland, in: Gerd Stein/Horst Schallenberger (Hrsg.), Schulbuchanalyse und Schulbuchkritik, Im Brennpunkt: Juden, Judentum und Staat Israel, Duisburg 1976, S. 138.

[3]) Harald Kästner, Zur Behandlung des Nationalsozialismus im Unterricht, in: Aus Politik und Zeitgeschichte, B 22/79, S. 20.

[4]) Bodo v. Borries, Unkenntnis des Nationalsozialismus – Versagen des Geschichtsunterrichts, in: Tagung der Konferenz für Geschichtsdidaktik, Berlin, 24.–27. 9. 1979, Historisches Bewußtsein und Identität, Der Nationalsozialismus in öffentlichen Medien und im Unterricht, S. 2–4.

Geschichte, des deutschen Volkes bis zur Hitlerdiktatur und Zerstörung des Deutschen Reiches zu verfolgen, wirkten sich äußere und innere Hemmnisse aus. Zu den inneren Hemmnissen zählte der Deutsche Ausschuß 1960 neben Bequemlichkeit, Mangel an Mut oder Einsicht auch eine heimliche Sympathie mit dem Nationalsozialismus, dessen unteilbare Wirklichkeit man an einer fragwürdigen ‚Objektivität' beschönigend in einen verbrecherischen und einen rühmenswerten Teil aufspaltete. Weit verbreitet war die Auffassung, daß der Abstand fehle, um in der Schule ein Bild der Gewaltherrschaft des Dritten Reiches und der Verhältnisse zu dieser Zeit zu zeichnen."[5])

Für die ersten Analysen deutscher Lehrbücher – bezogen auf Inhalte jüdischer Geschichte – war es, wie für Schulbuchanalysen überhaupt, bezeichnend, daß sie durch Schulbuchkritiken veranlaßt wurden, denen meist gewisse aktuelle politische Ereignisse und Mißstände zugrundelagen. Die nach der Kölner Synagogenschändung zu Weihnachten 1959 sprunghaft zunehmende Zahl von Hakenkreuzschmierereien und anderen Ausschreitungen alarmierte die Öffentlichkeit und löste eine erregte Diskussion über die historisch-politische Bildung aus. „Unzureichender Geschichtsunterricht wurde für die politische Fehlentwicklung der an den Ausschreitungen beteiligten Jugendlichen verantwortlich gemacht."[6])

„Mitte Februar 1960 faßte die Kultusministerkonferenz einen verbindlichen (!) Beschluß zur Behandlung der jüngsten Vergangenheit im Geschichts- und Gemeinschaftskundeunterricht und im Juli 1962 einen weiteren sachlich vertiefenden Beschluß zur Behandlung des Totalitarismus im Unterricht . . . Der Schulausschuß der Kultusministerkonferenz erhielt den Auftrag, eine planmäßige Überprüfung der Lehrbücher vorzunehmen, damit den Schulbuchverlegern gemeinsame Hinweise für die Überprüfung und Verbesserung der Bücher gegeben werden konnten."[7])

Im Zusammenhang mit diesen Vorgängen setzte die erste Welle von Publikationen ein, die sich mit der Darstellung des Judentums in den Geschichtslehrbüchern der Bundesrepublik befaßte[8]). Die Anlage dieser Publikationen entsprach

---

[5]) Kästner, Zur Behandlung des Nationalsozialismus, S. 20.

[6]) Meyers, Antifaschismus, S. 56; s. hierzu auch: Martin und Eva Kolinsky, The treatment of the Holocaust in West German Textbooks, in: Yad Washem Studies on the European Jewish Catastrophe and Resistance, vol. 10., Jerusalem 1974, p. 149–150.

[7]) Kästner, Zur Behandlung des Nationalsozialismus, S. 20.

[8]) Erziehungswesen und Judentum, Die Darstellung des Judentums in der Lehrerbildung und im Schulunterricht, hrsg. vom Verband Deutscher Studentenschaften (VDS) München 1960; Karl Mielke, 1917–1945 in den Geschichtsbüchern der Bundesrepublik, hrsg. von der Niedersächsischen Landeszentrale für politische Bildung, Hannover 1971.

notwendigerweise der damals noch in ihren Anfängen stehenden Methodik der Schulbuchanalyse;[9]) im Mittelpunkt stand die Legitimationsfrage, warum und zu welchem Ende Themen der jüdischen Geschichte in deutschen Lehrbüchern enthalten sein sollten[10]). In der Beantwortung dieser Frage ließen sich zwei grundsätzlich verschiedene Richtungen feststellen. Die eine hielt die Einbeziehung jüdischer Inhalte für eine moralische Pflicht zur Klärung der eigenen Schuld; die andere erachtete einen Einblick in die Geschichte der Juden als ein notwendiges Element historischer Bildung überhaupt, erforderlich besonders für eine Einsicht in das Werden der westlichen Kultur und der deutschen Geschichte.

Als Beispiel für den zuerst genannten Zugang sei der Beitrag von Hanna Vogt in dem Sammelband „Erziehungswesen und Judentum" erwähnt. Hanna Vogt will die Frage beantworten „. . . warum wir überhaupt der Ansicht sind, daß die Darstellung des Judentums in der pädagogischen Praxis größere Aufmerksamkeit verdient . . .". „Wenn es nicht zur Judenvernichtung gekommen, wenn es diesen modernen Antisemitismus seit 1880 nicht gegeben hätte, wenn die Assimilation weiter fortgeschritten wäre, bestünde heute keine Notwendigkeit zu einer solchen Forderung . . . Ich glaube, wir müssen uns darüber klar sein, daß diese Forderung einzig und allein davon herrührt, daß in unserer deutschen Geschichte der Mord an 6 Millionen als ein ‚erratischer Block' liegt, wie das Prof. Iwand einmal ausgedrückt hat. Weil es diese deutsche Schuld gibt, darum muß in unserer Schule das Judentum anders behandelt werden als bisher."[11])

Gegensätzlicher Auffassung war Krippendorf, der in der gleichen Veröffentlichung sagte: „Die Herausarbeitung des jüdischen Anteils an der abendländischen und, enger, der deutschen Geschichte ist ein unerläßlicher Beitrag zu unserem historischen, die Analyse des Antisemitismus der letzten 150 Jahre ein Schlüssel zu unserem gesellschaftlichen, und die Konfrontation von Christentum und Judentum die Frage nach unserem theologischen Selbstverständnis. Auch wenn es keinen Antisemitismus, geschweige denn jüngste Schmierfinke gegeben hätte, täte es dringend Not, sowohl den jüdischen Beitrag zur europäischen und deutschen Wirtschafts-, Sozial- und Geistesgeschichte gebührend und den heutigen Erkenntnissen der Geschichtswissenschaft entsprechend zu würdigen als auch die theologische Diskussion zwischen christlichen und jüdischen

---

[9]) Vgl. hierzu: Horst Schallenberger (Hrsg.), Studien zur Methodenproblematik wissenschaftlicher Schulbucharbeit (= zur Sache Schulbuch, Band 5), Kastellaun 1976.

[10]) Saul B. Robinsohn/Chaim Schatzker, Jüdische Geschichte in den deutschen Geschichtsbüchern, Braunschweig 1963, S. 8.

[11]) Hanna Vogt, Die Darstellung des Judentums in der pädagogischen Praxis, in: Erziehungswesen und Judentum, S. 41.

Religionen wieder aufzunehmen."[12]) Präzise formulierte Stadtmüller diesen Standpunkt: „Es soll der Versuch gemacht werden, das jüdische Kapitel der Menschheitsgeschichte zu beschreiben."[13])

Die von Werner Habel vertretene Ansicht[14]), daß damit insgesamt aus didaktischer Sicht Postulate erhoben worden waren, „denen fachwissenschaftlich – dies gilt insbesondere für die damalige Situation der deutschen Geschichtswissenschaft – sowohl aus Gründen historischer Belastung wie auch aus Gründen methodologischer Befangenheit kaum positiv entsprochen werden konnte",[14]) ist wohl eher für die veränderte Einstellung weiter Kreise in der Bundesrepublik in den siebziger Jahren als für die Gegebenheiten der frühen sechziger Jahre bezeichnend.

Die erste auf breiter Basis (25 Unterrichtswerke) angelegte systematische Schulbuchanalyse entstand im Jahre 1963 im Auftrag des damaligen „Internationalen Schulbuchinstituts" in Braunschweig[15]). Die methodischen Grundlagen bildeten a) eine quantitative Bestandsaufnahme jüdischer Inhalte, b) ihre qualitative Analyse, c) die Aufstellung eines Kriterienrasters sowie eines Alternativmodells. Einerseits konnten sich die Verfasser aufgrund ihrer Untersuchung nicht den vielerorts öffentlich vorgebrachten schweren Beschuldigungen gegen die deutschen Lehrbücher anschließen und fanden kaum ein Lehrbuch, das die Vorgänge unter dem nationalsozialistischen Regime unerwähnt ließ. Andererseits fanden sie kein einziges Werk, das eine – wie auch immer geraffte jedoch kontinuierliche Darstellung der jüdischen Geschichte vermittelt hätte – eine Darstellung, die dem Schüler ein eigenes Urteil und eine auf Wissen und Einsicht beruhende Stellungnahme ermöglicht hätte. Nur eine solche kurze jedoch kontinuierliche Beschreibung der hauptsächlichen Wendepunkte jüdischer Geschichte und ihrer kausalen Zusammenhänge konnte (nach Meinung der Verfasser) der Auffassung von einem „geisterhaften" unmotivierten Auftauchen der Juden auf allen Bühnen der Weltgeschichte und den damit verbundenen Vorurteilen und Ressentiments entgegenwirken, mit anderen Worten: den Abbau von Vorurteilen schon durch die Transparenz der Darstel-

[12]) Ekkehart Krippendorf, Die Darstellung des Judentums in der Lehrerbildung und im Schulunterricht, in: Erziehungswesen und Judentum, S. 17.

[13]) Georg Stadtmüller, Das nachbiblische Judentum in der Geschichte der Menschheit, in: Erziehungswesen und Judentum, S. 21.

[14]) Werner Habel, Israel und das Judentum als Gegenstand didaktischer Reflexion im Bereich historisch-politischen Unterrichts, in: Erziehen heute, Mitteilungen der Gemeinschaft Evangelischer Erzieher e.V., Heft 4/1977, S. 3.

[15]) Robinsohn/Schatzker, Jüdische Geschichte.

lung erleichtern. Diese Meinung wurde in den kommenden Jahren oftmals – auch bezüglich des Religionsunterrichts – wiederholt[16]).

Auch in den Ergebnissen und Vorschlägen eines Jerusalem-Seminars der deutsch-israelischen Gesellschaft im Oktober 1968 und einer darauf folgenden Auswertungstagung des Landesinstituts für schulpädagogische Bildung im Jahre 1969[17]) werden zwei didaktische Ansätze für die Behandlung der jüdischen Problematik ersichtlich: der eine, der auf „eine politisch-soziale Erziehung im engeren Sinne ausgerichtet ist und die Geschichte des deutschen Judentums im 19. und 20. Jahrhundert zur exemplarischen Behandlung des politisch relevanten Vorurteils heranzieht" und ein anderer, der „neben der Thematisierung auch der historischen Wurzeln dieses Vorurteils insbesondere die eigenständige, kontinuierliche historische Entwicklung des jüdischen Volkes vom ‚Volk Israel' über die Zerstreuung zur komplexen Existenz in den ‚Gastländern' und im israelischen Staatsvolk unterrichtlich repräsentiert sehen will."[18])

Nicht die Schilderung der gesamten jüdischen Geschichte, sondern nur das Geschehen im Dritten Reich bildete den Gegenstand einer späteren Untersuchung[19]) die – offensichtlich ohne vorhergehende Untersuchungen zu beachten – vieles wiederholt und methodische Fragen der Schulbuchanalyse sowie pädagogische und didaktische Gesichtspunkte außer Acht lassend sich ganz auf politologische Aspekte beschränkt und für den Erzieher von nur geringer Relevanz zu sein scheint.

Das Duisburger Forschungsprojekt

Im Jahre 1975 wurde im Rahmen des Forschungsschwerpunktes „Interdisziplinäre fachwissenschaftliche und fachdidaktische Forschung zur Geschichte und Religion des Judentums" an der Gesamthochschule Duisburg ein Forschungsprojekt „Darstellung der Juden, des Judentums und des Staates Israel in

---

[16]) Siehe z. B.: Heinz Kremers, Die Juden in Schulbüchern und anderen Unterrichtsmedien für den evangelischen Religionsunterricht, in: Herbert Jochum/Heinz Kremers (Hrsg.), Juden, Judentum und Staat Israel im christlichen Religionsunterricht in der Bundesrepublik Deutschland, Paderborn 1980, S. 53; Horst Caspers, Analyse der Darstellung des Judentums in evangelischen Religionsbüchern, ebd. S. 127.

[17]) Landesinstitut für Schulpädagogik NW (Hrsg.), Die Geschichte des jüdischen Volkes in der europäischen Diaspora und im Staate Israel, Tagungsbericht 32, Düsseldorf 1969.

[18]) Siehe: Habel, Israel und das Judentum, S. 4.

[19]) Kolinsky, Treatment.

Schulbüchern der Bundesrepublik Deutschland" konzipiert und in die Wege geleitet[20]).

In vier Bereichen wollten die für dieses Forschungsprojekt Verantwortlichen über den bis dahin erreichten Stand der Forschung hinausführen:

1. Zielsetzung

Diese Schulbuchanalyse, sollte unbeschwert von äußeren politischen Zwängen und engen curricularen Zielvorstellungen einen Denkprozeß anregen, um verläßliche und pädagogisch fundierte Grundlagen für künftige Schulbuchverbesserungen zu entwickeln. Die Auffassung, daß Curriculumarbeit und Schulbuchrevision auch politisch bestimmt seien[21]) angesichts einer in stetem Wandel begriffenen Gesellschaft führt folgerichtig zu deren Verständnis als permanentem Prozeß, der sich nicht auf punktuelle Untersuchungen beschränken kann[22]).

2. Umfang der Studie

Zum ersten Mal sollte eine derartige Untersuchung interdisziplinär angelegt werden und Lehrbücher für die Fächer Religion, Geschichte, Deutsch, Geographie und Politik berücksichtigen.

3. Methodischer Ansatz

Auch bezüglich der Methoden war nicht lediglich an eine Fortsetzung und Ergänzung ähnlicher vorhergehender Analysen gedacht; beabsichtigt war vielmehr eine völlig neue multi- und interdisziplinäre Konzeption, unter Beachtung des Diskussionsstandes in der modernen Erziehungswissenschaft und unter Berücksichtigung der mittlerweile stark in den Vordergrund getretenen Fragestellungen der Sozialwissenschaften und ihrer Methoden und Erkenntnisse – im Bewußtsein der in letzter Zeit radikal veränderten Einstellungen weiter Teile der Öffentlichkeit, insbesondere der Jugend in der Bundesrepublik Deutschland, zu der dem Projekt zugrundeliegenden Problematik sowie im Blick auf die gegenwärtige politische Situation Israels im Nahost-Konflikt.

---

[20]) Siehe hierzu: Stein/Schallenberger, Schulbuchanalyse; ferner auch der Bericht von E. Horst Schallenberger/Gerd Stein: Juden, Judentum und Staat Israel in deutschen Schulbüchern, in: „Lebendiges Zeugnis 32" (1977), Themenheft „Judentum und Christentum", S. 44–51.

[21]) Siehe: Gerd Stein, Das Schulbuch als „Politikum", in: ders., Schulbuchkritik als Schulkritik, Saarbrücken 1976, S. 25–27, S. 51.

[22]) Hierzu Chaim Schatzker, Schulbucharbeit als permanenter Denkprozeß, in: Stein/Schallenberger, Schulbuchanalyse, S. 130ff.

4. Die Legitimationsproblematik

Die Frage nach der Legitimation für die Einbeziehung von bestimmten Inhalten im schulischen Unterricht stellt sich nicht lediglich für das hier behandelte Thema, sondern betrifft im Zeitalter der Informationsexplosion jeden denkbaren Lerninhalt. Sie wird von Zeit zu Zeit neu aufgeworfen und wird immer wieder neu beantwortet werden müssen. Schon im Rahmen der Planung des Duisburger Projekts wurde nachdrücklich darauf hingewiesen,[23]) daß die Antworten auf die Legitimationsfrage mit apologetischen – oder mit philosemitischen – Bestrebungen nichts gemein haben, obwohl diese sich manchmal ähnlicher Argumentationsfiguren zu bedienen scheinen.

Wie immer auch die Antworten auf die Legitimationsfrage ausfallen mögen: die sie betreffenden Überlegungen bilden jedenfalls einen wesentlichen heute nicht mehr wegzudenkenden Bestandteil des Verfahrens der modernen Curriculumforschung und -konstruktion, ein Moment, das in den Denkprozeß, der den curricularen Entscheidungen vorausgeht, mit einbezogen werden muß. Ihre Erörterung war somit eine unerläßliche Aufgabe während der ersten Vorbereitungstagung. Drei mögliche Ansätze wurden dabei zur Diskussion gestellt:

1. Einbeziehung jüdischer Inhalte als moralische Pflicht im Zuge der Wiedergutmachung der an Juden begangenen Untaten.
2. Einbeziehung jüdischer Inhalte als exemplarisches Thema für den politischen Unterricht,
3. Einbeziehung jüdischer Inhalte als sachnotwendiges Element historischer Bildung überhaupt, erforderlich zur Ermöglichung einer Einsicht in das Werden der westlichen Kultur und der deutschen Geistes- und Kulturgeschichte.

Das Jahrtausende währende Zusammenleben von Juden und Deutschen, jene – wenn auch nicht in gerader Linie – fortschreitende Integration (die zuweilen als Symbiose bezeichnet wurde) hatte sich streckenweise zu geschichtlichen Phänomenen verdichtet, die weder aus der europäischen noch insbesondere aus der deutschen Geschichte wegzudenken sind. Diese historischen Fakten – nicht lediglich der Antisemitismus und die Judenmorde im „Dritten Reich“ – legen es nahe, die Behandlung jüdischer Inhalte in den schulischen Unterricht und ins Schulbuch einzubeziehen. Deshalb ist eine rein exemplarische und als solche gegen neuere aktuelle Themen wie etwa „Gastarbeiter in Deutschland“ austauschbare Behandlung des Themas „Juden und Judentum in Deutschland“ nicht ohne weiteres möglich. Derartige rein formale Vergleiche beruhen auf

[23]) Siehe: Chaim Schatzker, „Bemerkungen zur Legitimations- und Kriterienfrage des geplanten Schulbuchprojekts, Intentionen und Fragen zu einer multidisziplinaren Analyse deutscher Lehrbücher in bezug auf Juden, Judentum und Staat Israel“, in Stein/Schallenberger, Schulbuchanalyse, S. 153f.

inhaltlich falschen Voraussetzungen; sie sind im gleichen Maße irrtümlich wie irreführend[24]).

Die beteiligten Wissenschaftler konnten sich hinsichtlich der Frage nach der Legitimation auf folgende Formel einigen:

Jüdische Inhalte sind ein sachlich notwendiges Element historisch-politischer Bildung, allerdings nicht dieser allein. Denn: Kenntnis und Verständnis der Entwicklung der europäischen Kultur (und besonders der deutschen Geistes- und Kulturgeschichte) hängen davon ab, ebenso das Verständnis des Entstehens des Staates Israel und der weltpolitischen Bedingungen seiner Existenz. Unabhängig von dieser Begründung besteht aber auch die Verpflichtung, das Thema Juden, Judentum und Staat Israel im Unterricht zu behandeln, aus ethischen Gründen.

Ferner konnte man in Fragen der kontinuierlichen Behandlung der jüdischen Geschichte zu einem Konsensus gelangen und auch Ansätze eines Intentionsrasters zur Diskussion stellen.

Es ist in mehr als einer Beziehung bezeichnend, daß der die moralische Verpflichtung betreffende Passus in dem revidierten Entwurf, der auf der letzten Schulbuchtagung vom 5.–8. 9. 1979, die das Duisburger Projekt vorläufig abschließt, erarbeitet wurde, nicht aufgenommen worden ist. Ferner wurde das Desiderat der kontinuierlichen Behandlung jüdischer Geschichte durch die Forderung, innere historische Zusammenhänge aufzuzeigen, abgelöst.

Wir drucken zentrale Teile des Entwurfs im folgenden ab:

„I. Lernziele:

1. Legitimation

Ziel der Beschäftigung mit der jüdischen Geschichte ist es, deutlich zu machen, daß sie integraler Bestandteil der deutschen Geschichte ist und daß ohne ihre gründliche Kenntnis die eigene deutsche Vergangenheit weder vollständig noch angemessen verstanden werden kann. Darüber hinaus sollte deutlich werden, daß die jüdische Geschichte einen wesentlichen Bestandteil der europäischen Kultur und Geschichte bildet. Ferner trägt die jüdische Geschichte zum Verständnis des Staates Israel und der weltpolitischen Bedingungen seiner Entstehung bei und soll damit der Herstellung einer positiven Beziehung zu jener Gemeinschaft dienen.

Aufgrund der Beschäftigung mit der jüdischen Geschichte und den deutsch-jüdischen Beziehungen sollen die Schüler befähigt werden, die Bedingungen zu erkennen, die das Verhältnis von nationalen Großgruppen und Minderheiten konstituieren. Die hieraus gewonnenen Einsichten können den Schülern helfen,

[24]) Schatzker, Bemerkungen, S. 154.

die gesellschaftlichen Voraussetzungen gegenwärtiger Minderheitsprobleme zu analysieren und zu verstehen.

Jüdische Geschichte sollte nicht allein als Ideen- oder Religionsgeschichte gesehen werden, sondern auch in ihrer sozialen und politischen Bedeutung, und schließlich als der Weg eines Volkes, das sowohl im eigenen Land als auch in der Zerstreuung gelebt und gelitten hat.

2. Qualifikationen

Die Schüler sollen befähigt werden zu Toleranz und Vorurteilslosigkeit, zu selbstbestimmtem Denken und Handeln. Sie sollen lernen, für die Wahrung der Menschenrechte einzutreten. Die Schüler sollen begreifen, daß Rassismus und Diskriminierung jeglicher Art gegen den Grundsatz der Gleichheit der Menschen und gegen ihre Würde verstößt. Lernen soll gerade in diesen Punkten eine entsprechende Einstellungsweise und Verhaltensdisposition bewirken.

II. Zum methodischen Vorgehen:

1. Die Geschichte der Juden soll nicht nur als eine Geschichte des Martyriums verstanden werden.

2. Die Geschichte der Juden soll in ihrem inneren historischen Zusammenhang aufgezeigt werden, da nur so eine angemessene Kenntnis der Geschichte der Juden und der deutsch-jüdischen Beziehungen vermittelt werden kann.

3. Die Darstellung der Geschichte der Juden in Deutschland muß eingebunden sein in sozial- und gesellschaftsgeschichtliche Zusammenhänge.

4.Der didaktisch-problematisierende Bezug zur Minderheiten- und Vorurteilsfrage sollte nur im Rahmen einer differenzierten, die historischen, sozial- und gesellschaftsgeschichtlichen Dimensionen berücksichtigenden Analyse hergestellt werden, die sowohl gemeinsame Strukturen und Mechanismen als auch das Spezifische und geschichtlich Einmalige ins Auge faßt.

III. Zur sprachlichen Gestaltung:

Die sprachliche Gestaltung der Geschichte der Juden in Deutschland bedarf großer Behutsamkeit. Die Übernahme der Sprache der Quellen muß kenntlich gemacht werden. Im darstellenden Text müssen die Schulbuchautoren selbstverständlich auf den Gebrauch des Vokabulars aus der NS-Zeit verzichten.

Anstelle der bloßen Erwähnung anonymer historischer Mächte wie z. B. „der Antisemitismus" sollten geschichtlich verantwortlich Handelnde und gesellschaftliche Gruppen benannt werden.

IV. Bemerkung:

Die Teilnehmer der Tagung empfehlen, die Geschichte der Juden in einem fächerübergreifenden interdisziplinären Curriculum einzubringen."

Auch in den Empfehlungen zum Politik- und Religionsunterricht wird zum methodischen Vorgehen darauf hingewiesen, daß die Information über das

Judentum nicht aus „kurzen schablonenhaften Einzelinformationen“ bestehen dürfe, „vielmehr muß den Schülern die Identität und Kontinuität des Judentums – trotz seiner Wandlungen – in seiner Geschichte von den Anfängen bis zur Gegenwart bewußt gemacht werden.“ Ferner empfehlen die Teilnehmer der Arbeitsgruppe, „die Darstellung von Juden, Judentum und Staat Israel in ein fächerübergreifendes, interdisziplinäres Curriculum einzubringen, damit einerseits nicht notwendige Doubletten und andererseits nicht zu verantwortende Informationsdefizite vermieden werden.“[25]) Auch Roland Schüßler kommt vom pädagogisch-curricularen Ansatz zu ähnlichen Erkenntnissen: „Wir haben uns hier mit einem derart umfassenden Gegenstand auseinanderzusetzen, daß er als Paradigma für die Darbietung komplexer Gegenstände in Schulbüchern überhaupt gelten darf.“[26])

Sollte sich die Tendenz durchsetzen, umfassende Gegenstandsbereiche auf wenige Unterrichtsthemen zu beschränken, zum Beispiel die Darstellung des Judentums auf Antisemitismus und Nahostkonflikt einzuengen, so bliebe die Bedeutsamkeit der jüdischen Religions-, Kultur- und Geistesgeschichte für die Grundlagen unserer eigenen Geschichte und der europäischen Zivilisation mit ihren in der Neuzeit weltweiten Auswirkungen im Dunkeln. Die Behandlung der Verflechtungen jüdischer Geschichte mit der deutschen seit dem Mittelalter würde hingegen zu einem Orientierungswissen führen, das nicht nur Verständnis für Minderheiten und Randgruppen wecken kann, sondern notwendige Kenntnisse über Kultur und Gesellschaft in ihrer historischen Dimension vermittelt[27]).

Die Frage nach der Legitimation für die Einbeziehung jüdischer Geschichte in deutsche Geschichtslehrbücher und in den Unterricht ist im Verlaufe der Duisburger Tagungen besonders eingehend behandelt worden; einige negative Erkenntnisse aus dem Forschungsprojekt dürften wegweisend für künftige Vorhaben sein:

1. Solange noch keine umfassenden Theorien und Methodiken für interdisziplinäre Projekte vorliegen, können im Rahmen eines übergreifenden Forschungsansatzes lediglich multidisziplinäre Verfahrensweisen angewandt werden, und zwar durch additive und synchrone Zugänge verschiedener Fachdisziplinen. Doch kann angesichts der erheblichen Unterschiede in den jeweiligen Methodo-

---

[25]) Siehe auch den Gesamttext der: Vorschläge für die Darstellung von Juden, Judentum und Staat Israel in deutschen Schulbüchern für Politikunterricht/Sozialkunde und den Religionsunterricht in „Internationale Schulbuchforschung, Zeitschrift des Georg-Eckert-Instituts“. 2. Jahrg., 1980, 1, S. 59–65.

[26]) Roland Schüßler, Gedanken, Anregungen, Hinweise zur Darstellung des Judentums in deutschen Schulbüchern, in: „Erziehen heute“ . . . 3/1980, S. 12.

[27]) Siehe Internationale Schulbuchforschung, Vorschläge, S. 64f.

logien und aufgrund der Unklarheiten im Selbstverständnis der Erziehungswissenschaft und der Sozialwissenschaften auch bezogen auf das mehrdimensionale Phänomen „Judentum" zunächst nicht an eine zu schaffende „Superdisziplin" gedacht sein. Der „interdisziplinäre Ansatz", als Intention und Voraussetzung wiederholt herausgestellt, konnte weitgehend nicht realisiert werden; die getrennt erarbeiteten und vorgelegten Empfehlungen legen davon Zeugnis ab.

2. An vielen deutschen und ausländischen Universitäten und pädagogischen Hochschulen werden derzeit Seminare zur vergleichenden Schulbuchanalyse angeboten, in deren Verlauf Schulbuchanalysen als Seminar- oder Hausarbeiten in Einzelarbeit und als Teamwork erstellt werden. Der didaktische Wert dieser Übungen für das Studium ist offensichtlich und soll unbestritten bleiben. Jedoch können diese Übungen und Seminararbeiten keineswegs als Ersatz für eine koordinierte und wissenschaftlich angelegte quantitative – geschweige denn qualitative – Analyse angesehen werden, zumal in den wenigsten Fällen eine dafür nötige vollständige Sammlung aller Lehrbücher zur Verfügung steht und bei der Vielfalt der angewandten Kriterien und Methoden die Voraussetzungen für einen kontrollierbaren Vergleich der Resultate nicht gegeben sind.

Weder dürften sich Seminarübungen von zeitlich begrenztem Umfang und wissenschaftlich noch nicht hinlänglich qualifizierten Studenten dafür eignen, noch läge es im Interesse ihres Studiums, sie damit zu belasten. Sowohl das Studium der Schulbuchproblematik und -analyse unter fachwissenschaftlich-didaktischen Aspekten an den Universitäten als auch die Durchführung von auf Resultate bedachten, gezielten Schulbuchanalysen auf wissenschaftlicher Basis sind erforderlich und förderungswürdig; sobald jedoch die Grenzen zwischen diesen beiden Anliegen verwischt werden, ist dem einen wie dem andern kein guter Dienst getan.

Diese Erkenntnis und die Einsicht, daß eine wissenschaftliche quantitative und qualitative Bestandsaufnahme der Inhalte jüdischer Geschichte auf der Basis einer repräsentativen Auswahl deutscher Geschichtslehrbücher eine unerläßliche Voraussetzung für jede weitere Entwicklung und Fortsetzung der Bemühungen um Schulbuchgespräche und Schulbuchrevision bildet, führte zu der vorliegenden Untersuchung.

Die Problematik der Einbeziehung jüdischer Geschichte in deutsche Geschichtslehrbücher und in den Unterricht wurde erneut, wenn auch nur marginal – im Rahmen der Diskussion über den „Nationalsozialismus im Geschichtsunterricht" aufgegriffen[28]).

---

[28]) Siehe hierzu: Dieter Riesenberger, Der Nationalsozialismus im Geschichtsunterricht – die didaktische Situation heute, in: Der Nationalsozialismus als didaktisches Problem, Beiträge zur Behandlung des NS-Systems und des deutschen Widerstandes im Unterricht, Schriftenreihe der Bundeszentrale für politische Bildung, Band 156, Bonn 1980, S. 15–21.

Ausgelöst wurde diese Diskussion teils durch Arbeiten und Untersuchungen der Schulbuchanalyse und Schulbuchkritik,[29]) teils durch Untersuchungen, die schwerwiegende Mängel und Defizite der Unterrichtung über den Nationalsozialismus aufdeckten und aus denen sich ergab, „daß sich die Geschichtsdidaktik . . . bisher kaum mit dem Nationalsozialismus als didaktischem Problem befaßt hat . . . und auf diesem Gebiet nicht nur den Anschluß an die Geschichtswissenschaft verloren hat, sondern, daß sie auch die Bedeutung dieses Themas für die politische Bildung entweder nicht erkannt oder ignoriert hat."[30]) Das Schulgeschichtsbuch wurde in einigen Analysen daraufhin untersucht und bemängelt[31]).

Antisemitismus, Rassenlehre und die Verfolgung und Ermordung der Juden im Dritten Reich werden in den meisten Untersuchungen über den Nationalsozia-

---

[29]) Siehe dazu die Veröffentlichungen des Internationalen Schulbuchinstituts Braunschweig/Georg-Eckert-Institut, die Arbeiten des 1977 gegründeten Instituts für Schulbuchforschung, Duisburg bzw. der Autoren, die diesem Institut nahe stehen, wie: E. Horst Schallenberger, (Hrsg.) „Das Schulbuch – Produkt und Faktor gesellschaftlicher Prozesse" (= zur Sache Schulbuch Bd. 1), Ratingen 1973; ders., „Das Schulbuch – Aspkete und Verfahren zur Analyse" (= zur Sache Schulbuch Bd. 3, Ratingen 1973; Stein/Schallenberger, Schulbuchanalyse; Gerd Stein, „Schulbuchkritik als Schulkritik", Saarbrücken 1976; ders.: „Immer Ärger mit den Schulbüchern, Ein Vortrag zum Verhältnis zwischen Pädagogik und Politik", Stuttgart 1979; ders., „Schulbuchwissen und Politik und Pädagogik, Untersuchungen zu einer praxisbezogenen und theoriegeleiteten Schulbuchforschung" (= zur Sache Schulbuch Bd. 10), Kastellaun 1977; E. Horst Schallenberger/Gerd Stein (Hrsg.), „Das Schulbuch – Zwischen staatlichem Zugriff und gesellschaftlicher Forderung" (= zur Sache Schulbuch Bd. 7) Kastellaun 1978.
Siehe auch Helmut Hoffacker/Klaus Hildebrandt, Bestandsaufnahme, Geschichtsunterricht, Programmatik, Materialien, Perspektionen, Stuttgart 1973; Reinhard Kühnl (Hrsg.), Geschichte und Ideologie, Kritische Analyse bundesdeutscher Geschichtsbücher, Reinbek 1973; Bernhard Tewes (Hrsg.), Schulbuch und Politik, Paderborn 1979.

[30]) Riesenberger, Der Nationalsozialismus im Geschichtsunterricht, S. 16; siehe dazu auch: Borries, Unkenntnis; Dieter Bossmann (Hrsg.), „Was ich über Adolf Hitler gehört habe". Folgen eines Tabus, Auszüge aus Schüleraufsätzen von heute, Frankfurt 1977; 1933–1945. Ist Geschehenes Vergangenheit? Aufsatzwettbewerb 78/79, Hrsg. v. d. Reinhold Schneider Stiftung, Hamburg o. J.

[31]) Siehe: Ernst Uhe, „Der Nationalsozialismus in den deutschen Schulbüchern". Eine vergleichende Inhaltsanalyse von Schulgeschichtsbüchern aus der Bundesrepublik Deutschland und der Deutschen Demokratischen Republik. Bern/Frankfurt 1972; J. Redhardt, „NS-Zeit im Spiegel des Schulbuchs", Konzeptionen und Fehlkonzeptionen, für westdeutsche Schüler dargestellt am hessischen Beispiel, Frankfurt/M. 1970; Otto Ernst Schüddehopf, Der deutsche Widerstand gegen den Nationalsozialismus, Seine Darstellung in Lehrplänen und Schulbüchern der Fächergeschichte und Politik in der Bundesrepublik Deutschland, Frankfurt 1977; Günther v. Norden „Der Nationalsozialismus in Schulbüchern", i. b. w.-Journal, 12/1979, S. 185–191.

lismus in Lehrbuch und Unterricht nur kurz – nach ihrer zentralen Stellung in der Ideologie des Dritten Reiches unangemessen kurz – behandelt. Auch die wenigen Publikationen der späten siebziger Jahre, die ausschließlich diesem Thema gewidmet sind, nehmen keine erneuten Untersuchungen vor und begnügen sich mit einer Zusammenfassung und Darstellung der vorliegenden Befunde[32]).

Die Sendung des Holocaust-Films vom Januar 1979 und ihre unvergleichbare und unerwartete Breitenwirkung hob die bisher vernachlässigten emotionalen und affektiven Aspekte der Begegnung mit dem Schicksal der Juden im „Dritten Reich" hervor,[33]) bewies, „daß eine emotionslose, wissenschaftlich-nüchterne Behandlung des Gegenstandes eine breite Öffentlichkeit nicht erreicht" und daß es „erst durch das Auslösen von emotionaler Betroffenheit und durch die Schaffung von Möglichkeiten der Identifikation" gelang, „weite Kreise mit dem historischen Geschehen zu konfrontieren und aufzurütteln"[34]). Die Sendung machte deutlich, „daß die Forderung, sich mit der braunen Diktatur auseinanderzusetzen, auf sehr große Resonnanz stößt, *wenn* man einen Weg findet, der auch emotionale Betroffenheit zu bewirken vermag".[35])

Neonazistische Erscheinungen, die auf einen weitverbreiteten latenten Antisemitismus in der Bundesrepublik schließen lassen, eine Feststellung, die auch

---

[32]) Auch „die Judenverfolgung im Dritten Reich" (ungedruckt Maschinendruck), eine Dokumentation aus westdeutschen Geschichtslehrbüchern unseres Jahrzehnts, zusammengestellt und eingeleitet von Rainer Riemenschneider, ist nicht als Schulbuchanalyse konzipiert, sondern eher nach der Art der Anthologie angelegt. Siehe auch E. Horst Schallenberger, Zur Darstellung der Schoah im deutschen Schulbuch der Gegenwart, in: Tribüne. (1978) H. 67; Heinz Kremers, Judentum und Holocaust im deutschen Schulunterricht, in: Aus Politik und Zeitgeschichte, B 4/79, S. 37 ff.; Chaim Schatzker, Israel im Schulbuch – Über den Stand der Forschung und der Untersuchungen deutscher Geschichtsbücher, bezogen auf Inhalte jüdischer Geschichte, Judentum und Staat Israel, in: „Blickpunkt Schulbuch", Zeitschrift für moderne Unterrichtsmedien, Heft 21 (1978), S. 46–49; E. Horst Schallenberger/Gerd Stein – Jewish History in German Textbooks, in: Patterns of Prejudice, Sept./Okt. 1976; (leicht veränderte Fassung auch in: Lebendiges Zeugnis, Themenheft: Judentum und Christentum, Februar 1977).

[33]) Siehe: Gerhard Schneider, Mehr Affektivität im Geschichtsunterricht? in: Aus Politik und Zeitgeschichte, B 45/80, S. 16–45.

[34]) Peter Freimark, Geschichtswissenschaft und Schulbucharbeit – Ergebnisse, Tendenzen und Folgerungen am Beispiel der deutsch-jüdischen Geschichte in: Internationale Schulbuchforschung, Zeitschrift des Georg Eckert Instituts, 1/1980, S. 45 f.

[35]) Hermann Glaser, Aufarbeitung von Vergangenheit, in: Aus Politik und Zeitgechichte, B 16/80, S. 4.

durch empirische Untersuchungen bekräftigt wurde,[36]) rückten die Frage erneut ins Licht der Öffentlichkeit. Als im Herbst 1977 bekannt wurde, daß neun Offiziere an der Bundeswehrakademie in München am Ende einer privaten Feier in betrunkenem Zustand eine „symbolische" Verbrennung von Juden vorgenommen hatten, beschäftigte dieser Vorfall nicht nur die Bundesregierung. „Der Vorsitzende des Verteidigungsausschusses des Deutschen Bundestages hat dem Präsidenten der Kultusministerkonferenz im Oktober 1977 mitgeteilt, der Verteidigungsausschuß sei einmütig zu der Auffassung gelangt, daß die Vorgänge in München auf ein erhebliches Bildungsdefizit an den Schulen über die Geschichte des Nationalsozialismus schließen lassen. Er hat die Kultusministerkonferenz gebeten, die politische Bildung in diesem Bereich zu intensivieren, und besonders die Auseinandersetzung mit dem Totalitarismus und Extremismus jeder Art und Richtung zu verstärken."[37])

„Die entscheidende Frage ist, ob die Gefahr eines Wiederauflebens des Faschismus heute noch besteht."[38])

„Gegenwärtige gesellschaftliche und politische Probleme und Strukturen, aus denen sich die Frage nach der Möglichkeit eines Wiederauflebens des Faschismus stellt, legen es . . . jedoch nahe, diesen Aspekt bei einer Untersuchung zur Behandlung des Nationalsozialismus im Unterricht ausdrücklich einzubeziehen."[39])

„Es muß im Unterricht deutlich werden, daß sich der Antisemitismus der nationalsozialistischen Ideologie nur im ‚Schutze' einer weitverbreiteten, mehr oder minder latenten antisemitischen Einstellung innerhalb der ganzen Gesellschaft entfalten konnte. Nur so wird der Prozeß erkennbar, wie das ungelenkte Vorurteil zum politisch gelenkten nutzbar gemacht und bis zu welchem Exzeß es getrieben werden kann. Um gegenwärtige Situationen auf ihre Vorurteilshaftigkeit hin kritisch befragen zu können, bedarf es dieser generalisierbaren sozialpsychologischen Erkenntnisse und Einsichten."[40])

---

[36]) Siehe z. B.: Alfons Silbermann, Antisemitismus in der Bundesrepublik Deutschland, in: Bild der Wissenschaft 6/1976, S. 68ff.

[37]) Kästner, Zur Behandlung des Nationalsozialismus, S. 19.

[38]) Allgemeine Richtlinien und Richtlinien für den Unterricht in den Fächern Erdkunde, Geschichte, Sozial- und Gemeinschaftskunde, hrsg. v. Niedersächsischen Kultusministerium, Hannover 1970, S. 138.

[39]) Marhild Hoffmann, Der Nationalsozialismus in Richtlinien und Lehrplänen, in: Der Nationalsozialismus als didaktisches Problem, Schriftenreihe der Bundeszentrale für politische Bildung, Bd. 157, Bonn 1980, S. 24.

[40]) Der Nationalsozialismus im Unterricht, Empfehlungen des Zentralrats der Juden in Deutschland und der Gewerkschaft Erziehung und Wissenschaft im DGB, 1979; abgedr. in: Der Nationalsozialismus als didaktisches Problem, S. 183ff.; das Zitat ebd. S. 186.

Wie sehr nicht nur das Schulbuch, sondern die gesamte Anlage des Curriculums und ihre jeweilige Begründung und Legitimation ein Politikum ist und wie stark didaktische Entscheidungen im Bereich historisch-politischer Bildung von dem jeweils aktuellen politischen und gesellschaftlichen Gesamtzusammenhang abhängig sind,[41]) zeigt das kritische Abrücken von den bis in die siebziger Jahre vorgebrachten Begründungen für die Einbeziehung jüdischer Geschichte in Lehrbuch und Unterricht, was in verschiedener Beziehung einen allgemein festzustellenden Trend widerspiegelt.

Werner Habel charakterisiert diesen Gesamtzusammenhang wie folgt: „Restbestände eines unkritischen Philosemitismus, partiell lautstark propagierter Antizionismus und ein massiver Bodensatz an latentem Antisemitismus, der zuweilen in Akte von Einzeldiskriminierungen umschlägt, sind untrügliche Anzeichen dafür, daß die Gesellschaft der Bundesrepublik nach wie vor von der ‚sozialen Krankheit' des Antisemitismus befallen ist. Profil gewinnt diese Feststellung innenpolitisch vor dem Anspruch, eine demokratische Gesellschaft zu sein, außenpolitisch vor der Erwartung der Israelis und der Juden in der Welt, in der Bundesrepublik Deutschlands in der Auseinandersetzung des Nahost-Konflikts, einen kritisch-solidarischen Partner zu haben."[42])

Angesichts dessen analysiert Habel die den meisten Vorschlägen für die Beschäftigung mit der jüdischen Problematik zugrundeliegende Legitimationsbasis und kritisiert deren Undeutlichkeit und meist unreflektierte Verknüpfung. Er analysiert:

„– die moralische Verpflichtung, die jüdische Problematik zu thematisieren, erscheint oft eher als eine aus Schuld- und Schamgefühlen bzw. der Verdrängung intuitiv erahnte Größe. Als solche ist sie ein rein intrapersonal-subjektives Moment, dessen objektivierende Beschreibung schon Schwierigkeiten bereitet. (. . . ‚eine Art metaphysischer Nötigung' . . .), gar nicht zu reden von den Schwierigkeiten, dieses Gefühl für den Lernprozeß intersubjektiv vermittelbar aufzubereiten.

– die sozial-politischen Zielsetzungen für die unterrichtliche Beschäftigung mit der jüdischen Problematik erschöpft sich allzuschnell in einer Art ‚Anti-Anti'-Erziehung: Falschheit, Verblasenheit und mörderische Inhumanität des Antisemitismus werden in extenso besprochen, der Versuch, das durch den Antisemitismus geprägte Bild des Jüdischen zu korrigieren, führt oftmals zu einer ebenso unrealistischen positiven Überzeichnung. Weder die Bedingungen der Möglichkeit des Antisemitismus, noch eine ‚normale' Phänomenologie des Jüdischen in Vergangenheit und Gegenwart kommen in den Blick.

---

[41]) Habel, Israel und das Judentum, S. 4.

[42]) Ebd., S. 8.

– die historische Vergewisserung über die jüdische Problematik zum Gebrauch des Schülers schließlich tritt in der Regel als antiquarisch motivierte Historie im Nietzscheschen Sinne auf: Wo immer das möglich ist, werden die Juden in der deutschen Geschichte aufgespürt und die entsprechenden Sachzusammenhänge reproduziert. Das für die deutsche Perspektive eigentümlich Widersinnige des antiquarischen Zugriffs bleibt untergründig – unklar: das ‚Alte und Vergangene' an dieser Geschichte, die Judenfeindlichkeit, das Vorurteil ist nicht das zu bewahrende, sondern das kritisch aufzuhebende."[43])

Weder bringt Habel, der sich nicht auf eigene Untersuchungen stützt, Beweise und Beispiele, noch bilden die bis zum heutigen Tage erstellten Schulbuchanalysen auch nur den geringsten Anhaltspunkt für diese Feststellungen. Ferner erscheint es nicht minder „bedenklich" „undeutlich definiert" und „unreflektiert", alles, was nicht „antisemitisch" oder „anti-israelisch" ist, als „philosemitisch" zu bezeichnen. Nicht diese Feststellungen an sich sollen hier im einzelnen erörtert werden, es geht vielmehr um eine Haltung einer jüngeren Generation von Historikern und Geschichtsdidaktikern, die in jüngster Zeit große Verbreitung in der Bundesrepublik erfahren hat, die die Legitimationsfrage der Einbeziehung jüdischer Geschichte und ihrer Auswahl in das deutsche Geschichtsbild und im Unterricht entscheidend beeinflußt und die auch in den Ausführungen Habels zum Vorschein kommt.

Gemeint ist eine Konzeption der jüdischen Geschichte, die im letzten Jahrzehnt klar definierbare Züge angenommen hat und erneut den Zusammenhang historischer und didaktischer Erwägungen mit dem jeweils aktuellen politischen und gesellschaftlichen Geschehen aufgezeigt hat. Im Zuge eines bewußten oder unbewußten Abrückens vom Staate Israel und der ihm zugrundeliegenden zionistischen Ideologie und in der bewußten oder unbewußten Absicht, wirtschaftliche und politische Interessen auch ideologisch zu untermauern, wurde dem zionistischen Konzept der jüdischen Geschichte das Assimilationskonzept gegenübergestellt, wonach das Judentum vornehmlich eine Religionsgemeinschaft bildet, die in einem partiell erfolgreichen Integrationsprozeß in ihre jeweilige Umwelt begriffen war, ein Konzept, das bemüht ist, zahlreiche Beispiele von geglückter Symbiose und Integration in Vergangenheit und Gegenwart aufzuzeigen, freilich ohne den Holocaust vor diesem Hintergrund geschichtlich einstufen und schon gar nicht erklären zu können.

Aus dieser Sicht erscheint der moderne Antisemitismus und das Geschehen im „Dritten Reich" unmotiviert, geschichtsfremd und – losgelöst – als eine Art Betriebsunfall der Geschichte.

Die Übernahme dieser Konzeption drückt sich in der wachsenden Ungeduld und der fehlenden Bereitschaft jüngerer Historiker aus, den Holocaust zu einem Gesichtspunkt zu machen, von dem die jüdische Geschichte rückblickend und

---

[43]) Ebd., S. 6.

weiterführend betrachtet werden darf oder soll. Rückblickend wird weder die Gemeinsamkeit der Juden aller Länder anerkannt und die jüdische Geschichte und der Antisemitismus als ein kontinuierliches Ganzes betrachtet, noch wird das Gelingen der Assimilation und der sowohl möglichen als auch in der Tat erfolgten Integration in die Umwelt in Frage gestellt. Auf noch heftigere Ablehnung stößt nach dieser Konzeption der Versuch, den Holocaust mit der jüdischen Geschichte danach und der Gründung des Staates Israel und seiner Existenzberechtigung in Beziehung zu bringen; er wird als „zionistische Propaganda" – als ein Versuch, Schuldgefühle in den Deutschen zu schüren und wachzuhalten, um von ihnen finanzielle und politische Unterstützung zu erpressen diskriminiert und als „Philosemitismus" verschrien. Daß das Geschehen im Dritten Reich auch wirklich das Verhalten der Juden und den Gang ihrer Geschichte tiefgehend beeinflußt haben mag, wird als Möglichkeit gar nicht erst erwogen, zumindest nicht in das Bild von der jüdischen Geschichte einbezogen. Der Staat Israel wird aus zeitgeschichtlicher Sicht als eine der Seiten des Nahostkonflikts betrachtet und seine Einfügung in das Gesamtkonzept jüdischer Geschichte als „zionistische" Ideologie abgetan.

Es nimmt nicht Wunder, daß diese Konzeption sich mit Vorliebe der Verfahren der Sozialgeschichte bedient, die es ihr ermöglicht, auch den Holocaust einer horizontalen Analyse zu unterziehen, bei der der Schwerpunkt auf Erforschung sozialer Strukturen und der ihnen innewohnenden Mechanismen liegt, während eine vertikale Analyse unweigerlich zu einem Gesamtkonzept der jüdischen Geschichte und des Antisemitismus gezwungen hätte. Die Verfahrensweisen der Sozialgeschichte, deren Blick weniger auf den Ablauf des Geschehens in seiner historischen Kontinuität und Kausalität als auf die jeweiligen Triebkräfte und Determinanten gerichtet ist, deren Interessen nicht so sehr der persönlichen moralischen Entscheidung des Individuums als dem Verhalten der Gruppe und der Prägung des Verhaltens des einzelnen durch die Gemeinschaft gelten, kommen dieser Richtung in mehr als einer Beziehung gelegen. Das Judentum in all seinen Formen wird auf die Formel „soziale Minderheit" reduziert, eine über tausend Jahre währende gemeinsame deutsch-jüdische Geschichte wird zur Behandlung einer Minorität, das historisch einzigartige und seinesgleichen entbehrende, Tausende von Jahren kontinuierlich anhaltende Phänomen des Antisemitismus zu einem schlichten, jeweils zeitbedingten „sozialen Vorurteil".

Auf curricularer und didaktischer Ebene werden, dieser Konzeption gemäß, Anregungen wie die „einer gedrängten, sachlich zusammenhängenden kontinuierlichen Behandlung jüdischer Geschichte im deutsche Unterricht" die Berücksichtigung auch anderer als mitteleuropäischer jüdischer Lebenszentren im deutschen Schulunterricht oder die Einbeziehung einer dem „Ostjudentum" gewidmeten Unterrichtseinheit allesamt von Werner Habel aufgrund didaktischer Bedenken abgelehnt[44]). Daß drei Millionen Ostjuden im „Dritten Reich"

[44]) Habel, Israel und das Judentum, S. 10.

ermordet wurden, scheint offensichtlich kein genügender Grund zu sein, ihnen im Unterricht, sei es auch nur aus intellektueller Neugierde, eine Unterrichtseinheit zu widmen; selbst die Forderung danach wird schon als Ausdruck eines lautstarken Philosemitismus erachtet.

Abschließend soll dieser Konzeption eine grundsätzlich andere Haltung zur Legitimationsfrage der Einbeziehung Inhalte jüdischer Geschichte in Lehrbücher und Unterricht entgegengehalten werden, die auch der vorliegenden Untersuchung zugrundeliegt. Es geht hierbei, wie Werner Habel es ausdrückt, weder darum, „das tradierte deutsche Geschichtsbild im Sinne einer Apologie des deutschen Judentums jeweils lediglich um das deutsch-jüdische Element zu ergänzen“ noch eine „mögliche ‚zionistische Revision‘ des deutsch-jüdischen Geschichtsbildes im Sinne des von Anfang an feststehenden ‚Irrweges‘ des deutschen Judentums zu übernehmen.“[45]) Ferner ist hier auch nicht beabsichtigt, entgegen der Forderung Schallenbergers ein irgendwie geartetes geschlossenes System einem offenen geschichtlichen Denken entgegenzusetzen; es geht vielmehr um die Notwendigkeit geschichtlichen Denkens. Die uns hier beschäftigende Frage ist einzig und allein die, ob der Holocaust eine Vorgeschichte gehabt hat und seinerseits wieder Geschichte gemacht hat, mit andern Worten, ob der Völkermord mit der ihm vorangehenden und ihm folgenden jüdischen Geschichte in kontinuierliche kausale Beziehungen gesetzt werden muß, oder ob er gänzlich beziehungs- und geschichtslos als einmalige Ungeheuerlichkeit zu behandeln sei.

In den Ergebnissen der Fachgruppenarbeit einer Fachtagung „Zur Behandlung von Nationalsozialismus und Widerstand im Schulunterricht“ heißt es: „Der Nationalsozialismus sollte nicht isoliert als Einzel- oder Epochenphänomen vermittelt werden. Er ist vielmehr in der Kontinuität der deutschen Geschichte des 19. und 20. Jahrhunderts und im europäischen Kontext zu sehen. Das gilt für den ökonomischen, politischen, sozialen und geistesgeschichtlichen Bereich. Die Kenntnis autoritärer und antiliberaler Dispositionen ist für das Erkennen der Kontinuität, in der der Nationalsozialismus steht, erforderlich. Dabei sollte jedoch vermieden werden, das Scheitern der Weimarer Republik und den Übergang zum Nationalsozialismus als notwendigen und unabwendbaren Prozeß darzustellen. Die Behandlung des Nationalsozialismus an sich ist für eine Erziehung zu demokratischem Verhalten nicht geeignet; dies ist nur möglich, wenn die Kontinuitätsproblematik, die bis in die Gegenwart nachwirkt, thematisiert wird.“[46]) Das gleiche muß für die Behandlung der Holocaust Gültigkeit haben.

---

[45]) Ebd., S. 8.

[46]) Marhild Hoffmann/Dieter Riesenberger, Ergebnisse der Gruppenarbeit, in: Der Nationalsozialismus als didaktisches Problem, Beiträge zur Behandlung des NS-Systems und des deutschen Widerstands im Unterricht, Schriftenreihe der Bundeszentrale für politische Bildung, Bd. 156, Bonn 1980, S. 165.

Die vorliegende wissenschaftliche Literatur über das Judentum – es sei nachdrücklich betont, daß sie nur zum geringsten Teil von Zionisten im engeren Sinne stammt – wirft Licht auf die vielen Faktoren des Zusammenhalts, die den jüdischen Kulturkreis über die Zeit hinweg seine Identität hat bewahren lassen, sowohl in der ursprünglichen Heimat als auch während der Zerstreuung im Exil. Dabei scheint es von geringerer Bedeutung, ob dieser Gemeinschaft ein wie auch immer geartetes, Etikett aufgesetzt wird, indem man sie als Religion, Stamm, Volk, Nation oder Rasse definiert. Zion, die Stadt Jerusalem, der Tempel, das Land, das auch zur Zeit des Exils niemals seine zentrale Bedeutung einbüßte, die gemeinsame geheiligte Sprache (auch wenn sie nicht die Umgangssprache der meisten Juden war), die Bedeutung der Bibel, die mündliche Auslegung des Gesetzes, die soziale, religiöse und gemeinschaftsfördende Funktion der Synagoge, die Erwartung und Hoffnung der Rückkehr in das Land und der Blick auf die messianische Endzeit – all dies bildet ein über jede semantische Bezeichnung erhabenes Selbstverständnis, dem sich nur wenige entziehen wollten oder konnten. Die Lebensformen des jüdischen Alltags, geweiht durch die Einhaltung ritueller Vorschriften, das Kalenderjahr der Juden, das an Werk-, Sabbat-, und Festtagen dem Leben der Gemeinde und Familie Inhalt, Form und Rhythmus verleiht, die Einrichtungen sozialer Fürsorge und gegenseitiger Hilfe, die das gesellschaftliche Gefüge erhalten und stärken. Kenntnis der Lehre als höchstes Gut, Lehren und Lernen als höchstes Streben, gehören zu den bewahrenden Elementen unserer Identität. Schließlich müssen ein gemeinschaftliches historisches Schicksal, gemeinsam erlebtes Leid, Verfolgung, gegenseitige Hilfeleistung und stets proklamiertes und praktiziertes Verantwortungsgefühl füreinander jedem Juden und jedem Teil der Judenheit gegenüber als Bindeglied der Gemeinschaft über die Jahrhunderte hinweg erachtet werden[47]).

Anstatt, wie bisher üblich, das Judentum nur unzusammenhängend und besonders in seinen scheinbaren Auflösungsphasen zu behandeln, z. B. mit fortschreitender Assimilation oder in Verbindung mit Pogromen, Angriffen und Metzeleien, und sich dann zu wundern, wieso das Judentum, welches der Logik des Betrachtens gemäß ein Ende hätte nehmen müssen, dennoch weiter existiert, wodurch dieser Existenz ein quasi geisterhafter, befremdender und abstoßender Anstrich verliehen wird, sollte das Judentum anhand seiner gemeinschaftsbildenden Elemente verständlich gemacht und, historisch-kausalen Zusammenhängen Rechnung tragend, in wie immer auch gerafften Übersichtlichkeit dargestellt werden. Eine abstrakte Religions-, Ideen- und Märtyrergeschichte sollte durch eine Sozialgeschichte der Juden ergänzt und in ihren sozialen

---

47) Vgl. Chaim Schatzker „Die Judenfrage“ im Geschichtsunterricht. Ein Ansatz zu ihrer didaktischen Behandlung, in: Internationales Jahrbuch für Geschichts- und Geographieunterricht, Bd. XVIII, Braunschweig 1977/78, S. 165.

Zusammenhängen erklärbar gemacht werden. Das jüdische Leben soll „nicht nur über seine Hoch- und Tiefphasen (etwa: Aufklärung – Moses Mendelssohn versus nationalsozialistische Judenverfolgung), sondern auch in seiner alltäglichen Normalsituation erfaßt“ werden[48]).

Die neuere Geschichtsdidaktik kommt diesem Bestreben um „Identifikation mit denjenigen Gruppen und Personen . . . die Vergessenen der Geschichte.“[49]) um „Anlässe zum Sichhineinfühlen, Mitempfinden und Darübernachdenken“[50]) entgegen. So empfiehlt Alfred Krink, daß „um das Ganze verstehen zu können“ der Schüler „zunächst einmal exemplarisch erfahren muß, welche Denk- und Verhaltensweise den Alltag bestimmt haben, um über eine Identifizierung mit ‚Alltagshelden‘ den nötigen Kontakt zum Geschehen zu bekommen . . . Erst dadurch spricht das Ganze sie persönlich an. Ohne Identifikationsmöglichkeiten reagieren sie . . . als ‚kognitives System‘“. So wäre es sehr aufschlußreich, „zu erfahren, was Schüler im Dritten Reich über Juden gedacht haben und, wie diese Jugendlichen zu ihren Ansichten gekommen sind“. . . „Es geht darum, Schülern einen möglichst direkten Zugang zur Geschichte der NS-Zeit zu vermitteln, um einerseits überhaupt einmal ihr Interesse zu wecken und andererseits ihnen vor Augen zu führen, daß sie das, womit sie sich auseinandersetzen sollen, persönlich betrifft . . . Vielleicht ahnen Schüler dann wenigstens, welchen Anteil ihre Altersgenossen am ‚Dritten Reich‘ gehabt haben und fragen sich, was sie selbst zu unserer gegenwärtigen Geschichte beitragen.“[51])

„Mehr als die ‚große‘ Nationalgeschichte des Ereignis- und Entscheidungshandelns ist solche ‚Betroffenheitsgeschichte‘ geeignet, unmittelbar an das historische Erinnerungs- und Erfahrungspotential der Zeitgenossen anzuknüpfen und Zeitgeschichte lebendig zu vermitteln.“[52])

Auch Peter Freimark weist auf interessante Arbeitsergebnisse der letzten Jahre für den Bereich der Sozialgeschichte des Alltags hin[53]). Wenn Philosemitismus als die Wendung vom Haß gegen Juden als solche zur Liebe oder Verehrung der Juden als solchen verstanden wird, wobei in beiden Fällen Juden als Stereotyp

---

48) Habel, Israel und das Judentum, S. 8.

49) Gerhard Schneider, Mehr Affektivität im Geschichtsunterricht, Aus Politik und Zeitgeschichte, B 45/80, S. 21.

50) Alfred Krink, Nationalsozialismus und Widerstand als erfahrbare Geschichte, in: Der Nationalsozialismus als didaktisches Problem, Schriftenreihe der Bundeszentrale für politische Bildung, Bd. 156, Bonn 1980, S. 120.

51) Krink, Nationalsozialismus, S. 106–126; siehe auch: Nationalsozialismus im Unterricht, S. 186

52) Glaser, Aufarbeitung, S. 31.

53) Freimark, Geschichtswissenschaft, S. 47.

aufgefaßt werden, beide mithin nur entgegengesetzte Seiten der gleichen Münze sind, so hat die hier vorgeschlagene Konzeption der Legitimationsfrage der Einbeziehung jüdischer Inhalte mit Philosemitismus nichts gemein. Ganz im Gegenteil erscheint die transparentmachende, analytische geschichtliche Methode dazu angetan, den Mechanismen der Stereotypisierung nach beiden Seiten vorzubeugen. Eine solche Legitimation für die Beschäftigung mit jüdischer Geschichte und die vorgeschlagene Art und Weise der Auseinandersetzung könnten darüber hinaus fachwissenschaftlich und pädagogisch von Nutzen sein und zugleich deutlich machen, daß sich der Betrachter den Gegebenheiten anzupassen hat, nicht aber die Gegebenheiten in sein von stereotypen Denkweisen vorbestimmtes Bild hineinzwängen darf.

Dies soll auch die Grundlage für die vorliegende Untersuchung bilden.

II. Zur Methodik der Analyse

Unter den 250 Titeln deutschsprachiger Schulbuchanalysen seit 1958, die in eine 1975 erschienenen Bibliographie aufgenommen wurden, sind nicht mehr als zwei Titel zu finden, die das vorliegende Thema behandeln, davon ist nur eine Arbeit empirischer Art[54]).

Die zahlreichen oben angeführten Überlegungen zur Frage nach der Legitimation jüdischer Inhalte im Geschichtsbuch und Unterricht wurden kaum jemals durch begleitende Schulbuchanalysen abgestützt. Auch die ursprünglich vorgeschlagene Aufgliederung des Duisburger Forschungsprojekts in Blockseminare (Schulbuchtagungen), in denen theoretische Grundsatzfragen zur Sprache gebracht werden sollten, und in sie laufend begleitende Fachgruppenarbeit, deren Aufgabe es hätte sein sollen, praktische Analysen zu erstellen und Vorschläge, Unterrichtsmodelle und Empfehlungen zu erarbeiten,[55]) ließ sich zumindest im Bereich Geschichte so nicht verwirklichen, und die jährlich einberufenen Schulbuchtagungen waren im wesentlichen rein theoretischen Überlegungen vorbehalten.

Somit blieb die im Jahre 1963 vom damaligen „Internationalen Schulbuchinstitut“ veröffentlichte Analyse von Saul B. Robinson und Chaim Schatzker bis heute die einzige vorliegende und auf wissenschaftlicher Basis durchgeführte repräsentative Schulbuchanalyse für dieses Thema.

Die jener Untersuchung zugrundeliegende und dem damaligen Stand der wissenschaftlichen Schulbucharbeit entsprechende Systematik beruhte auf folgenden methodischen Überlegungen:

> „Von vornherein mußte klar sein, daß eine Beantwortung der Frage, ob eine Unterrichtung deutscher Schüler über die Greueltaten des nationalsozialistischen Regimes durch die deutschen Geschichtsbücher erfolgt oder ausbleibt, allein noch wenig über ein empathisches Verständnis jüdischer Geschichte und jüdischen Schicksals aussagt. Es mußte also zugleich die weitere Frage gestellt und anhand des Materials untersucht werden, ob in dem den Schülern der verschiedenen Schulstufen vermittelten Geschichtsbild wenigstens die minimalen Vorstellungen über den

---

[54]) Jürgen Fröchling, Deutschsprachige Schulbuchanalysen seit 1958 – Eine vorläufige Bibliographie, IJbGG, Bd. XVI, 1979, S. 412. Außerdem fehlte bisher weitgehend die methodologische Reflexion.

[55]) Siehe Chaim Schatzker, Schulbucharbeit, S. 130.

Weg des jüdischen Volkes in der Geschichte enthalten sind, auf die die Ereignisse der jüngsten Vergangenheit bezogen werden können.

Über das Desiderat einer Wissensgrundlage hinaus stellte sich im Laufe der Arbeit die Erkenntnis ein, daß auch dort, wo weder rassentheoretischen noch nationalsozialistischen Vorurteilen Raum gewährt wird, der Weg zu einem immanent verstandenen kontinuierlichen Bild jüdischer Geschichte sehr wohl verbaut sein kann durch wirtschafts- und sozialgeschichtliche Mißinterpretation sowie durch christologische Vorstellungen . . .

Eine Klärung der Vergangenheit . . . kann nicht allein durch Schilderung der letzten Vorkommnisse und mehr oder weniger heftige Verdammung durch Schulbuchautor und Lehrer erreicht werden, sondern dadurch, daß diese auf Erkenntnisse von Stellung und Gewicht des jüdischen Volkes in der Weltgeschichte, europäischer und deutscher Geschichte bezogen werden . . . Es muß im Grunde dazu kommen, daß der Schüler aus eigenem Wissen und eigener Einsicht heraus erfaßt und verdammt; nicht Belehrung ist das Ziel, sondern auf Wissen gegründete Erkenntnis."[56])

Zwei Grundpositionen dieser Arbeit endlich sollen ausdrücklich erwähnt werden. Die eine: Jüdische Geschichte wird in keiner ihrer Epochen als bloße Ideen- und Religionsgeschichte gesehen, wie dies in der Literatur christlich-theologischer Prägung naturgemäß häufig der Fall ist, sondern als der Weg eines Volkes, das im eigenen Land sowohl wie in der Zerstreuung als Gemeinschaft gelebt, gewirkt und gelitten hat. Die andere: in Analyse und Kanon soll weder eine kategorische Forderung an die deutsche Pädagogik erhoben werden, noch ist irgend eine Apologetik des Wertes des jüdischen Beitrags zur Weltgeschichte beabsichtigt. Wir glaubem jedoch, daß deutsche Geschichtserziehung heute zur Klärung der eigcnen Vergangenheit und zur Herstellung einer positiven Beziehung zu jener Gemeinschaft nur dadurch beitragen kann, daß sie Unverstand, Unwissenheit und Gleichgültigkeit nicht auf der Ebene von Mitleid und moralischer Entrüstung, sondern in der Bereitschaft zu ernstem Studium und empathischem Eindringen zu überwinden sucht.

Die in den letzten zwei Jahrzehnten überaus zahlreichen und unterschiedlichen Ansätze der vergleichenden Schulbuchanalyse weisen einen oftmals verwirrenden Pluralismus der Fragestellungen, der Analyseverfahren und der angewandten Methoden auf. Marienfeld unterscheidet zwischen fünf grundsätzlichen Analyseansätzen:

1. Schulbuchanalyse unter historisch-inhaltlicher Fragestellung, um das Selbstverständnis einer vergangenen Zeit oder das Selbstverständnis einer fremden Kultur oder eines andersartigen politischen Systems zu erforschen.

2. Schulbuchanalyse unter didaktischer Fragestellung, um Schulbücher als Medien des Unterrichts auf ihre didaktische Qualitätsbestimmung und die Vermittlungsproblematik hin zu erforschen.

---

[56]) Robinsohn/Schatzker, Jüdische Geschichte, S. 10ff.

3. Schulbuchanalyse unter vermittlungsproblematischer Fragestellung, die darüber hinaus auf grundlegende, die Geschichtswissenschaft selbst betreffende Probleme der historischen Erkenntnis und der historischen Repräsentation im Schulbuch zielen, wie die Rolle der Persönlichkeit in der Geschichte, Kausalität oder Interdepenz.

4. Schulbuchanalyse unter inhaltlicher Fragestellung nach der zu vermittelnden Geschichte, nach der Legitimation der ausgewählten Inhalte, ihrer quantitativen Relation zu anderen Inhalten, ihrer qualitativen Darstellung und Bewertung in Blick auf die Erfordernisse unserer Zeit und die Erfordernisse demokratischer Ordnung.

5. Schulbuchanalyse unter Fragestellungen, die mit internationaler Schulbucharbeit verbunden sind, wie emotional fundierte Vorurteile, Idealisierung der eigenen Gruppe, Diffamierung der Fremdengruppe, auf Unkenntnis beruhende sachliche Fehlurteile zu kennzeichnen und durch Absprache zu beseitigen, Informationslücken im Blick auf den anderen, seine kulturellen Leistungen sichtbar zu machen, die Schwerpunkte seiner Geschichte hervorzuheben[57]).

Ähnliche Unterscheidungen zwischen deskiptiv-analytischen Inhaltsanalysen und didaktisch orientierten Analysen trifft Christoph Klessmann[58]).

Die hier vorgelegte Untersuchung geht von den beiden letztgenannten Ansätzen und Zielsetzungen Marienfelds aus. Es bleibt festzuhalten, daß sich alle fünf Ansätze nicht klar voneinander abgrenzen, sondern nur schwerpunktmäßig bestimmen lassen.

Daß dieser Pluralismus der Analyseansätze auch notwendigerweise einen entsprechenden Methodenpluralismus bedingt, daß „in dem Maße, wie unterschiedliche Zielsetzungen verfolgt werden, auch das methodische Instrumentarium höchst unterschiedlich sein (muß)“[59]), führt zu der gegenwärtig vorherrschenden Ansicht, daß „aus der jüngst begonnenen Methodendiskussion auf keinen Fall eine bestimmte Methode als die für Schulbuchanalysen schlechthin gültige hervorgehen kann.“[60])

Jedoch setzt sich in der einschlägigen Methodendiskussion fast einhellig die Ansicht durch, daß jeder auf wissenschaftlicher Basis durchgeführten vergleichenden Schulbuchanalyse eine irgendwie geartete Kombination von quantitativen und qualitativen Verfahrensweisen zugrundegelegt werden müsse, die als „quantitative Inhaltsanalyse“ bezeichnet wird und in deren Verlauf „der Aussagewert hermeneutisch erarbeiteter Schulbuchgutachten . . . durch quantitative

---

[57]) Wolfgang Marienfeld, Schulbuchanalyse und Schulbuchrevision. Zur Methodenproblematik, in: IJbGG, Bd. XVII, 1976, S. 48f.

[58]) Ebd., S. 61–64.

[59]) Marienfeld, Schulbuchanalyse, S. 50.

[60]) Ebd.; ähnlich Chr. Klessmann, Zur Methodik vergleichender Schulbuchanalyse, in: IJbGG, Bd. XVII, Braunschweig 1976.

Erhebungen zur inhaltlichen und zur sprachlichen Seite der Schulbuchdarstellungen abgestützt werden."[61])

Dieses kombinierte Verfahren ist notwendig, um einerseits der Gefahr der Subjektivität zu entgehen, die dem hermeneutischen deskriptiv analysierenden und interpretierenden Verfahren anhaftet, nicht „auf das Vertrauen in die Seriosität der Untersuchung" angewiesen zu bleiben und durch präzis gesicherte Aussagen die Verifizierung der Ergebnisse, Objektivität der Vergleichbarkeit und intersubjektive Kontrolle zu ermöglichen, andererseits aber auch durch den Einsatz des deskriptiv analysierenden Verfahrens der Gefahr des „erheblichen Problemverlustes und der trivialen Ergebnisse", die in der Messung des Meßbaren, nicht des Wichtigen liegt, zu entgehen, in deren Verlauf „mit beträchtlichem Aufwand eindrucksvolle Banalitäten produziert werden . . ."[62]) Die üblichen Meßverfahren der quantitativen Inhaltsanalyse, deren sich auch die vorliegende Untersuchung bedient, sind die der Raumanalyse und der Frequenzanalyse.

„In der Raumanalyse soll durch genaue Messungen – je nach Fragestellung und Genauigkeitsbedürfnis: Seitenzählung oder Zeilenzählung – festgestellt werden, wieviel Raum absolut und relativ, d. h. bezogen auf den Gesamtumfang des jeweiligen Schulbuches, einem bestimmten historischen Sachverhalt zur Verfügung gestellt wird, welche Bedeutung ihm damit beigemessen wird. In der Frequenzanalyse soll ähnlich durch das Auszählen von beispielsweise Namensnennungen innerhalb bestimmter historischer Abschnitte oder Sachzusammenhänge festgestellt werden, welche Bedeutung diesen Personen innerhalb jener historischen Phänomene beigemessen wird."[63])

Bei der Entscheidung für die Anwendung der quantitativen Inhaltsanalyse und der ihr eigenen Meßverfahren, ließ sich die vorliegende Untersuchung von folgenden Gesichtspunkten leiten:

Ausgehend von der Annahme, daß wir uns im Falle der Darstellung des Judentums in den Lehrbüchern „mit einem derartig umfassenden Gegenstand auseinanderzusetzen haben, daß er als Paradigma für die Darbietung komplexer Gegenstände in Schulbüchern überhaupt gelten kann", der dementsprechend zu weitreichenden Konsequenzen im bildungspolitischen, fachdidaktischen, curricularen und medienbedingten Bereichen führen dürfte,[64]) behaupten hier die Inhalte, trotz des von den Sozialwissenschaften und der Lernpsychologie geförderten Trends des Übergangs vom informationszentrierten Unterricht zur Eröffnung von Lern- und Denkprozessen „eine eigene Dignität und eine eigenes Gewicht."[65])

---

[61]) Marienfeld, Schulbuchanalyse, S. 54.

[62]) Klessmann, Methodik, S. 64.

[63]) Marienfeld, Schulbuchanalyse, S. 51.

[64]) Schüssler, Gedanken, S. 12.

[65]) J. Rohlfes, Curriculum und Lernzielvermittlung, in: J. Rohlfes und K. E. Jeismann, (Hrsg.), Geschichtsunterricht, Inhalte und Ziele, Stuttgart 1974, S. 9.

Angesichts der bildungspolitischen Relevanz kommt den Inhalten jüdischer Geschichte mehr als eine lediglich instrumentale Funktion zu; sie sind mehr als ein „exemplarisches Anliegen“ für verfehlte Minoritätenbehandlung, das sich beliebig gegen andere Beispiele austauschen ließe. Es soll auch das Ziel der hier vorgelegten Untersuchung sein, „mit dafür zu sorgen, daß Inhalte nicht beliebig werden“ und auf Auslassungen von Inhalten hinzuweisen, die vielleicht für das Erreichen von Lernzielen wenig relevant sein mögen, doch deren Fehlen „aus Gründen der politischen Bildung in Deutschland . . . skandalös wären.“[66]) Dennoch wird nicht die Auffassung vertreten, daß es bei der Behandlung des Themas „Judentum und Staat Israel in deutschen Schulbüchern“ „lediglich oder gar primär um Wissenserweiterung und/oder Optimierung der Informationsvermittlung“ geht[67]).

Dementsprechend wurden folgende Elemente der oben erwähnten ersten Untersuchung von Robinsohn/Schatzker übernommen:

- Gegenstand der Analyse ist die Gesamtbehandlung jüdischer Geschichte
- deren Einteilung in sechs Hauptperioden:
  1. Von den Anfängen bis zur Errichtung des Zweiten Tempels
  2. Die Zeit des Zweiten Tempels
  3. Das Mittelalter
  4. Die Neuzeit bis zum Ende des Ersten Weltkrieges
  5. Weimarer Republik und „Drittes Reich“
  6. Das Judentum nach dem Zweiten Weltkriege
- Ausgangspunkt der Analyse bildet die Bestandsaufnahme der in den untersuchten Büchern vorkommenden Inhalte.

Im Gegensatz zu der damaligen Untersuchung soll in der nun vorliegenden:

- die quantitative Analyse verfeinert und präzisiert werden,
- die Anzahl der untersuchten Bücher, die allesamt dem heutigen Stand entsprechen, erheblich erweitert werden,
- nicht lediglich die Bestandsaufnahme der Inhalte, sondern auch die Kriterienraster ihrer Analyse und Bewertung keinem von außen her projezierten geschlossenen, vielleicht ideologieverdächtigen Geschichtsbild und Normensystem zugrundegelegt werden. Die Beurteilungskriterien werden sich aus den untersuchten Büchern selbst in vergleichender Gegenüberstellung und dem Stand der Diskussion in der einschlägigen deutschen Fachliteratur ergeben. Im Gegensatz zu den üblichen Verfahren sollen die jeweiligen Bücher einander gegenübergestellt und nicht aus einem von außen aufgestellten Normensystem bewertet werden. Dadurch läßt sich die Gefahr einer „agres-

---

[66]) Klessmann, Methodik, S. 67.

[67]) Schatzker, Bermerkungen, S. 152.

siv-apologetischen" Schulbuchanalyse vermeiden, deren Ziel „vor allem die Selbstapologie durch Kontrastierung und durch den Nachweis der Untragbarkeit der Schulbücher der anderen Seite" ist[68]).

Mithin wäre auch der berechtigten Forderung Schallenbergers Genüge getan, daß „am Ende jeder Schulbuchkritik der bessere Text stehen" (sollte)[69]), indem sich mittels einander gegenübergestellter Texte der untersuchten Bücher auch ergeben mag, wie akzeptablere Schulbuchtexte aussehen könnten.

Letztlich bietet dieses Verfahren Gewähr dafür, daß realisierbare Minimalvorstellungen ins Auge gefaßt werden und nicht utopische, den Rahmen von Lehrplanwirklichkeit und Unterrichtspraxis sprengende und insofern folgenlose Maximalvorstellungen, und es beugt der Gefahr vor, „den Blick auf das in der Schule Realisierbare angesichts unterschiedlicher Altersgruppen, unterschiedlicher Schularten, anderer inhaltlicher Anforderungen, angesichts auch der dem Fach insgesamt zur Verfügung stehenden Zeit zu verlieren und darüber hinaus die Vermittlungsproblematik gänzlich außer acht zu lassen."[70])

Die Raumanalyse, in deren Rahmen die gefundenen absoluten Werte der Inhalte jüdischer Geschichte, aufgegliedert nach den oben genannten sechs dem Rhythmus der jüdischen Geschichte entsprechenden Perioden in den Geschichtslehrbüchern der Sekundarstufe I[71]) und der Sekundarstufe II[72]) auf den Gesamtumfang der jeweiligen Werte bezogen werden, erfolgt durch Seitenzählung; Text, Karten und Illustrationen werden einbezogen, mit einem Genauigkeitsgrad einer Viertelseite. Damit erscheint die Genauigkeitserfordernis dieser Analyse, der es vornehmlich um Relationen geht, erfüllt.

Hingegen erfolgt die Frequenz- und Vermittlungsanalyse der mit einem hohen Grad von Differenzierung aufgegliederten Inhalte jüdischer Geschichte der jeweiligen Perioden in den Geschichtslehrbüchern der Sekundarstufe I[73]) und der Sekundarstufe II[74]) durch Zeilenauszählung der Aussagetexte, versehen mit einem Bewertungsschlüssel:

a) problematisierende Darstellung
b) beschreibende Darstellung
c) knappe Fakten-Erwähnung.

Die Auszählung der Quellentexte (Q) und Bezeichnung der Anzahl der Karten und Illustrationen (I) wird mit einem Genauigkeitsgrad von einer halben Zeile (abgerundet) durchgeführt. Vertikal zeigt mithin jede Rubrik auf, welche

---

[68]) Klessmann, Methodik, S. 60.

[69]) Schallenberger, Zur Darstellung der Schoah, S. 53.

[70]) Marienfeld, Schulbuchanalyse, S. 54.

[71]) Siehe Übersicht 1, S. 46/47.

[72]) Siehe Übersicht 2, S. 48/49.

[73]) Siehe z. B. Übersicht 3, S. 54/55.

[74]) Siehe z. B. Übersicht 9, S. 56/57.

Inhaltselemente der jüdischen Geschichte und in welchem Umfange in einem Werk vorkommen, horizontal mit welchem Häufigkeitsgrad und in welchem Umfange das jeweilige Inhaltselement in sämtlichen untersuchten Werken enthalten ist, wodurch auch eine Gruppenanalyse sämtlicher Werke vorgenommen wird, ohne daß dabei das einzelne Schulbuch an Profil verliert.

Der Verlust an Zuverlässigkeit als Folge von subjektiven Beurteilungen, eine Gefahr, auf die Marienfeld hinweist und die auch den scheinbar so präzisen Symbolen der quantitativen Methode zugrundeliegt[75]) und der Ungenauigkeitsgrad des Vergleichs angesichts der unterschiedlichen Druckgrößen, Zeilenlängen, Seitenformat und dergleichen ist in dem hier angewandten Verfahren zwar nicht eleminiert, jedoch auf ein unwesentliches Minimum reduziert. Wenn zum Beispiel in einem Werk der „Reichskristallnacht" 21,5 Zeilen Darstellungstext, 20 Zeilen Quellentext und eine Illustration gewidmet sind *[Klett, Damals]*[76]), dagegen in einem anderen Werk lediglich 2 Zeilen Darstellungstext *[Westermann, Reise]*, so ist der Aussagewert dieser Feststellung auch angesichts der erwähnten Unzulänglichkeiten der quantitativen Analyse durchaus relevant und zuverlässig. Auch die durch den Bewertungsschlüssel bezeichneten Aussagen „problematisierend", „beschreibend" und „knappe Fakten-Erwähnung" sind nicht so vage und verschwommen, daß sie als nicht quantitativ erfaßbar und nachvollziehbar zu erachten wären.

Das Verfahren soll an drei Beispielen erläutert werden:

1. „1938 wurde ein deutscher Diplomat in Paris von einem Juden ermordet. Da schändeten Angehörige der SA in der sogenannten ‚Reichskristallnacht' Synagogen und Friedhöfe. Die Zerstörung jüdischer Geschäfte war ein Zeichen dafür, daß die Juden von jetzt ab aus dem Wirtschaftsleben ausgeschaltet waren." *[Hirschgraben, Weg]*

Diese Aussage wurde mit c) – knappe Fakten-Erwähnung bewertet.

2. „Der Weg zur Vernichtung des Judentums begann mit der sogenannten ‚Reichskristallnacht' vom 9. November 1938. Zwei Tage zuvor hatte ein junger Jude, Herschel Grünspan, in Paris einen deutschen Botschafter erschossen. Nach der Aussage des Mörders waren die zunehmenden Judenverfolgungen in Deutschland das eigentliche Motiv für die Tat gewesen. Von der deutschen Propaganda wurde sie als ein erster großer Schlag der ‚jüdischen Weltbrandstifter' gegen das deutsche Volk hingestellt. In der Nacht zum 10. November 1938 ließ Propagandaminister Goebbels als unmittelbare Kundgebung des Volkswillens von Einheiten der SA jüdische Geschäfte, Büros und Synagogen stürmen, plündern und teilweise in Brand stecken. Tausende von Juden wurden verhaftet und in ein Konzentrationslager eingeliefert. Der Beauftragte für den Vierjahres-

---

[75]) Wolfgang Marienfeld, Schulbuch-Analyseverfahren am Beispiel von Schulbuchdarstellungen zum Thema Islam und Kreuzzüge, in: Geschichtsdidaktik 4/1979.

[76]) Die einzelnen Schulbücher werden mit dem betreffenden Verlagsnamen und einem Schlüsselwort zitiert. Vollständige bibliographische Angaben finden sich in den Verzeichnissen auf den Seiten 177ff.

plan ordnete eine Kontribution (Steuer) in Höhe von einer Milliarde Reichsmark als Kollektivstrafe für die Juden an." *[Oldenbourg, Geschichte, 4, 86.]*

Diese Aussage wurde als b) – beschreibende Darstellung bezeichnet.

3. „Alle diese Gewaltmaßnahmen gegen die Juden wurden Schritt für Schritt und noch halb im geheimen durchgeführt. Die erste große öffentliche Aktion – nach dem Judenboykott von 1933 – inszenierte der Propagandaminister Goebbels am 9. 11. 1938, unterstützt durch die Gestapo. Als Vorwand diente die Ermordung eines deutschen Gesandtschaftsrats in Paris durch einen jungen polnischen Juden, die aus rein privaten Gründen geschehen war.

In einer als „Volksempörung" ausgegebenen, in Wahrheit genau organisierten Zerstörungsserie wurden alle Synagogen, viele jüdische Altersheime, Krankenhäuser, Geschäfte und Wohnungen niedergebrannt, teilweise geplündert und Tausende von Juden, oft nach Mißhandlung, in die Gefängnisse und KZ geschleppt. (Es folgt ein Quellenauszug)

Die Mehrheit der Deutschen war an diesen empörenden Gewalttaten nicht beteiligt. Man war vielmehr entsetzt und manche halfen heimlich den bedrängten Juden. Offener Widerstand war längst unmöglich geworden. Daher schwiegen auch die Gerichte; die staatlichen Behörden blieben untätig.

Unter dem Eindruck von unzähligen zerstrümmerten Schaufensterscheiben jüdischer Geschäfte fand der Berliner Volksmund für die Vorkommnisse vom 9. 11. 1938 die Bezeichnung „Reichskristallnacht". Nach den Gewalttaten schien es wie ein böser Hohn, daß am 13. 11. 1938 besondere Verordnungen „zur Sühne" gegen die Juden im deutschen Reich erlassen wurde. (Es folgt ein Quellenauszug)

Es ist in Diktaturen ein bewährtes Mittel, innenpolitische Spannungen und Schwierigkeiten nach außen abzulenken. So konnten die Nationalsozialisten die Aufmerksamkeit der Öffentlichkeit von den Willkürmaßnahmen gegen die Juden ablenken, als in den Jahren 1938/39 der Anschluß Österreichs an Deutschland sowie die Zerschlagung der Tschechoslowakei durchgeführt wurden" *[Klett, Damals, Bd. 5, S. 71f.]*.

Dieser Aussagetext wurde mit a) – problematisierende Darstellung bewertet.

Zu den Inhalten der Texte wird hier zunächst nicht Stellung genommen; das Bewertungsmuster a, b und c erscheint nach diesen Beispielen einsichtig und auch konsensfähig. Die tiefer liegende Problematik der Beurteilung des durch die Lehrbücher vermittelten Erkenntnisprozesses, der Bewußtmachung von Zusammenhängen und der Einflußnahme auf die Einstellungen und Beurteilungsfähigkeit des Schülers, die mittels der quantitativen Analyse nicht erfaßbar sind, soll durch das hermeneutische deskriptive Verfahren der qualitativen Analyse ihre Ergänzung finden.

Die ausgewählten Bücher sind nach der Zahl der Titel und der Berücksichtigung der wichtigen Verlage, der verschiedenen Schularten und didaktischen Konzeptionen für die Bundesrepublik Deutschland zur Zeit repräsentativ.

III. Raumanalyse

Die Raumanalyse zeigt, wieviel Raum absolut und relativ – bezogen auf den Gesamtumfang des jeweiligen Schulbuchs – in den untersuchten Büchern der Sekundarstufe I[77]) und der Sekundarstufe II[78]) der jüdischen Geschichte gewidmet ist.

Folgende Durchschnittswerte des prozentualen Anteils jüdischer Geschichte im Rahmen der Gesamtwerke ergeben sich für die jeweiligen Geschichtsperioden:

Periode	Sekundar-stufe I	Sekundar-stufe II
Altertum	1,64%	1,01%
Mittelalter	0,95%	0,73%
Neuzeit bis Ende des Ersten Weltkrieges	0,25%	0,16%
Weimarer Republik und Drittes Reich	5,43%	3,23%
Nachkriegsgeschichte	3,24%	2,37%

Die Frage, ob dieser Anteil jüdischer Geschichte als absolut „zu hoch", „zu niedrig" oder als „ausreichend" zu werten ist, kann – wenn überhaupt – nur anhand von äußerst diffizilen fachhistorischen, fachdidaktischen, curricularen und bildungspolitischen Erwägungen angegangen und beantwortet werden, und ihre Behandlung würde den Rahmen der hier vorgelegten Analyse sprengen. Allenfalls tritt die Diskrepanz zwischen den eingangs erwähnten und mit der Einbeziehung von Inhalten jüdischer Geschichte in die Geschichtslehrbücher verbundenen hochgesteckten Zielsetzungen, Erwartungen und Absichten und dem ihnen zur Verfügung gestellten Raum zutage.

Die Relationen der Durchschnittswerte des prozentualen Anteils jüdischer Geschichte in den verschiedenen Perioden widerspiegeln hingegen die Bedeutung, die ihnen innerhalb des Gesamtgeschichtsbildes in den jeweiligen Perioden beigemessen wird und lassen auf die ihnen zugrundeliegende historische

[77]) Siehe Übersicht 1, S. 46/47.

[78]) Siehe Übersicht 2, S. 48/49.

Übersicht 1

Raumanalyse: Inhalte jüdischer Geschichte in den Geschichtslehrbüchern der Se
Seitenzählung: Text, Karten und Illustrationen einbezogen. Genauigkeit: eine Viertelseite.

		Seitenzahl des Gesamtwerkes „ALTERTUM“	Seitenzahl jüd. Gesch. Von den Anfängen bis zur Errichtung des Zweiten Tempels	Seitenzahl jüd. Gesch. Die Zeit des Zweiten Tempels	Prozentualer Anteil jüdischer Geschichte	Seitenzahl des Gesamtwerkes MITTELALTER	Seitenzahl jüd. Gesch. Mittelalter	Prozentualer
1	Auer, Geschichte	104				107	2,25	2,
2	Buchner, Geschichte	193	1	0,25	0,65	167	1	0,
3	Buchner, Werden	161	1,5	0,25	1,09	108	1	0,
4	Diesterweg, Aufriß	225	3,5	1,25	2,11	144		
5	Diesterweg, Grundzüge S1	218	1,5	0,10	0,73	150	1	0,
6	Diesterweg, Spiegel	220	3	3,25	2,48	161	0,5	0,
7	Diesterweg, Weltkunde	80		0,5	0,63	126	0,5	0,
8	Harms, Arbeitsmappen	32				64	0,75	1,
9	Henn, Welt	252	6	3	3,57	231	2	0,
10	Hirschgraben, Fragen	161				192	2	1,
11	Hirschgraben, morgen	148	1	0,25	0,84	112	0,25	0,
12	Hirschgraben, Weg	66				96	2	2,
13	Klett, Damals	69	–	–	–			
14	Klett, Menschen	174	2	1	1,72	83	2	2,
15	Klett, Unterrichtswerk	191	2	1,25	1,70	102	0,5	0,
16	Oldenbourg, Geschichte	159	3	0,5	1,8	163	1,5	0,
17	Oldenbourg, Geschichte 2 A	64	2	–	3,13	128	0,25	0,
18	Schöningh, Zeiten B	219	2,5	1	1,60			
19	Schöningh, Zeiten C	153	4	1,5	3,59	190	0,5	0,
20	Schroedel, Erkunden	51	2		3,92	59	0,75	1,
21	Schulbuchverlag, Erleben	91	3		3,30	101	1,25	1,
22	Westermann, Reise	83	1	1	2,41	132	2,5	1,
23	Westermann, Zeitaufnahme	79	2		2,53	70	0,5	0,

tufe I

NEUZEIT, bis Ende des Ersten Weltkrieges	Seitenzahl jüd. Gesch. NEUZEIT, bis Ende des Ersten Weltkrieges	Prozentualer Anteil jüdischer Geschichte	Seitenzahl des Gesamtwerkes WEIMARER REPUBLIK und „DRITTES REICH“	Seitenzahl jüd. Gesch. WEIMARER REPUBLIK und „DRITTES REICH“	Prozentualer Anteil jüdischer Geschichte	Seitenzahl des Gesamtwerkes NACHKRIEGSGESCH.	Seitenzahl jüd. Gesch. Vorgeschichte, Gründung und Gegenwartsprobleme des Staates Israel	Prozentualer Anteil jüdischer Geschichte
15			59	4,5	7,63	50	1	2
53	0,25	0,07	109	6	5,50	75	3	4
93			65	3,25	5	52	1,25	2,40
52	2	0,79	180	12	6,67	–		
65	3	0,65	173	5,5	3,18	81	5,5	6,79
37			147	5,5	3,74	129	4,5	3,49
83			136	3	2,21	96	3,5	3,65
64			24	2	8,33	24		
–	–	–	–	–	–	–	–	–
54	0,5	0,14	150	4	2,65	113	9	7,96
21	0,25	0,11	102	5,75	5,64	119	7,5	6,30
01	0,5	0,24	55	2,25	4,09	79	1,5	1,90
07	–	–	68	6,5	9,56	76	1	1,32
19	3,5	1,10	86	6	6,98	116	2	1,72
88			95	4	4,21	47	1,25	2,66
17	0,5	0,23	60	4,5	6,88	49	2	4,08
25	–	–	73	4	5,48	83	1	1,20
50	1	0,40	143	7	4,90	118	4,5	3,81
13	0,5	0,10	92	4,25	4,62	64	3,	5,47
94			92	3,25	3,53	58	1	1,72
58	0,5	0,19	65	3,5	5,38	60	2,25	3,75
54	2	0,56	53	4	7,55	176	2	1,14
00	2	1	101	5,75	5,69			

Übersicht 2

Raumanalyse: Inhalte jüdischer Geschichte in den Geschichtslehrbüchern der S
Seitenzählung: Text, Karten und Illustrationen einbezogen. Genauigkeit: eine Viertelseite.

		Seitenzahl des Gesamtwerkes „ALTERTUM“	Seitenzahl jüd. Gesch. Von den Anfängen bis zur Errichtung des Zweiten Tempels	Seitenzahl jüd. Gesch. Die Zeit des Zweiten Tempels	Prozentualer Anteil jüdischer Geschichte	Seitenzahl des Gesamtwerkes MITTELALTER	Seitenzahl jüd. Gesch. Mittelalter	Prozentualer
1	Buchner, Werden O	138	1,25	0,5	1,27	147	0,75	0,
2	Diesterweg, Aufriß neu							
3	Diesterweg, Grundz. S II 1	69	0,75	0,25	1,45	69	1,25	1,
4	Diesterweg, Grundz. S II 2	231	2,5	1,5	1,73	86	0,5	0,
5	Diesterweg, Politik							
6	Gehlen, Politik							
7	Gehlen, Wandel							
8	Klett, Grundriß	170	0,75	0,25	0,59	94		
9	Schöningh, Zeiten O	63	0,25	0,40		59	0,5	0,
10	Westermann, Minderheit		1	2			6	
11	Westermann, Politik							

Auffassung und didaktische Konzeption der Lehrbücher schließen. So nimmt der Durchschnittswert von 1,60 % (Sekundarstufe I) und 1,01 % (Sekundarstufe II) und die darin deutlich werdende geringe Bedeutung, die dem Judentum, einer der drei Säulen der westlichen Kultur, im Altertum beigemessen wird, wunder. Der besonders niedrige Durchschnittswert für die Periode der Neuzeit weist auf eine deskriptive Methode hin, der es mehr um das äußere politische Geschehen geht als um die ihm zugrundeliegende geschichtliche Problematik in ihrer genetischen Bedingtheit.

Sollte dem Schüler das Verständnis für die Emanzipation der Juden und ihre Assimilation fehlen, dann wird auch der Kausalzusammenhang zwischen ihrer scheinbar erfolgreichen wirtschaftlichen, kulturellen und sozialen Integration in ihre Umwelt und den Erscheinungen von Abneigung und Konkurrenzneid, gepaart mit dem uralten religiös bedingten und irrationalen Antisemitismus, nicht deutlich. Wenn aber darüber hinaus die durch die Krise des westlichen Liberalismus bedingten Spannungen, die zu Ausschreitungen, modernem Antisemitismus und Rassentheorie führten, nicht einsichtig gemacht werden, so

tufe II

… NEUZEIT, bis Ende des Ersten Weltkrieges	Seitenzahl jüd. Gesch. NEUZEIT, bis Ende des Ersten Weltkrieges	Prozentualer Anteil jüdischer Geschichte	Seitenzahl des Gesamtwerkes WEIMARER REPUBLIK und „DRITTES REICH“	Seitenzahl jüd. Gesch. WEIMARER REPUBLIK und „DRITTES REICH“	Prozentualer Anteil jüdischer Geschichte	Seitenzahl des Gesamtwerkes NACHKRIEGSGESCH.	Seitenzahl jüd. Gesch. Vorgeschichte, Gründung und Gegenwartsprobleme des Staates Israel	Prozentualer Anteil jüdischer Geschichte
98	2,25	0,57	104	3	2,88	76	0,75	0,99
82	0,5	0,1	411	8,5	2,07			
55	0,25	0,16	31	1,75	3,65	27		
78	0,25	0,07	195	14,25	7,31	49	1,25	4,63
			173	3,75	2,17	140	1	
			59	1,5	2,54			
50			62	1	1,61	68	2,5	3,68
09			92	1,75	1,90	36	1,25	3,47
21	0,25	0,21	61	3	4,92	33	1,25	3,79
	7			3			17	
				4				

bleibt dem Schüler der historisch-analytische Zugang zum Geschehen im „Dritten Reich“ verbaut. In diesem Zusammenhang ist darauf hinzuweisen, daß die Forschungsergebnisse der deutschen Geschichtswissenschaft, die sich in den letzten Jahren eingehend mit der Geschichte der Juden in Deutschland während der letzten beiden Jahrhunderte befaßt hat, kaum Eingang in die Lehrbücher gefunden haben[79]).

Die Ergebnisse der Raumanalyse werfen die Frage auf, ob und wie angesichts des absoluten und relativen Raumes, der Inhalten jüdischer Geschichte in den Lehrbüchern zur Verfügung gestellt werden kann, eine wenn auch nicht kontinuierliche so doch innere Zusammenhänge aufzeigende sinnvolle Behandlung jüdischer Geschichte in ihrer Verflechtung mit der deutschen Geschichte möglich sei. Im Gegensatz zu vielen noch zu besprechenden Beispielen, wo eine derartige Behandlung in der Tat nicht erfolgt, wo die Juden plötzlich und unmotiviert da oder dort auftauchen, zuweilen ebenso unmotiviert vertrieben

[79]) Siehe hierzu: Freimarck, Geschichtswissenschaft, S. 42ff.

und immer wieder gehaßt und verfolgt werden, ohne daß das eine noch das andere erklärt wird, zeichnen sich in einigen Büchern verschiedene Ansätze dafür ab, wie auch unter den gegebenen Raumbedingungen Beziehungslinien zwischen den auf hunderten von Seiten verstreuten und unzusammenhängenden Erwähnungen von Inhalten jüdischer Geschichte hergestellt werden können.

Eine vollständige zusammenhängende Behandlung der gesamten jüdischen Geschichte erfolgt lediglich in der im Westermann-Verlag erschienenen Reihe „Zeit + Gesellschaft“ (Heft 1, Minderheit und Mehrheit), in einem Band, der als kursorientiertes Geschichtswerk für den Unterricht in der neu gestalteten gymnasialen Oberstufe konzipiert ist und als solches zwar vorbildlich, doch für die Mehrheit der Lehrbücher weder im Umfang noch in seiner exemplarischen Schwerpunktsbildung vergleichbar sein kann und als Wahlkurs nur für einen Teil der Schüler bestimmt ist, während die anderen mit jüdischer Geschichte nicht mehr unbedingt konfrontiert werden. Auch für das hier behandelte Thema trifft die Feststellung zu, daß „. . . durch die Neugestaltung der gymnasialen Oberstufe . . . der Geschichtsunterricht der Sekundarstufe I neue Relevanz gewinnt. Bereits hier müssen die soliden Grundlagen erarbeitet werden, auf denen der thematisch ausgerichtete Unterricht der Sekundarstufe II aufbauen kann“ *[Diesterweg, Grundzüge S I, Bd. 1, S. III]*.

Manche Bücher versuchen, den Zusammenhang der verstreuten Inhalte jüdischer Geschichte durch Rückgriff auf vorausgegangene Themen und durch Vorwegnahme von Aspekten folgender Themen herzustellen.

So schaltet *Hirschgraben, Fragen,* ausgehend vom Abschnitt „Judenverfolgung, Judenvernichtung“, rückblickend eine kurze zusammenhängende Übersicht über den Antisemitismus vom Altertum über das Mittelalter bis zur Neuzeit ein *[Bd. 4, S. 61]* – oder ausgehend vom Nahostkonflikt eine kurz zusammengefaßte Vorgeschichte des Problems, vom Altertum bis zum Zionismus *[Bd. 4, S. 249]*. Ähnlich verfährt *Schöningh, Zeiten B*, der eine gedrängte problematisierende Übersicht über den Antisemitismus, rückblickend vom Altertum bis zur Neuzeit, in die Sozialgeschichte der Neuzeit einfügt *[Bd. 3, S. 217]. (Vgl. auch Diesterweg, Grundz. S II 2, Textband II, S. 172; Westermann, Reise Bd. 4, S. 201).*

Andere Bücher begnügen sich mit kurzen Hinweisen, Anregungen und Fragen, um den Zusammenhang herzustellen. So fügt *Diesterweg, Grundzüge S I,* der Beschreibung der infolge der Kristallnacht getroffenen Maßnahmen gegen die Juden den Satz bei:

> *Damit hatte Deutschland nicht nur die Judenemanzipation zurückgenommen, sondern auch das mehr als tausendjährige Zusammenleben von Juden und Deutschen aufgekündigt [Bd. 4, S. 179].*

Mit kurzen Fragen und Anregungen wird auch in manchen Büchern vorgreifend auf das noch kommende Geschehen hingewiesen und auf dieses hin aktualisiert, so als Arbeitsaufgabe im Rahmen der jüdischen Geschichte im Altertum:

> *Heute gibt es wieder einen Staat Israel. Was weißt Du davon? [Oldenbourg, Geschichte, 7. Jahrgangsstufe, S. 22].*

Oder im Zusammenhang mit den Verfolgungen des Mittelalters:

> *Nach diesen Verfolgungen (schwarze Pest), die Papst und Kaiser vergeblich zu hindern sich bemühten, suchten die meisten überlebenden deutschen Juden in Ostpolen Zuflucht. Dort lebten ihre Nachkommen, immer wieder verfolgt und gemordet, bis zu ihrer Ausrottung durch die Deutschen im Zweiten Weltkrieg [Klett, Menschen, Bd. 2, S. 85].*

Das Werk: *Schulbuchverlag, Erleben,* zieht von der Tempelzerstörung eine Linie zum UNO-Beschluß 1947 und der Errichtung des Staates Israel *[Bd. 1, S. 33].*

In den Handreichungen für Lehrer schlägt *Diesterweg, Spiegel,* auch hierin in Anknüpfung an die Tempelzerstörung, vor:

> *Über die Lage der Juden in der Diaspora sollen die Schüler hier nur einige Grundlageninformationen erhalten, damit man in höheren Klassen beim Unterricht über den Antisemitismus und über die Bedeutung der Juden für die europäische Entwicklung oder bei einer gegenwartskundlichen Analyse des Staates Israel – bzw. des Nahostkonflikts – an historische Voraussetzungen anknüpfen kann [Heft 1, S. 60].*

Ob die Umsetzung dieses Vorschlags in Aussagetext der jüdischen Geschichte auch wirklich einen guten Dienst erweist, soll dem Urteil des Lesers durch einen Vergleich mit einem thematisch und umfangsmäßig gleichartigen Text aus einem anderen Buch überlassen werden:

> Text A – *„Zerstreut in alle Welt“*
>
> *Das „auserwählte Volk“ hatte seine Heimat und seinen Staat verloren. In aller Welt zerstreut lebten die Juden in der „Diaspora“ (d. h. „Zerstreuung“). In manchen Städten gab es eigene Judenviertel (Ghettos). In Alexandrien sollen zeitweise eine Million Juden gelebt haben. Sie trieben Handel, waren Handwerker oder machten Geldgeschäfte. Viele hausten verarmt in Elendsvierteln, wurden als Schmarotzer beschimpft und verfolgt. An ihrem Glauben hielten die Juden fest. Sie versammelten sich in Bethäusern (Synagogen). Die Aufsicht über den Glauben und die Lebensführung lag bei den Rabbinern und Gesetzeslehrer sorgten, daß die Überlieferung rein erhalten blieb. Von den Christen hielten sich die Juden getrennt. Niemals gaben sie die Hoffnung auf, eines Tages in ihre Heimat zurückkehren und in einem eigenen Staat zusammenleben zu können [Diesterweg, Spiegel, Bd. 1, S. 179].*

Text B

Seit den Aufständen gegen die römische Herrschaft in den Jahren 66–72 und 132 nach Christi lebten die Juden als religiöse und kulturelle Minderheiten überall im Römerreich zerstreut. Das sie unerschütterlich an ihrem Glauben und an ihren Sitten festhielten und sich weigerten, zum Christentum überzutreten, wurden die jüdischen Minderheiten vor allem im christlichen Mittelalter als gesellschaftlicher Fremdkörper empfunden und in eine Außenseiterrolle gedrängt. Von der christlichen Kirche wurde ihnen der Opfertod Christi zur Last gelegt, andererseits standen die jüdischen Gemeinden in den Städten unter dem Schutz des Kaisers und zahlten dafür eine Judensteuer. Dennoch wurden sie in geschlossene Stadtgebiete (Ghettos) verbannt. Da ihnen der Erwerb von Grundbesitz und die Ausübung des Handwerks innerhalb der Zünfte untersagt war, wurden sie in den Handel und Geldverleih abgedrängt, zumal den Christen das Zinsnehmen als Wucher verboten war. Religiöse Vorurteile, wirtschaftlicher Neid und das Bedürfnis der Gesellschaft, Sündenböcke für Schwierigkeiten, Schuld und Not namhaft zu machen, führten besonders seit den Kreuzzügen im 11. Jahrhundert zu antijüdischen Legendenbildungen [Hirschgraben, Fragen, Bd. 4, S. 61].

IV. Frequenz- und Vermittlungsanalyse der Inhalte jüdischer Geschichte

1. Von den Anfängen bis zur Errichtung des Zweiten Tempels[80]

Aus der einschlägigen deutschen Fachliteratur, Arbeitsberichten und Empfehlungen ergeben sich folgende Fragestellungen, die als Kriterien der Inhaltsanalyse dieser Periode zugrundegelegt werden sollen.

1. Kann der Schüler aus den Inhalten des Lehrbuchs ein zusammenhängendes Bild der jüdischen Geschichte für die betreffende Periode gewinnen?

2. Werden in den Lehrbüchern die historischen Ereignisse und deren Wertung aus religiöser Sicht klar unterschieden?

3. Wird in den Büchern auf die Bedeutung jener Periode jüdischer Geschichte für die Menschheitsgeschichte hingewiesen?

1.

Sowohl die Bücher der Sekundarstufe I als die der Sekundarstufe II mit Ausnahme einiger neukonzipierter Bücher wie *Hirschgraben, Fragen,* und *Westermann, Zeitaufnahme,* die zwar sehr ausführlich über alte Kulturen und sonderbare Kulte berichten, jedoch das Entstehen und Wesen der jüdischen Religion und die Geschichte der Juden im Altertum kaum erwähnen, weisen große Einheitlichkeit in der äußerst knappen Behandlung dieser Periode auf, sowohl in dem gesetzten Rahmen der politischen Ereignisse als auch in der Erwähnung der religiösen Ideen. Die Erwähnung der Frühgeschichte des Volkes, Frondienst in Ägypten, Befreiung (Moses), Einigung, Königtum, Spaltung des Reiches, babylonische Gefangenschaft und Rückkehr unter Kyros bilden den Rahmen, in dem – auch das recht einheitlich – auf den Monotheismus und teilweise auch auf die Propheten hingewiesen wird.

---

[80]) Siehe Übersicht 3 und 9, S. 54/55 und S. 56/57.

Übersicht 3

Frequenz- und Vermittlungsanalyse der Inhalte jüd. Gesch. von den Anfängen bis zur Errich
zahl des Textes oder Quellentextes (Q) oder Zahl der Karten und Illustrationen (I) und Beze
Fakten-Erwähnung

Kurztitel	Auer Geschichte	Buchner Geschichte	Buchner Werden	Diesterweg Aufriß	Diesterweg Grundzüge S I	Diesterweg Spiegel	Diesterweg Weltkunde	Harms Arbeitsmappen	Henn Welt	Hi gra Fr
Frühgeschichte des Volkes		3,5 c	1,5 c	3 c 52 Q	3,5 c	6,5 b			10 b	
Abraham										
Frondienst in Ägypten		2 c				4 c			9 b	
Befreiung (Moses)		2 c	2 c	3 c	1 c	3 c			6,5 b 1 I	
Die Zehn Gebote		1 c				10,5 b			23 b	
Ansiedlung		2,5 c				6 b			7 b	
Richter				11 Q	3,5 c					
Kampf gegen Philister		3,5 c	1 c	1 c	2,5 c	1,5 c				
Einigung		1 c	1 c	4 b 27 Q	3 c	1,5 c				
Königtum		2,5 c	3 c	6 Q	3 c	30 b			24,5 b	
Propheten		1,5 c		9 Q		10 b			26 b	
Messias Glaube										
Hinweise auf das Christentum		1 c								
Altes Testament									8 b	
Monotheismus		2,5 c	7,5 b		4 c	5 b	3 c		19 b	
Auserwähltheitsgedanke		2,5 c								
Das Leben der Israeliten										
Jüd. Gesch. im Rahmen d. Weltpolitik										
Bedrohungen von außen										
Spaltung des Reiches		1 c	1,5 c	1 c 9 Q	5 c 1 I	1 c 1 I			2 c	
Beginn der „Zerstreuung“		1 c	1 c						2 c	
Deportation Israels		1 c	1,5 c	4 c	2 c					
Babylonische Gefangenschaft		2,5 c	4 c	2 c	3,5 c	7 b			2 c 1 I	1 c
Rückkehr unter Kyros		3 c	1 c	1,5 c	1 c	2 c			1 c	
Errichtung des Zweiten Tempels			4 c		3 c	2 c				
Fragen				3 c		5 b				

Zweiten Tempels in Geschichtslehrbüchern der Sekundarstufe I ausgedrückt in Zeilen-
schlüssel: a = problematisierende Darstellung, b = beschreibende Darstellung, c = knappe

…ch- …en …gen	Hirschgraben Weg	Klett Damals	Klett Menschen	Klett Unterrichtsw.	Oldenbourg Geschichte	Oldenbourg Geschichte 2 A	Schöningh Zeiten B	Schöningh Zeiten C	Schroedel Erkunden	Schulbuchverlag Erleben	Westermann Reise	Westermann Zeitaufnahme
			4,5 c		2,5 c 1 I	7 b	3 c	4 c	2,5 c	23 b 1 I	6a 3 I	
					2 c						4 b	
				2 c 2 Q	3 c	1,5 c	3 a	1 c	2,5 c	3 c	3 b	
			2 c	2 c	}	1,5 c	5 b 1 I	3 c	2 c	3 c	6 b	
			12 c 5 Q	1 c	} 4,5 c	2 c	5 c		3 c	1 c		
			5 c	2 c 5 Q				3 c	1,5 c	2 c		
			1 c			1 c	4,5 a		1 c			
			1 c			0,5 c	2 c			2,5 c	}	
			7 c	7,5 b 4 Q	13 c	3 c	7 b	8,5 b	6 c	7 b	} 3 c	
				3 b 5 Q		1,5 c	1,5 c	6,5 b	1c	4 c	4 b	1 c
			4 a	5 b		1,5 c						
			6 a			1 c 1 I		1 c 1 I			2 b	7a 13,5 Q
			12 a	6 b	5 c	1,5 c		19,5 b		4 c		9 b
						0,5 c						
				7 b								
										1,5 1 I		2 c
											2c	
				2 c		1 c 1 I	3 b	3 c	2 c	2 c		
											3 b	
			2,5 c				1,5 c	2 c 1 I	1,5 c	2 c		2 c 10 Q
			3 c	7 b	2,5 c	3 c	7 b	4 b	3 c	4,5 c		17,5b 7Q
			2 c	1 c 3,5 Q	2 c	2 c	3 c	6 c 12 Q	1 c	4,5 c		1 c
				2 c			2 a	2 a				

Übersicht 9

Frequenz- und Vermittlungsanalyse der Inhalte jüd. Gesch. von den Anfängen bis zur Errich
zahl des Textes oder Quellentextes (Q) oder Zahl der Karten und Illustrationen (I) und Be
Fakten-Erwähnung

Kurztitel	Buchner Werden O	Diesterweg Aufriß neu	Diesterweg Grundz. S II 1	Diesterweg Grundz. S I
Frühgeschichte des Volkes	4 c		3 c	2,5 c
Frondienst in Ägypten				
Befreiung (Moses)			3 c	3 c
Ansiedlung	1 c		4 c	1 c
Richter	1 c			1
Kampf gegen Philister	1 c		1 c	1 c
Einigung				
Königtum	3 c		4 c	3 3:
Propheten	11 b		1,5 c	
Altes Testament	3 b			
Monotheismus	6 b		2,5 c	
Auserwähltheitsgedanke				
Jüd. Gesch. im Rahmen der Weltpolitik				
Bedrohung von außen	1 c		1 c	
Spaltung des Reiches	2 c		1 c	1 c
Beginn der „Zerstreuung“			1 c	1 c
Deportation Israels				1 c
Babylonische Gefangenschaft	5 c		2,5 c	2,5 c
Rückkehr unter Kyros	1 c		2 c	1,5

Zweiten Tempels in den Geschichtslehrbüchern der Sekundarstufe II ausgedrückt in Zeilen-
sschlüssel: a = problematisierende Darstellung, b = beschreibende Darstellung, c = knappe

terweg ik	Gehlen Politik	Gehlen Wandel	Klett Grundriß	Schöningh Zeiten O	Westermann Minderheit	Westermann Politik
			3c		3,5 c	
					1 c	
					1 c	
			1,5 c			
			6,5 c		2 b	
			2 c		1,5 c	
				7 a	3,5 b	
			9 b	4 b	6,5 b	
					5,5 b	
					2 c	
			2 c		1 c	
			0,5 c		1 c	
			0,5 c		2 c	
					2 b	

Die Richter, das Alte Testament, jüdische Geschichte im Rahmen der damaligen Weltpolitik und Erwähnung von archäologischen Funden haben kaum Aufnahme gefunden.

Ob der Monotheismus und die Propheten additiv und deskriptiv dem historischen Geschehen beigefügt werden, wie z. B.

> *immer wieder haben fromme Männer des jüdischen Volkes vor dem Götzendienst gewarnt, den einzelne Könige begünstigten, und den Zorn des einzigen Gottes Jahwe angekündigt [Diesterweg, Grundzüge S 1, Bd. 1, S. 44]*

oder

> *auf dieser Wanderung ereignete sich die Gottesoffenbarung [Schulbuchverlag, Erleben, Bd. 1, S. 32]*

oder

> *die weltgeschichtliche Bedeutung des kleinen israelitischen Volkes liegt auf religiösem Gebiet [Buchner, Geschichte, 1, S. 38]*

oder in der Skundarstufe II:

> *Was Israel von den anderen Völkern des Orients unterscheidet, war seine Religion, sein unbedingter Monotheismus [Diesterweg, Grundzüge S 1, Bd. 1, S. 27]*

oder problematisierend die Wechselbeziehung zwischen erfahrener Geschichte und religiöser Idee erhellend, wie z. B.

> *diese politische Verselbständigung trug zur Festigung des monotheistischen Glaubens der Hebräer bei . . . [Westermann, Minderheit, 2.1.1]*

oder

> *so bewahrten die Juden ihre Eigenart und die Reinheit ihrer Religion. Dadurch mußten sie aber auch viel leiden, denn immer sind diejenigen verfolgt worden, die anders waren [Hirschgraben, morgen, Bd. 1, S. 43]*

wird durch den Bewertungsschlüssel der Übersichten aufgezeigt.

2.

Daß „zu oft in methodologisch bedenklicher oder unzulässiger Weise historische Erkenntnisse mit theologischer Wertung verbunden“ werden, ist, wie Freimark treffend bemerkt, sowohl für die Theologie als auch für die Historie von Gefahr[81]).

---

[81]) Freimark, Geschichtswissenschaft, S. 50.

Von seiten der Theologen wurde bezüglich der hier behandelten Periode darauf hingewiesen, daß den Schülern bewußt gemacht werden muß, daß die „Basis des jüdischen und christlichen Glaubens die eine *Bibel* (ist) . . . die Juden im Kontext ihrer Tradition und . . . Christen im Kontext ihrer Tradition lesen“,[82]) „daß das AT heute allgemein als die gemeinsame Bibel von Juden und Christen gesehen und nicht mehr als des alten vergangenen Bundes abgetan oder nur als ‚Steinbruch‘ im Hinblick auf das NT benutzbar.“[83])

Mithin gelten folgende Fragen auch für die Geschichtslehrbücher:

- Wird das AT nur auf das NT ausgerichtet gesehen oder mißt man ihm eine eigene Bedeutung bei?
- Werden AT-Texte für antijüdische Polemik mißbraucht?[84])

In diesem Sinne wiesen schon Robinsohn/Schatzker darauf hin, daß die Behandlung dieser Epoche, so kurz sie auch gehalten sein mag, einen Einblick in die politische und gesellschaftliche Entwicklung gewähren sollte, worauf allein sich eine Würdigung der Lehren des Judentums aufbauen läßt. „Es sollte zwischen einer theologischen Einordnung dieser Lehren in eine christliche Weltanschauung und der Unterrichtung über die jüdische Geschichte dieser Zeit zumindest so weit unterschieden werden, daß ein Verständnis jüdischer Religions-, Gesellschafts- und Staatsauffassung in ihrer biblischen und nachbiblischen immanenten Entwicklung möglich bleibt“, und „daß nicht gleich zu Beginn jüdische Geschichte in die Bezirke der Mythologie, Religionsgeschichte und Ideengeschichte entgleist.“[85])

Einige der untersuchten Bücher gehen von dieser Voraussetzung aus: So z. B.

Schöningh, Zeiten B, Didaktischer Grundriß für den Geschichtsunterricht:

> *Diese Unterrichtseinheit behandelt die Geschichte des jüdischen Volkes von der Auswanderung aus Ägypten bis zur Rückkehr aus der babylonischen Gefangenschaft. Sie bezieht sich zwar auf die Bibel des „Alten Testaments“, sucht aber jedes Hineingreifen in den Religionsunterricht zu vermeiden. Es sollen drei wesentliche Punkte herausgearbeitet werden: Die Juden fühlten sich von Anfang an als Gottes Volk (dabei wird wegen der Klassenstufe der Inhalt des Gottesbegriffes durchaus offengelassen; seine Wandlung darzustellen – besonders der Propheten – ist Sache des Religionsunterrichts); sie haben eine alte und höchst wechselvolle Geschichte; ihre Sonderstellung innerhalb der semitischen Völkerfamilie lag in ihrem Monotheismus begründet [Bd. 1, S. 41].*

---

[82]) Internationale Schulbuchforschung, Vorschläge, S. 63.

[83]) Caspers, Analyse, S. 141.

[84]) Ebd., S. 144.

[85]) Robinsohn/Schatzker, Jüdische Geschichte, S. 15 und 42.

Ähnlich schreibt *Westermann, Reise,* in seiner Lehrerausgabe:

> *Die Bibel – hier: das Alte Testament – ist kein Geschichtswerk; seine Inhalte werden unter anderen aus historischen Gesichtspunkten zusammengetragen. Aber diese Geschichten bergen eine Fülle historischer Fakten und die archäologische Forschung – besonders der letzten 30 Jahre – hat in eindrucksvoller Weise den historischen Hintergrund dieser Geschichten aufgedeckt. Das „Israel"-Kapitel kann als Beitrag zu der dem Geschichtsunterricht in besonderer Weise gestellten Aufgabe gesehen werden, „naives Geschichtsdenken" (Koselleck) abzubauen. Gerade die Beschäftigung mit legendären Gestalten wie Abraham und Moses vermag ein differenziertes Verhältnis zu dem weiten Feld der Überlieferungsformen anzubahnen. Auch in diesen „schönen" Geschichten steht ein historischer Kern, ein Stück Geschichte. Das jüdische Kapitel der Menschheitsgeschichte sollte notwendiger Bestandteil des Geschichtsbildes heute sein, auch, aber nicht nur in seiner Beziehung zum Christentum [Bd. 1, Lehrerausgabe, S. 84 L].*

Daß diese Richtlinien durchaus im Lehrbuch verwirklicht werden können, beweisen z. B. *Klett, Unterrichtswerk,* und *Diesterweg, Spiegel.* Ob hingegen folgender Passus in *Westermann, Reise,* den von ihm selbst gefaßten Vorsätzen treu bleibt, mag bezweifelt werden:

> *Die Schriften dieser Propheten bilden einen Teil unserer Bibel, sie sind neben den Büchern Moses der Hauptinhalt des „Alten Testaments". Auf ihrer Grundlage, als Nachfolger und Vollender dieses Propheten, wirkte Jesus von Nazareth, der Begründer unserer christlichen Religion, dessen Geburt die Wende unserer geschichtlichen Zeitrechnung darstellt [Bd. 4, S. 201.].*

Ähnlich auch *Oldenbourg, Geschichte:*

> *Inmitten einer Welt der Vielgötterei (Polytheismus) und des Aberglaubens verkündeten Propheten wie Jesaias und Jeremias die Lehre von dem einen Gott und „als sich die Zeit erfüllt hatte", war Israel dazu berufen, der Welt Jesus Christus zu schenken und mit ihm die christliche Religion [Bd. 1, S. 35].*

Im folgenden sollen einige Aussagetexte, die die oben gestellten Fragen verschiedenartig beantworten, gegenübergestellt werden:

Die Geschichte der Juden ist im Alten Testament niedergeschrieben worden [Schöningh, Zeiten C, Bd. 1, S. 31].

Die Bibel erzählt wie . . . [Diesterweg, Grundzüge S 1, Bd. 1, S. 42].

Wie uns die Bibel berichtet. [Buchner, Werden, Bd. 1, S. 26].

Die Bibel berichtet im „Alten Testament" vieles von der Geschichte des jüdischen Volkes. Diese Berichte sind zwar nicht wörtlich zu verstehen, doch wurde nachgewiesen, daß sie einen geschichtlichen Kern haben [Diesterweg, Spiegel, Bd. 1, S. 34].

Der Führer des jüdischen Volkes, der das neue Gesetz aus der Hand Gottes empfing, verpflichtete sich im Namen seines Volkes, diese Gebote einzuhalten. Damit war zwischen Jahwe und dem jüdischen Volk ein unauflösbares Bündnis geschlossen. Fortan betrachteten sich die Juden als auserwähltes Gottesvolk. Sie nannten sich das Volk „Israel", was soviel wie „Gottesstreiter" bedeutet [Diesterweg, Spiegel, Bd. 1, S. 34].

Wie beurteilst Du diese Selbsteinschätzung der Juden? [Klett, Menschen, Bd. 1, S. 33].

Die Verehrung des Volksgottes Jahwe als den alleinigen Gott überhaupt verband sich mit dem Anspruch der Auserwähltheit dieses Volkes. Diese Auserwähltheit wurde in der Regel nur religiös und nicht als Anspruch auf politische Oberhoheit verstanden. Sie entsprach dem Ethnozentrismus (der Vorstellung, daß das eigene Volk den Mittelpunkt der Welt darstelle) anderer Völker. So wurde sie oft zum Anlaß von Zusammenstößen zwischen dem jüdischen und anderen Völkern [Westermann, Minderheit, S. 16].

Zu dieser Zeit verkündete vor allem der Prophet Jesaias die künftige Rettung des jüdischen Volkes durch den „Gesalbten Gottes", den Messias. Später haben die jüdischen Anhänger des Jesus von Nazareth in ihm den Messias, auf griechisch den „Christus" gesehen [Schulbuchverlag, Erleben, Bd. 1, S. 33].

Judas Erlöser, der den Glauben festigen und den Streit im Volke schlichten werde, war der Weissagung des Alten Testaments verkündet worden. „Aber der Tag wird kommen, sagt Jahwe, wo ich einen Nachkommen Davids erwekken will, der König sein und wohl regieren und Recht und Gerechtigkeit im Lande schaffen wird." (Bibel) Diesen „Messias" erwarten die Juden noch jahrhundertelang, auch als die später über das ganze römische Reich zerstreut wurden. Im Gegensatz zu den Christen sahen sie Jesus Christus nicht als ihren Erlöser an [Klett, Unterrichtswerk, Bd. 1, S. 29].

In den Jahren der Not lernten die Juden auch verstehen, daß Gott nicht nur der Schutzgott des Volkes Israel sei, sondern der Herr aller Völker. So predigten die Propheten nicht nur dem Volke Israel, sondern allen Völkern die Lehre von dem Einen Gott. Sie lehrten, alle Not der Menschheit entspringe der Sünde. Sie richteten die Hoffnung aller Menschen auf den Heiland, der einmal kommen werde, um alle Menschen zu erlösen [Henn, Welt, Bd. 1, S. 96].

Sie (die Propheten) verkündigten, Jahwe werde die Juden heimführen und sie erlösen. Er werde für die ganze Welt eine neue Zeit bringen und ein Weltreich des Friedens gründen. Die verschleppten Juden schlossen sich eng zusammen, versammelten sich zu Gottesdienst und Schriftlesung in der Synagoge, hielten streng den Sabbat und achteten auf das Gesetz der Zehn-Gebote. Die Hoffnung auf die Verheißung der Propheten ließ sie ausharren, bis der Perserkönig Kyros, 539 v. Chr., Babylonien eroberte und ihnen die Heimkehr nach Palästina erlaubte. Dort sammelten die Zurückgekehrten das jüdische Volk wieder um die alte Königsstadt Jerusalem, bauten den Tempel auf und bewahrten den Glauben an den Einen Gott [Diesterweg, Spiegel, Bd. 1, S. 36].

In den Büchern, in denen das Alte Testament überhaupt Erwähnung findet, stehen meist prophetische Texte im Mittelpunkt, „deren Schelte dem Judentum zur Zeit Jesu von neuem und entgültig galten“, ähnlich wie in Schulbüchern für den Religionsunterricht[86]).

Immer, wenn die Juden in ihrem Unglück verzweifeln wollten und gegen Jahwe murrten, erhoben Männer unter ihnen, die sich dazu von Jahwe auserwählt fanden, ihre warnende Stimme. Es waren die Propheten. Sie erklärten ihrem Volk: „Ihr seid selbst schuld an Eurem Elend. Ihr seid dem einen Gott, Jahwe, nicht treu geblieben. Wie oft habt Ihr Euch zum Dienst an anderen Göttern, zum Götzendienst verleiten lassen. Jahwe hat Eure Feinde stark gemacht, um Euch zu strafen [Schöningh, Zeiten C, Bd. 1, S. 31].

---

[86]) Michael Brocke/Herbert Jochum, Das Judentum in Schulbüchern für den katholischen Religionsunterricht heute – Eine Problemanzeige, in: Herbert Jochum/Heinz Kremers (Hrsg.), Juden, Judentum und Staat Israel im christlichen Religionsunterricht in der Bundesrepublik Deutschland, Paderborn 1980, S. 61.

Oder auch:

> *Oft genug wurde der hier geforderte Glaube an den einen Gott von den Israeliten verlassen und die Forderung einer im Religiösen gegründeten Sittlichkeit nicht anerkannt. Aber immer wieder kämpften „Propheten" für diesen Glauben, der dem Volk freilich erst nach seinem politischen Untergang zum inneren Halt wurde [Klett, Grundriß, Bd. 1, S. 45;* siehe auch *Klett, Menschen, Bd. 1, S. 32].*

Dem gegenübergestellt kann lediglich ein einziger andersartiger Text werden:

> *Immer wieder traten Propheten auf, die diese politischen Wechselfälle religiös deuteten und den Monotheismus stärkten [Westermann, Minderheit, S. 14].*

3.

Im Unterricht über die Bedeutung jüdischer Geschichte des Altertums für die Menschheitsgeschichte sollte den Empfehlungen Robinsohn/Schatzker gemäß „von denjenigen Ideen und Institutionen die Rede sein, deren politische und soziale Inhalte aus dem geschichtlichen Leben der jüdischen Gemeinschaft erwachsen und die später Bestandteile der staats- und sozialethischen Vorstellungen der westlichen Zivilisation geworden sind: Von Würde und Verantwortlichkeit des Individuums, von der Verantwortung der Gemeinschaft und von Einrichtungen des Gemeinwesens für den einzelnen, von den außerhalb seiner selbst liegenden Aufgaben des Staates und von der Beschränkung der staatlichen (königlichen) Macht und vom Recht des Widerstandes . . ."

„Die Auffassung göttlich gelenkter Geschichte, die den heidnischen Mythos – überwindet – Ideen der Freiheit, Gleichheit und Verantwortlichkeit des in Gottes Ebenbild geschaffenem Menschen – Königtum Gottes anstelle göttlichen Königtums. . . das Ideal des Friedens" sollten den Schülern veranschaulicht werden.[87])

Davon ist freilich in den untersuchten Lehrbüchern ganz selten die Rede.

So bringt z. B. *Diesterweg, Aufriß, Arbeits- und Quellenbuch, S. 25ff.*, einen Auszug von Sabatino Moscati „Die Auseinandersetzung des jüdischen Freiheitswillens mit dem orientalischen Königtum", der allerdings das Verständnis der Schüler dieser Stufe zu überfordern scheint.

Lediglich die Bücher der Oberstufe gehen auf diese Problematik ein. So schreibt z. B. *Diesterweg, Grundz. S II 2, Textband 1:*

> *Dem Glauben an einen Gott entspricht eine klare Rechtsauffassung. Gott ist gerecht. Der Mensch, sein Ebenbild, muß soziale Gerechtigkeit üben.*

---

[87]) Robinsohn/Schatzker, Jüdische Geschichte, S. 15 und 42.

Das Alte Testament, die religiöse Überlieferung des Volkes Israels, zeigt in seinen geschichtlichen Büchern Gott als den Herrn der Geschichte, der nach Gerechtigkeit lohnt und straft. Die Psalmen zählen zu den schönsten religiösen Lyriken der Weltliteratur [S. 27].

Hier erscheint auch der Auszug von Moscati: „Die Auseinandersetzung des jüdischen Freiheitswillens mit dem orientalischen Königtum" angebracht *[Diesterweg, Grundz. S II 2, Quellenband S. 26f.].*

Einen weiteren Punkt hebt *Buchner, Werden O,* hervor:

Der sichere Blick für die wichtigsten sittlichen Normen und die Achtung vor dem Wert des Lebens – auch der Schwachen – unterscheidet diese Gebote von allen altorientalischen Rechtssatzungen [Bd. 1, S. 27].

2. Die Zeit des Zweiten Tempels[88]

Aus vorhergehenden Analysen von Geschichts- und Religionsbüchern, Handreichungen und Arbeitspapieren der evangelischen und katholischen Kirche und entsprechenden Vorschlägen und Empfehlungen ergibt sich für diese Periode ein reichhaltiger Kriterienraster, der freilich angesichts der äußerst dürftigen Behandlung, die die jüdische Geschichte jener Zeit in den Geschichtslehrbüchern erfährt, für die hier vorgenommene Analyse nur begrenzt anwendbar erscheint.

Zusammenfassend sollen folgende Fragen an die zu untersuchenden Geschichtslehrbücher gestellt werden:

1. Werden Inhalte der politischen und der Sozialgeschichte vermittelt, die ein minimales immanentes Verständnis jüdischer Geschichte einer sowohl für diese als auch für die Menschheitsgeschichte entscheidende Epoche aufkommen lassen?
2. Wird im Laufe der Konfrontation des Christentums und des Judentums zwischen geschichtlichem Geschehen und theologischer Wertung unterschieden? Wird dabei dem Entstehen antijüdischer Affekte vorgebeugt oder Vorschub geleistet?
3. Wird das für das Verständnis der weiterführenden Geschichte unerläßliche Phänomen der jüdischen Diaspora erklärt?

1.

Die Frequenzanalyse sowohl der Geschichtslehrbücher der Sekundarstufe I (Übersicht 4) als auch der Sekundarstufe II (Übersicht 10), zeigt im Vergleich mit der von Robinsohn/Schatzker erstellten Analyse aus dem Jahre 1963 ähnliche Defizite in der Einbeziehung jüdischer Geschichte und in manchen Fällen, insbesondere der Oberstufe, einen deutlich erkennbaren Rückgang. Lediglich die Eroberung durch Pompejus, das Entstehen des Christentums, der Aufstand gegen Rom und die Zerstörung des Tempels (die letztere in fast sämtlichen Büchern reichlich illustriert) werden in den meisten Büchern beider Stufen kurz, zuweilen in wenigen Zeilen, erwähnt. Esra und Nehemia, Hellenisierung, die Makkabäer, Herodes, die Parteiungen innerhalb des Judentums, Aufstände und Weiterexistenz des jüdischen Volkes auch nach der Tempelzerstörung, die noch partiellen Eingang in die im Jahre 1963 untersuchten Bücher gefunden hatten, werden nun entweder gar nicht oder nur in wenigen Büchern erwähnt.

---

[88]) Siehe Übersicht 4 und 10, S. 66/67, 68/69 und S. 70/71.

Übersicht 4

Frequenz- und Vermittlungsanalyse der Inhalte jüd. Gesch. zur Zeit des Zweiten Temp
textes (Q) oder Zahl der Karten und Illustrationen (I) und Bezeichnungsschlüssel: a = pro

Kurztitel	Auer Geschichte	Buchner Geschichte	Buchner Werden	Diesterweg Aufriß	Diesterweg Grundzüge S I	Diesterweg Spiegel	Diesterweg Weltkunde	Harms Arbeitsmappen	Henn Welt	H… g… F
Verbindungshinweis auf die vorige Epoche										
Israel zwischen Ägypten und Syrien		1 c								
Septuaginta										
Unterdrückung durch Antiochus				1 c 24 Q						
Makkabäeraufstand				4 c 25 Q						
Eroberung durch Pompejus			2 c						2 c	0
Herodes									7,5 c 1 I	
Religionsfreiheit in Rom										0
Ablehnung d. Juden durch Griechen und Römer										
Jesu Prozeß, Urteil und Vollstreckung						2 c			17 c	
Entwickl. d. Christentums aus dem Judentum						5 c	0,5 c			
Antithese Christentum – Judentum		4 b		19 Q		4 c	11 c	1,5 c	41 a	
Parteien innerhalb des Judentums										
Aufstand gegen Rom										
Zerstörung Jerusalems		5 c	5,5 c		6 c	8 b 7 Q 3 I	5 c 1 I		31 b 1 I	1
Massada									3,5 b	
Verweisung und Verschleppung										

hichtslehrbüchern der Sekundarstufe I ausgedrückt in Zeilenzahl des Textes oder Quellen-
ende Darstellung, b = beschreibende Darstellung, c = knappe Fakten-Erwähnung

n n n	Hirsch-graben Weg	Klett Damals	Klett Men-schen	Klett Unter-richtsw.	Olden-bourg Ge-schichte	Olden-bourg Ge-schichte 2 A	Schö-ningh Zeiten B	Schö-ningh Zeiten C	Schroe-del Er-kunden	Schul-buch-verlag Er-leben	Wester-mann Reise	Wester-mann Zeitauf-nahme
											1 c	
						1,5 c				3 c		
												4,5 Q
			5 a	0,5 c		0,5 c		7 b		1 c	1 c	
							5,5 a					
			4 c									
	2 c						1 c				4 b	
			5 a	1 c								
							5,5 b					
				8,5 c		2 c					1 c	
			9,5 b	12 Q			6 b	17 b				
1 I				1 I	2 c 1 I			3 I		1 c	3 b	
											3 c	

Fortsetzung Übersicht 4:

Kurztitel	Auer Geschichte	Buchner Geschichte	Buchner Werden	Diesterweg Aufriß	Diesterweg Grundzüge S I	Diesterweg Spiegel	Diesterweg Weltkunde	Harms Arbeitsmappen	Henn Welt	H gr F
Die Klagemauer										
Zerstreuung – Diaspora						9 b			6 b	
Hoffnung auf Rückkehr						2 c				
Aufstand unter Trajan						7 b				
Aufstand unter Hadrian										
Bar Kochba						7 b			7 b	
Ende des alten Israel										
Weiterleben des jüdischen Volkes										
Fragen						6 a	3 a			

Hirsch-graben Weg	Klett Damals	Klett Men-schen	Klett Unter-richtsw.	Olden-bourg Ge-schichte	Olden-bourg Ge-schichte 2 A	Schö-ningh Zeiten B	Schö-ningh Zeiten C	Schroe-del Er-kunden	Schul-buch-verlag Er-leben	Wester-mann Reise	Wester-mann Zeitauf-nahme
		2 b									
		4 a	3 c				6 b		1 c		
		6 b									
			2 Q								
		1 c									
										1 c	
		3 b			1,5 c						
		2 a			3 b						

Übersicht 10

Frequenz- und Vermittlungsanalyse der Inhalte jüd. Gesch. zur Zeit des Zweiten Tempels ausgedrückt in Zeilenzahlen des Textes oder Quellentextes (Q) oder Zahl der Karte
b = beschreibende Darstellung, c = knappe Fakten-Erwähnung

Kurztitel	Buchner Werden O	Diesterweg Aufriß neu	Diesterweg Grundz. S II 1	Diesterw Grundz.
Hellenisierungsversuche unter den Juden	5 b		1,5 c	2 c
Septuaginta				
Unterdrückung durch Antiochus	2 b			
Makkabäeraufstand	1,5 c			2 c
Dynastie der Makkabäer	2 c			
Eroberung durch Pompejus	0,5 c			
Herodes	4 b			
Messiasidee				
Entwickl. d. Christentums a. d. Judentum				
Christliche Judenfeindlichkeit				
Stellung zu Proselyten				
Parteien und Sozialgeschichte				
Aufstand gegen Rom	} 3 c 1I		} 3 c	} 4 c
Tempelzerstörung				
Zerstreuung – Diaspora			2 c	
Aufstand unter Trajan			3 b	
Aufstand unter Hadrian			4 c	
Bar Kochba				
Geistiger Mittelpunkt in Babylon				
Der Talmud				
Vom Tempel zur Synagoge				

ichtslehrbüchern der Sekundarstufe II
ationen (I) und Bezeichnungsschlüssel: a = problematisierende Darstellung,

rweg :	Gehlen Politik	Gehlen Wandel	Klett Grundriß	Schöningh Zeiten O	Westermann Minderheit	Westermann Politik
					2c	
			2b			
					2c	
					0,5c	
					2b	
					1,5c	
					3c	
					7b	
					13,5b	
			} 1c		} 3c	
					4,5b	
			2c			
			2c			
			1c		1c	
			2c			
			1,5c		5,5b	
					7b	

Am weitesten geht *Westermann, Zeitaufnahme.* In dem Kapitel „Rom – Vielfalt der Religionen und Kulte“, werden Haus- und Familiengötter, Jupiter, die phrygische Stadtgöttin Kybele, der syrische Kriegsgott Baal, der Isis- und Osiris-Kult aus Ägypten, der persische Sonnengott Mithras und das Christentum erwähnt, das Judentum jedoch und die Geschichte der Juden zur Zeit des Zweiten Tempels auch nicht mit einem Wort. Die einzige Ausnahme bildet folgender Satz:

> *Da die Juden solchen Lärm machten, ließ ihn (Paulus) der Oberst in die Kaserne führen und gab Befehl, ihn zu verhören [Band 1, S. 79].*

Das ist alles, was dem Schüler durch das Lehrbuch *Westermann, Zeitaufnahme,* über die Geschichte der Juden in dieser Periode vermittelt wird.

Die folgende, aus der damaligen Untersuchung zitierte Aussage trifft mithin gleichermaßen – wenn nicht verhärtet – auch heute noch zu:

„Die grundsätzlichen Erwägungen, die bei der Behandlung der Geschichte des Ersten Tempels anzustellen waren, stellen sich im erhöhten Maße bei der Bestandsaufnahme über das Bild ein, das von der Periode des Zweiten Tempels entsteht.

1. Der Mangel an Kontinuität in der historischen Schilderung macht sich hier noch stärker bemerkbar.

2. Noch weniger als bei der Behandlung der ersten Epoche ist hier von einer adäquanten geistig-religiösen Wertung des Judentums zu spüren. Wo sie überhaupt einsetzt, geschieht das in Konfrontierung mit dem entstehenden Christentum und nur ganz selten aus einer immanenten Sicht der jüdischen Geschichte heraus.

3. Wiederum fällt das Schemenhafte in der Darstellung auf. Es mangelt ihr an substantiellen Gehalten aus der politischen wirtschaftlichen und sozialen Geschichte des jüdischen Volkes. Auch hier ist ein Niederschlag der wissenschaftlichen, besonders der historisch-archäologischen Forschung der letzten Jahrhunderte kaum spürbar.

4. Mehr noch als in der vorangegangenen Epoche liegt der Schilderung eine christologische Auffassung zugrunde, die den Charakter der meisten Lehrbücher entscheidend bestimmt.“[89])

Gewiß gilt für diese Zeit nicht weniger als für die biblische, daß man das religionsgeschichtliche Verständnis vom Religionsunterricht erwartet. Andererseits wird jedoch historisches Verständnis, das dem Religionsunterricht zugrunde liegen muß, vom Geschichtsunterricht her erwartet. So schreiben z. B. Herausgeber eines Religionslehrbuches in ihrem Vorwort: „Leider müssen in

---

[89]) Robinsohn/Schatzker, Jüdische Geschichte, S. 15.

diesem Band manche Fragestellungen politischer, soziologischer, kultureller, historischer und ethnologischer Art, die sich auf das Judentum beziehen, ausgeklammert werden. Sie kommen hoffentlich in anderen Schulfächern oder Kursen zu Wort."[90])

Treffend bemerkt dazu der Theologe und Religionsdidaktiker Heinz Kremers: „Die Beziehungen zwischen Christen und Juden sind asymmetrisch. Denn die Christenheit ist nur eine Glaubensgemeinschaft, die Judenheit dagegen ist eine Glaubensgemeinschaft, die als solche zugleich auch ein Volk ist, dessen Glaube und Leben eine wesenhafte Beziehung zu einem bestimmten Land haben. Wer darum das jüdische Volk nur als Judentum im Vergleich mit dem Christentum darstellt, leuchtet es aus einer bestimmten Perspektive an und rückt es für die Schüler nur unvollkommen (perspektivisch verkürzt) ins Blickfeld."[91])

Die einseitige Darstellung des Judentums als Religion hat die Verkürzung der politischen sozialen und kulturellen Dimensionen jüdischer Wirklichkeit zur Folge: „Pharisäer und Sadduzäer waren z. B nicht nur religiöse, sondern auch politische und soziale Gruppen. Nechemia und Esra waren nicht nur religiöse Gestalten; der Tempel war nicht nur religiöses, sondern auch nationales, gesellschaftliches und wirtschaftliches Zentrum des jüdischen Volkes . . ."[92])

Daß es dabei nicht vornehmlich und unbedingt um Raumerweiterung und eine größere Seitenzahl von jüdischer Geschichte im Lehrbuch geht, sondern um Inhalt und Werte der Aussagen, soll durch den Vergleich folgender zwei Texte gleichen Umfanges veranschaulicht werden:

1. Beispiel: Das harte Schicksal der Juden

Ein unbeugsames Volk. Das jüdische Volk, das in seiner Geschichte mehrmals besiegt, verschleppt und unterjocht worden war, ertrug die römische Herrschaft nur widerwillig und bewahrte stolz seine Eigenart gegenüber allen „heidnischen" Völkern. Einzelne Männer wiegelten das Volk gegen die Römer auf. Es kam zum Aufstand. Die erbitterten Juden trieben zunächst die römischen Legionäre aus dem Land. Dann sammelte Rom seine Truppen und griff an.

Die Vernichtung Jerusalems. Vier volle Jahre wütete der „Jüdische Krieg". Judäa wurde verwüstet, Jerusalem im Sommer des Jahres 70 zerstört. Ein jüdischer Augenzeuge berichtet: „Während der Tempel

---

[90]) Werner Trutwin/Günter Wischmann, Juden und Christen, Quellentexte, Texte für den Religionsunterricht auf der Oberstufe der Gymnasien. Nr. 16 der Quellentexte zum Religionsunterricht: Befragter Glaube (für den evangelischen Religionsunterricht), Göttingen 1971.

[91]) Heinz Kremers, Die Juden in Schulbüchern, S. 41.

[92]) Ebd., S. 46.

verbrannte, raubten die Soldaten, was ihnen in die Hände fiel, und richteten unter den Juden ein ungeheures Blutbad an. Kein Alter fand Erbarmen, nichts Heiliges Schonung. Kinder und Greise, Laien und Priester wurden in gleicher Weise getötet. In das Geprassel der himmelhoch aufschlagenden Flammen mischte sich das schauerliche Ächzen der Sterbenden und bei der Höhe des Tempelbergs wie bei der Ausdehnung des brennenden Gebäudes hätte man glauben können, die ganze Stadt stehe in Flammen. Der ganze Tempelberg erschien wie ein einziger Feuerofen, der nach allen Seiten Flammen spie" (Josephus Flavius).

Die Stadt und der Tempel blieben in Trümmern liegen und nährten den Haß der besiegten Juden gegen die Heiden nicht nur in Palästina, sondern auch in jenen Städten, in denen sich seit der Zeit der Diadochen . . . große Judengemeinden gebildet hatten. So kam es einige Jahrzehnte nach der Zerstörung des Tempels von Jerusalem in Kyrene (Nordafrika) und auf der Insel Zypern zu furchtbaren Racheakten der Juden, bei denen Zehntausende heidnische Griechen getötet wurden. Wieder gingen die Römer mit Gewalt gegen die Juden vor.

Im Jahre 132 gelang es den Juden unter Führung des Bar Kochba (Sternensohn) in Judäa, sich zu befreien und für kurze Zeit Jerusalem in Besitz zu nehmen. Aber die römischen Legionen schlugen den Aufstand nieder. Bar Kochba fiel im Kampf. Der Name Judäa wurde von den Römern verboten und durch „Syria Palästina" ersetzt. Die überlebenden Juden durften Jerusalem nicht mehr betreten (135 n. Chr.). Erst nach Jahrhunderten erlaubte man ihnen, einmal im Jahr an der Klagemauer den Untergang ihrer Heiligen Stadt zu beweinen [Diesterweg, Spiegel, Bd. 1, S. 177f.].

2. Beispiel: Judäa unter römischer Herrschaft

Seit Pompejus Jerusalem erobert hatte, gehörte Judäa zum Römischen Reich. Die Römer gewährten den Juden ein gewisses Maß an Selbstbestimmung und duldeten die jüdische Religion genau so wie die Religionen anderer unterworfener Völker. Die Juden aber sehnten sich weiterhin nach einem selbständigen Staat, in dem die Gebote ihres Gottes und die Vorschriften ihrer Religion über den Gesetzen des Staates standen und das Leben im Staate bestimmten.

Zwischen den Vorstellungen der hellenistischen heidnischen Bevölkerung Syrien-Palästinas und denen der Juden ließ sich kein Ausgleich finden. Daher kam es immer wieder zu Unruhen. Im Jahre 66 n. Chr. brach der offene Aufruhr aus. Zuerst hatten die Juden Erfolg, aber dann schickte Kaiser Nero den Feldherrn Vespasanius mit einem starken Heer. Er eroberte Galiläa und belagerte anschließend Jerusalem. Eine kurze Zeit war noch auf Rettung zu hoffen. In Rom wurde Nero gestürzt und fand den Tod. Vespasian wurde zum Kaiser ausgerufen. Er zog nach Rom, um die Herrschaft zu übernehmen, doch sein Sohn Titus führte die Belagerung weiter. Im Juli 70 n. Chr. drangen die Römer in die Stadt ein. Die Juden ergaben sich nicht, aber ihr Kampf war jetzt hoffnungslos, Jerusalem wurde besetzt. Der Tempel ging in Flammen auf.

Der Tempel, der Mittelpunkt für das jüdische Volk, war zerstört, das Land verwüstet. Die Römer forderten schwere Steuern. Trotzdem verloren die Juden den Mut nicht. Ihren Gottesdienst feierten sie von nun an in besonderen Versammlungshäusern, den Synagogen. Immer wieder kam es zu Erhebungen gegen die römische Herrschaft. Als Kaiser Hadrian (117–138 n. Chr.) befahl, Jerusalem als römische Kolonie neu aufzubauen und auf dem Zionsberg einen Jupitertempel zu errichten, brach 132 n. Chr. ein neuer Aufstand aus. An der Spitze stand ein Mann, der sich Bar Kochba (Sternensohn) nannte. Erst drei Jahre später konnte Hadrian den Aufstand ersticken. Jerusalem wurde als Kolonie Älia Capitolina neu aufgebaut und dem Jupiter Capitolinus wurde ein Tempel errichtet. Bei Todesstrafe durften Juden die Stadt nicht mehr betreten. Erst seit dem 4. Jahrhundert n. Chr. gestattete man ihnen, einmal im Jahr an der Klagemauer den Untergang der Heiligen Stadt zu beweinen [Klett, Menschen, Bd. 1, S. 120].

Zwei weitere Beispiele für die Oberstufe seien abschließend angeführt:

<u>1. Beispiel:</u>

Nach dem Sturz Neros gelang es dem senatorischen Heerführer Titus Flavius Vespasianus, den Thron zu besteigen. Bis zu seiner Erhebung zum Kaiser hatte er einen Aufstand der Juden bekämpft, die sich gegen die römische Fremdherrschaft und die hellenistische Überfremdung aufgelehnt hatten. Sein Sohn Titus eroberte Jerusalem und zerstörte Stadt und Tempel [Diesterweg, Grundz. S II 1, Bd. 1, S. 61].

<u>2. Beispiel: *Unter der Römerherrschaft*</u>

Unter dem Hellenismus und den Römern zerrissen Parteienbildungen die jüdische Gesellschaft. Traditionalistische Gruppen wie die Makkabäer (Rebellen unter Judas Makkabi 167–163 v. Chr.) kämpften gegen Fremdherrschaft und Fremdreligion. Spannungen entstanden auch zwischen den Sadduzäern und Pharisäern. Die Sadduzäer stammten aus den oberen Sozialschichten, aus Priesterschaft, Kaufmannschaft und Aristokratie, pochten auf Abstammung und sozialen Rang, strebten eine Synthese von „Thron und Altar" an und standen dem nicht jüdischen Einfluß – dem Hellenismus ebenso wie der römischen Besatzung – aufgeschlossen gegenüber. Die Pharisäer hingegen stammten aus Bauern- und Handwerkerkreisen, betonten als Laienbewegung den Vorrang von Frömmigkeit und Studium und sammelten oppositionelle Kräfte und Schriftgelehrte um sich. Volkstümlich wegen ihrer Frömmigkeit und ihrer politischen Distanz gegenüber der Besatzungsmacht übernahmen sie nach der Zerstörung Jerusalems (70 n. Chr.) die religiöse Führung des Judentums. Noch strenger waren Gruppen wie die Essener („die Frommen"), die gegen den als entartet angesehenen Tempeldienst in Jerusalem einen eigenen ordensähnlichen Lebensstil zu entwickeln suchten, mit Gütergemeinschaft, Ehelosigkeit (für den engeren Kreis), regelmäßige Waschungen, Gebeten und Schriftauslegungen. Aus solchen Kreisen standen immer wieder Propheten und Messiasgestalten auf mit Lehren religiöser Erneuerung und/oder politischer Befreiung. In diesen Zusammenhang gehörte auch Jesus von Nazareth. Gegen die römische Herrschaft rebellierten insbesondere die Zeloten („Eiferer“) um 70 n. Chr. und erneut 132/135 n. Chr. die Aufständischen unter Bar Kochba. Die Römer schlugen alle Unruhen nieder, zerstörten Jerusalem und den Tempel und entvölkerten das Land weitgehend [Westermann, Minderheit, S. 11].

2.

Das Entstehen des Christentums aus dem Judentum bietet naturgemäß Anlaß, beide Religionen vergleichend gegenüberzustellen. Auch hier waren es sowohl Theologen als auch Historiker, die vor einer methodologisch bedenklichen und unzulässiger Weise warnten, historische Erkenntnisse mit theologischer Wertung zu verbinden, andererseits auch auf die Notwendigkeit hinwiesen, gegenseitige Beziehungslinien zwischen beiden Disziplinen aufrecht zu erhalten.

In den Vorschlägen für die Darstellung des Judentums in deutschen Schulbüchern für den Religionsunterricht, sind auch für die Geschichtslehrbücher relevante Empfehlungen enthalten: „. . . Die Informationen über das Judentum dürfen nicht aus kurzen schablonenhaften Einzelinformationen bestehen, vielmehr muß den Schülern die Identität und Kontinuität des Judentums – trotz all seiner Wandlungen – in seiner Geschichte von den Anfängen bis zur Gegenwart bewußt gemacht werden . . . Die Schüler sollen die Geschichte des jüdischen Volkes von der Antike bis zur Gegenwart in ihren Hauptzügen und ihren vielfältigen Verflechtungen mit der Geschichte der Kirchen kennenlernen . . .

. . . Die Informationen über das Judentum der Zeit Jesu und die Darstellung der Beziehungen Jesu zu seinem Volk dürfen nicht mehr auseinanderfallen (z. B. dürfen nicht mehr neben einer objektiven Darstellung der Pharisäer, wenn sie an sich und als solche beschrieben werden, – u. U. nur wenige Seiten weiter – schablonenhaft-negative Aussagen über die Pharisäer stehen, wenn sie in ihren Beziehungen zu Jesus dargestellt werden).“[93])

Auf die Notwendigkeit einer eigenständigen Darstellung des Judentums zur Zeit Jesu weist auch Herbert Jochum hin: „Es gibt keine Pläne und Bücher mehr, die dem Jesu zeitgenössischen Judentum nicht besondere Beachtung schenkten. Allenthalben ist der Versuch spürbar, einmal theologische Erkenntnisse über die Komplexität und Vielgestaltigkeit, die religiöse Kraft des Judentums zur Zeit Jesu einzubringen, wie auch zum anderen, durch eine wohlwollende versöhnliche Sprache dem Entstehen antijüdischer Affekte vorzubeugen. Dies

---

[93]) Internationale Schulbuchforschung, Vorschläge, S. 64.

aber gelingt meist nur dort, wo dem Auftreten Jesu eine eigenständige Einführung in das zeitgenössische Judentum vorangestellt wird . . ."[94])

In diesem Sinne formuliert auch das Arbeitspapier des Gesprächskreises „Juden und Christen" des Zentralkomitees der deutschen Katholiken: „. . . Es kann kein Zweifel sein, daß Juden und Christen füreinander zunächst einmal sehr viel Arbeit zu leisten haben, um zu einem besseren gegenseitigen Verstehen zu kommen. Die Bilder, die sich Juden von Christen und Christen von Juden im Laufe der Geschichte gemacht haben und noch machen, sollen überprüft und in einer Begegnung korrigiert werden, in der einer dem anderen im Rückgang auf den gemeinsamen Grund und im Lichte der gemeinsamen Hoffnung seinen eigenen Weg deutet."[95])

Auch Geschichtsdidaktiker betonten ihrerseits, daß es weder aus fachwissenschaftlicher Sicht noch aus pädagogischen Gründen erwünscht sei, theologische Vorstellungen und Polemik distanzlos in die Gegenwart des Unterrichts zu übertragen[96]). Die sich daraus ergebende Problematik wird von einigen Schulbuchautoren angesprochen:

> *Wer von Schülern verlangt, im Geschichtsunterricht etwas über die Anfänge des Christentums zu lernen, ruft Einwände, Widerspruch, zumindest Fragen hervor: Kichengeschichte gehört in den Religionsunterricht! Keine Bevorzugung des Christentums! Wenn überhaupt etwas über die Geschichte der Christen gelernt werden soll, dann im Zusammenhang und im Vergleich mit anderen Weltreligionen. Weshalb steht dieses Thema hier im Zusammenhang der römischen Geschichte?*
>
> *Kritische Fragen dieser Art bilden natürlich eine günstige Motivation für den Unterricht. Denn dieser Unterricht kann deutlich machen, daß das Besondere einer Religion, ihre Ausbreitung und geschichtliche Bedeutung nur aus dem Zusammenhang der geistigen Strömungen und gesellschaftlichen Verhältnisse ihrer Zeit verständlich ist [Diesterweg, Spiegel, Lernziele und Lernschritte, Handreichungen für den Lehrer, Heft 1, S. 58].*

In diesem Sinne schreiben auch die Autoren von *Schöningh, Zeiten B:*

> *Bei der Darstellung der Geschichte des frühen Christentums gingen die Autoren von folgenden Überlegungen aus: Die Kultur, in der wir leben, ist entscheidend vom Christentum geprägt. Diese Prägung hat nicht nur einen geschichtlichen Ursprung, sondern wirkt als geschichtliche Kraft, wenn auch in sehr unterschiedlicher Stärke, durch die Jahrhunderte bis in unsere Zeit. Das aber bedeutet, daß nur der den geschichtlichen Weg der vom*

---

[94]) Jochum, Jesusgestalt, S. 11.

[95]) Theologische Schwerpunkte des jüdisch-christlichen Gesprächs, Bonn-Bad Godesberg, den 8. Mai 1979, S. 5.

[96]) Siehe Robinsohn/Schatzker, Jüdische Geschichte, S. 15f.

Christentum geprägten Völker Europas versteht, der sich zumindest über die wesentlichen Grundlagen der christlichen Religion klargeworden ist. Wir leben in einer Zeit, in der das Christentum größtenteils seine dominierende Prägekraft verloren hat. Die Gesellschaft kann nicht mehr im alten Sinne als „christlich" bezeichnet werden. Dennoch haben die Christen Anspruch auf Verständnis für ihre religiöse Haltung, soweit diese von der Geschichte her geweckt werden kann. Das gilt natürlich in gleichem Maße für die Anhänger all jener weltanschaulichen Gruppen und Bewegungen, die ihren Ursprung in einer bestimmten geschichtlichen Zeit haben und als prägende Kraft den geschichtlichen Weg ebenso mitgestalten wie das Christentum. (Judentum, Islam etc.) Dennoch bleibt die Durchnahme dieses Kapitels eine Ermessensfrage, deren Beantwortung nicht allein vom Lehrer, sondern auch von der Klassenzusammensetzung abhängt. Es ist möglich, das ganze Kapitel zu überschlagen. Wenn das Kapitel in einer weltanschaulich gemischten Klasse durchgenommen wird, dürfte nicht übersehen werden, daß sich die Bearbeiter bemüht haben, lediglich die historischen Tatsachen herauszustellen und dabei die religiösen Auffassungen der heutigen Christen aller Konfessionen zu respektieren [Didaktischer Grundriß für den Geschichtsunterricht, Ausgabe B, Bd. 1, S. 131f.].

Ob und in welcher Weise diese Absichten in den jeweiligen Schulbuchtexten realisiert werden, soll anhand von vier Teilfragen untersucht werden, die, wenn auch Empfehlungen für den Religionsunterricht entnommen, in abgeschwächter Art auch teilweise Relevanz für das Geschichtslehrbuch besitzen.

a) Wird in den Lehrbüchern das Entstehen des Christentums aus dem Judentum ersichtlich?

b) Wie wird die Auseinandersetzung Jesu mit den Juden dargestellt?

c) Wie wird das Judentum dem Christentum – vergleichend oder wertend – gegenübergestellt?

d) Wird auf die sich möglicherweise ergebenden Gefahren einer antijüdischen Einstellung hingewiesen?

a) In den Vorschlägen für den Religionsunterricht lautet die entsprechende Empfehlung:

„Das Judentum ist die Wurzel des Christentums. Denn Jesus sowie seine Jünger und die frühesten Christen waren Juden. Das Christentum entstand als eine messianische Bewegung unter anderen im Judentum und es löste sich nur langsam – in einem sich fast über zwei Jahrhunderte hinziehenden Prozeß – vom Judentum ab und wurde zu einer eigenständigen Religion *neben* dem Judentum.

Dennoch blieben die jüdischen Wurzeln des Christentums über die Jahrhunderte hinweg bis heute im Christentum lebendig und prägen noch immer sein Wesen und seine Gestalt. Eine Information über das Christentum, welche über das Judentum schweigt, ist oberflächlich und weder umfassend noch radikal (von radix = Wurzel); sie bringt das Christentum nur verkürzt in den Blick.

. . . Die Schüler sollen das Judentum als Wurzel des Christentums kennenlernen. Jesus von Nazareth muß im Religionsunterricht als Jude im Kontext des Judentums seiner Zeit dargestellt werden."[97])

In den untersuchten Geschichtsbüchern hingegen wird Jesus fast nie direkt als Jude bezeichnet und sein Judesein in vielfacher Form umschrieben, sei es durch die historische Wiederholung des Lukas-Textes: „Da machte sich auch auf Josef aus Galiläa, aus der Stadt Nazareth, in das jüdische Land, nach Bethlehem, zur Stadt Davids . . ." (Lukas 2); (So verfahren: *Westermann, Reise, Bd. 1, S. 128; Hirschgraben, Fragen, Bd. 1, S. 105; Oldenbourg, Geschichte, Bd. 1, S. 126.)* oder durch nicht näher bestimmbare Angaben wie:

> *Als Kaiser Augustus regierte, wurde in Palästina Jesus Christus geboren. Mit 30 Jahren begann er in den Städten und Dörfern das Volk der Juden zu lehren [Schöningh, Zeiten C, Bd. 1, S. 147];*

oder ohne jede Erwähnung einer Beziehung zum Judentum wie: *Klett, Unterrichtswerk, Bd. 1, S. 144; Buchner, Werden, Bd. 1, S. 155.*

Lediglich *Diesterweg, Weltkunde,* betitelt den entsprechenden Absatz *„Das Christentum geht aus dem Judentum hervor"* und bezeichnet Jesu als *jüdische(n) Glaubenslehrer [Bd. 1, S. 75f.].* Ähnlich auch in *Diesterweg, Spiegel: Sie nannten sich Christen, blieben aber zunächst eine jüdische Sekte [Bd. 1, S. 174].* Für die Oberstufe wiederum bleibt *Westermann, Minderheit,* das einzige Werk, das Jesus im Zusammenhang mit jüdischen Propheten und Messiasgestalten nennt *[2, 1, 2].*

b) Auf empirische Untersuchungen aus den letzten Jahren, „die aufzeigen, daß unter deutschen Schülern Ignoranz und falsche Vorstellungen über die Juden und sogar antijüdische Vorurteile noch weit verbreitet sind", weist Heinz Kremers hin. „Eine Analyse dieser Untersuchungen läßt erkennen, daß dieser Tatbestand nicht zuletzt in der Darstellung der Juden im Religionsunterricht begründet ist. Das verwundert nicht, wenn man bedenkt, daß die Juden hier faßt nur als Gegner Jesu auftauchen. Als solche sind sie lieblose und überhebliche Repräsentanten einer ‚starren Gesetzesreligion', die es nicht ertragen kann, daß sich Jesus der religiöse und sozial Deklassierten liebend annimmt. Sie erreichen zwar, daß Jesus hingerichtet wird, können aber nicht verhindern, daß nach seinem Kreuzestod durch die Entstehung des Osterglaubens ‚die Sache Jesu weitergeht.'"[98]) „Obwohl die Passion Jesu und die Rolle der Juden im Gegensatz zu früheren Plänen und Büchern stark in den Hintergrund getreten ist", tauchen doch „überkommene Klischeevorstellungen sofort wieder auf, wenn Vertreter dieses Judentums mit Jesu zusammenkommen."[99])

---

97) Internationale Schulbuchforschung, Vorschläge, S. 63f.

98) Kremers, Die Darstellung der Juden, S. 139f.

99) Jochum, Jesusgestalt, S. 13.

Anklänge an diese – Religionsbücher betreffende – Aussagen, finden sich, wenn auch nur vereinzelt, in manchen Geschichtslehrbüchern:

> *Die Israeliten aber erwarteten einen gottgesandten Messias, der als weltlicher Herrscher sie vom Joch der Römer befreien und unter seiner Königsherrschaft ein neues Reich errichten würde. Sie verurteilten Jesus wegen Gotteslästerung zum Tode; das Todesurteil wurde von Soldaten der römischen Besatzungsmacht vollstreckt [Klett, Menschen, Bd. 1, S. 118].*
>
> *Das war nicht die Antwort, die das Volk erwartete, die meisten wandten sich von ihm ab und gingen ihren Geschäften nach. Nur eine kleine Schar von Jüngern hielt bei ihm aus . . . Manche Vorschriften des mosaischen Gesetzes waren so eng, daß sie dieses Gebot der Nächstenliebe erschwerten. So war z. B. verboten, am Sabbat einen Kranken zu heilen. Jesus störte sich an diesem Gebot nicht, er hatte eine neue Botschaft zu verkünden und half am Sabbat einem kranken Menschen. Die Gesetzeslehrer klagten ihn an, er habe durch sein Beispiel und seine Reden das Volk aufgewiegelt [Henn, Welt, Bd. 1, S. 208f.].*

c) Wiederum aus theologischer Sicht und als Kriterium für die Analyse von Religionslehrbüchern gedacht, wurde auf die Gefahr aufmerksam gemacht, im Rahmen der Konfrontation des Christentums mit dem Judentum, im letzteren lediglich eine „negative Folie“[100]) oder eine „düstere Hintergrundfolie, von der sich Jesu um so strahlender abheben läßt“[101]) und „Negativschablone“[102]) zu sehen.

Michael Brocke und Herbert Jochum machen auf drei Modelle aufmerksam, die den Versuchen, das „Neue“ des Evangeliums zur Sprache zu bringen, zugrunde liegen:

„(1) Das Substitutions- oder Ablösungsmodell:

Das Judentum ist schlecht (alt, vorläufig, anachronistisch, degeneriert u. a.), das Christentum ist gut (neu, echt, wahr, endgültig u. a.). Einst waren die Juden Gottes Volk, jetzt sind es die Christen, die als Erben mit allen Privilegien des auserwählten Gottesvolk heilsgeschichtlich an die Stelle des am Gesetz gescheiterten Israel getreten sind, als das wahre Israel.

(2) Das Überbietungsmodell:

Das Judentum ist gut, das Christentum ist besser. Dieses Modell versucht ein differenzierteres, eher positives Bild des Judentums zur Zeit Jesu zu zeichnen, das aber in einigen wesentlichen Zügen vom historischen Jesus überboten wird . . .

---

[100]) Zwi Werblowsky, Trennendes und Gemeinsames, in: Handreichung Nr. 39 für Mitglieder der Landessynode, der Kreissynoden und der Presbyterien in der Evangelischen Kirche im Rheinland, Zur Erneuerung des Verhältnisses von Christen und Juden, Düsseldorf 1980, S. 35.

[101]) Brocke/Jochum, Judentum, S. 62.

[102]) Caspers, Analyse, S. 142.

(3) Das Integrationsmodell:
Was am Judentum gut ist, ist ins Christentum übergegangen. Alle positiven Züge des Judentums werden dort, wo sie konzediert sind, Züge auch des historischen Jesu. Das Christentum wird gesehen als konsequentes Judentum."[103]) Folgende Auszüge aus den untersuchten Geschichtsbüchern lassen erkennen, daß ähnliche Denkvorstellungen auch den Geschichtsbüchern zugrundeliegen:

> *Anders als der jüdische Glaube blieb die christliche Religion nicht auf ein Volk beschränkt, sondern wandte sich an die Menschen verschiedener Sprachen und unterschiedlicher Kultur. Sie konnte eine Weltreligion werden [Diesterweg, Weltkunde, Bd. 1, S. 78].*
>
> *. . . die Schriften des Neuen Testaments . . . geben . . . deutlich zu erkennen, wie die Christus-Anhänger räumlich und geistig den Raum des Judentums überschreiten [Diesterweg, Spiegel, Lernziele und Lernschritte, Handreichungen für den Lehrer, Heft 1, S. 58].*
>
> *. . . die schnelle Ausbreitung der christlichen Religion hatte ihre Gründe a) in der sozialen Haltung der Christen, b) in ihrer Lehre von der Gleichheit aller Menschen vor Gott, c) in der Verneinung des israelischen Staates und irdischer Güter überhaupt, d) in ihrer Überzeugungskraft, die sich bis in den Tod bewährte. In diesem Zusammenhang könnte besprochen werden, warum römische Staatsideologie und Judentum und Christentum einander ausschlossen [Schöningh, Zeiten B, Didaktischer Grundriß für den Geschichtsunterricht, Bd. 1, S. 132].*
>
> *. . . Strenge Glaubensvorschriften regelten bei den Juden den ganzen Tagesablauf, denn das Leben sollte ein fortwährendes Lobpreisen Gottes sein. Jede Arbeit, jede Mahlzeit wurde vom Gebet begleitet. Auf der Reise, beim Wiedersehen, in Krankheit und Not, für alles gab es Gebetsformeln und Vorschriften, die jeder gläubige Jude zu erfüllen hatte. Es war genau festgelegt, was man an den Festtagen und am Sabbat tun mußte und was verboten war. Die zahllosen Gesetze wurden dem Volk von Schriftgelehrten erklärt. Viele Juden glaubten nun, genug zu tun, wenn sie alle Vorschriften einhielten. Jesus aber sagte ihnen, äußerliche Pflichterfüllung genüge nicht [Henn, Welt, Bd. 1, S. 208].*

d) Der für den Religionsunterricht aufgestellten Zielsetzung, daß „Im Religionsunterricht . . . die Erkenntnis vermittelt werden (muß), daß und wie der Antisemitismus der Neuzeit aus dem christlichen Antijudaismus entstand"[104]) wird in den untersuchten Büchern dieser Periode lediglich an einer Stelle entsprochen:

> *Erst der Aufstieg des aus dem Judentum hervorgegangenen Christentums zu römischer Staatsreligion führte zu einer religiös bestimmten Judenfeindlichkeit [Westermann, Minderheit, 2.1.2].*

---

[103]) Brocke/Jochum, Judentum, S. 64f.

[104]) Internationale Schulbuchforschung, Vorschläge, S. 64.

3.

Von grundlegender Bedeutung ist die Frage, in welcher Weise die Wendung behandelt wird, die im Verlauf der jüdischen Geschichte mit der Zerstörung des Zweiten Tempels eintritt, die zwar dem national-territorialen Leben der jüdischen Gemeinde in Israel keineswegs ein Ende bereitete, jedoch der Auffassung der Kirchenväter gemäß das Ende der Geschichte Israels bedeutet. So interpretiert, wird das Volk Israel wegen seiner Ablehnung Jesu, durch die Zerstörung Jerusalems und des Tempels und durch die Zerstreuung in alle Welt durch Gott gestraft und, während das wahre Israel nur in der Kirche fortbesteht, der unstete Jude hingegen nicht nur seine territoriale, sondern auch seine geistige Heimat endgültig verloren und seine Geschichte ihre Besiegelung erfahren hat.

Für den Geschichtsdidaktiker und Lehrbuchautor hingegen ergibt sich hier die Gelegenheit, das Phänomen des Exils und das jüdische Selbstverständnis, wie es dieses Exil zwei Jahrtausende lang interpretiert, ebenso wie das Auftreten der physischen Diaspora zu erklären. Hier könnte er zeigen, geschichtlich zutreffend, rückblendend und vorausschauend, wie das jüdische Volk nach und nach seinen Schwerpunkt in den Norden und Westen verlegt und in den Kreis der europäischen Geschichte eintritt. Die der Analyse Robinsohn/Schatzker entnommene Bemerkung mag auch für die hier vorgelegte Untersuchung Gültigkeit haben:

„Wir meinen nun, daß, wenn an diesem Punkt die Erklärung des jüdischen Diasporaschicksals nicht einsetzt, die Gelegenheit dazu verpaßt ist und sich bis zur Geschichte der Postemanzipation und der Vernichtung des europäischen Judentums nicht wieder bietet . . .
Auf eine erklärende Schilderung der Anfänge der Diaspora sollte ebensowenig verzichtet werden wie auf die Erläuterung dessen, was rabbinisches- und pharisäisches Judentum für das Weiterbestehen des jüdischen Volkes und der Welt seiner Ideen und seiner Moral bedeuten. Es kann nicht genügend betont werden, daß im jüdischen Selbstverständnis das Wesen des geschichtlichen Judentums von der Zeit des Zweiten Tempels nicht weniger als von der des Ersten geprägt wurde. Eine gültige Unterrichtung über Wesen und Fortbestand des jüdischen Volkes muß von dieser Erkenntnis ihren Ausgang nehmen“.[105])

Welche dieser beiden Richtungen und Tendenzen werden in den Lehrbüchern eingeschlagen? Der Zerstörung des Tempels wird im allgemeinen ein, im Vergleich mit dem Gesamtbild der jüdischen Geschichte dieser Zeit unverhältnismäßig hohes Maß an aussagendem, beschreibendem und illustrativem (Titusbogen) Text gewidmet.

Mehrere Bücher nehmen die Gelegenheit wahr, den Verlauf der jüdischen Geschichte theologisierend weiter zu verfolgen:

---

[105]) Robinsohn/Schatzker, Jüdische Geschichte, S. 19.

Von jetzt an lebten die Juden zerstreut in vielen Ländern (Diaspora = Zerstreuung) rund um das Mittelmeer. Sie waren ein Volk ohne Staat und ohne Heimat, aber sie bleiben ihrem Glauben treu und verloren selbst in der tiefsten Not nie die Hoffnung, daß sie einst in ihre Heimat zurückkehren könnten [Klett, Menschen, Bd. 1, S. 120].

Ähnlich auch:

Doch der Glaube an den einen Gott Jahwe und an die Verheißungen, die er seinem Volk im Alten Testament offenbart hatte, verband die Juden auch in der Zerstreuung. Die Überzeugung, von Gott für die Verwirklichung seines Heilsplanes hier auf Erden außerwählt zu sein, ließ die religiöse Gemeinschaft der Juden alle Verfolgungen bisher überstehen [Schöningh, Zeiten C, Bd. 1, S. 142].

Oder:

„Von nun an gab es keinen Tempel, keine Opfer, keinen Hohenpriester mehr. Die Juden zerstreuten sich über das ganze Reich. Sie lebten als Fremde unter Fremden und blieben dort dem Gott ihrer Väter und seinen Gesetzen treu. Wo sie zu mehreren zusammen wohnten, versammelten sie sich im Bethaus, in der Synagoge. Oft lebten sie in ständiger Angst vor ihren Verfolgern. Jedoch – die Juden waren längst nicht mehr allein die Verfolgten. Auch eine andere Gruppe von Gläubigen wurde von den Schergen der Gotthasser verfolgt, verhört, gemartert und getötet, „die Christen“ [Henn, Welt, Bd. 1, S. 206],

wobei freilich die Problematik der Judenverfolgungen verschleiert und die Indentität der Verfolger vertuscht wird.

Dieser schablonenhaften Darstellung einer weiterführenden Glaubens- und Leidensexistenz wird in *Diesterweg, Spiegel,* etwas mehr historische Substanz hinzugefügt, wenn auch in der Schilderung bedenkliche Untertöne nicht zu überhören sind:

Das „außerwählte Volk“ hatte seine Heimat und seinen Staat verloren. In aller Welt lebten die Juden in der „Diaspora“ (d. h. Zerstreuung). In manchen Städten gab es eigene Judenviertel (Ghettos). In Alexandria sollen zeitweise eine Million Juden gelebt haben. Sie trieben Handel, waren Handwerker oder machten Geldgeschäfte. Viele hausten verarmt in Elendsvierteln, wurden als Schmarotzer beschimpft und verfolgt. An ihrem Glauben hielten die Juden fest. Sie versammelten sich in Bethäusern (Synagogen). Die Aufsicht über den Glauben und die Lebensführung lag bei den Rabbinern, und Gesetzeslehrer sorgten, daß die Überlieferung rein erhalten blieb. Von den Christen hielten sich die Juden getrennt. Niemals gaben sie die Hoffnung auf, eines Tages in ihre Heimat zurückkehren und in einem eigenen Staat zusammenleben zu können [Bd. 1, S. 179].

Eine gedrängte und dabei doch gründliche und wissenschaftlich korrekte Behandlung, wird hingegen von *Westermann, Minderheit, 2.1.2;2.1.3,* vermittelt.

3. Das Mittelalter[106)]

Die Frequenzanalyse läßt große Einheitlichkeit erkennen in der Behandlung dieser Epoche. In fast allen Lehrbüchern werden erwähnt: Juden (und Christen) im Zusammenhang mit den Ursprüngen des Islams, Juden als Fernhändler, die Sonderstellung der Juden, Judenverfolgungen während der Kreuzzüge und weitere Verfolgungen; in wenigen Büchern finden sich auch die mit den Kreuzzügen einsetzende Auswanderung der Juden nach dem Osten und die jiddische Sprache. Das gleiche gilt, erstaunlicherweise sowohl relativ als auch absolut dürftiger (mit der einzigen Ausnahme von *Westermann, Minderheit,* das in allen Beziehungen eine Ausnahme bildet), auch für die Sekundarstufe II. Insgesamt kann man für die Werke von *Westermann, Reise; Hirschgraben, morgen; Diesterweg, Aufriß; Oldenbourg, Geschichte 2 A,* in der Sekundarstufe I und von *Diesterweg, Grundz. S II 2 / Grundz. S II 1* und *Klett, Grundriß,* für die Sekundarstufe II lediglich von spärlich verstreuten und unzusammenhängenden Bemerkungen sprechen. Konsequent ignoriert *Westermann, Zeitaufnahme,* ebenso wie im Altertum und zur Zeit des Zweiten Tempels, die Juden auch im Rahmen der Geschichte des Mittelalters. Weder in den Kapiteln: „Der mittelalterliche Staats- und Gesellschaftsaufbau", „Die christliche Gesellschaft im Mittelalter", „Theologie – die Königin der Wissenschaften", „Goldenes Zeitalter des Islams" noch im Zusammenhang mit Wirtschaft und Städtewesen, wird ihrer auch nur mit einem Wort Erwähnung getan. Lediglich daß Andersgläubige wie Juden oder Moslems bekämpft wurden und daß die Kreuzzügler grausame Blutbäder unter den Judengemeinden am Rhein veranstalteten, wird dem Schüler durch dieses Buch vermittelt, auch das ohne jegliche Erklärung oder Stellungnahme.

Aus der Analyse ergeben sich folgende Fragen an die Lehrbücher:

1. Wie werden die Judenverfolgungen erklärt?
2. Wird die Erwähnung der Juden inmitten der mittelalterlichen Gesellschaft lediglich auf den Konfliktfall reduziert[107)], oder werden auch ihre Stellung in Wirtschaft, Gesellschaft, Ständewesen und Rechtsordnung, ihre kulturelle Entwicklung und ihre religiösen Institutionen dargestellt?
3. Wird der Versuch unternommen, die jüdische Existenz auch aus innerjüdischen Faktoren deutlich werden zu lassen?

1.

Die Judenverfolgungen während der Kreuzzüge, der Pestepidemien und aus anderen Anlässen werden in vielen Büchern ausführlich beschrieben. Nur selten

---

106) Siehe Übersicht 5 und 11; S. 86/87, 88/89 und S. 90/91.

107) Freimark, Geschichtswissenschaft, S. 50.

Übersicht 5

Frequenz- und Vermittlungsanalyse der Inhalte jüd. Gesch. im Mittelalter in Geschichts
Zahl der Karten und Illustrationen (I) und Bezeichnungsschlüssel: a = problematisierende

Kurztitel	Auer Geschichte	Buchner Geschichte	Buchner Werden	Diesterweg Aufriß	Diesterweg Grundzüge S I	Diesterweg Spiegel	Diesterweg Weltkunde	Harms Arbeitsmappen	Henn Welt	Hirs grab Frag
Verbindungshinweis auf die vorige Epoche	6,5 c									
Ursprünge des Islams		2,5 c	2 c		1 c	2 c	1 c		0,5	1 c
Mohammeds Bekämpfung der Juden						2 Q				
Religiöse Toleranz des Islams					1 c		5 c			1 c
Omars Juden und Christentribut							2 c			
Lage der Juden im frühen Mittelalter										
Juden als Fernhändler		2 c	2 c					1,5 c	1 c	
Verdrängung der Juden aus Berufen		1 c								
Ludwig der Fromme – Schutzbriefe										0,5
Judenregal	7,5 b 1 I	2 c 6 Q								
Sonderstellung der Juden	5,5 c	5 b	8 b 7 Q		6 b	10 b	10 b	8 c 2 I	27 b	3 I 1
Geld- und Zinsgeschäfte der Juden	12,5 b	4,5 b	5 a		5 b	3 c	3 a	7 a	3,5 c 1 I	
Juden am Hof Friedrichs II.							1 c			
Judenverfolgungen während der Kreuzzüge	7 b	1,5 c	1 c		6 b	3 c	4 c 9 Q	1,5 c	19 b	1
Bernhard von Clairvaux gegen Judenverfolgungen				4 Q					9 b 6,5 Q	
Weitere Verfolgungen (Schwarze Pest)	8,5 b 19 Q	10 c	7 b		12 a		1 c	9 a	6 b	
Darstellung des Leidens aus der Sicht der Juden					1,5 c					

hern der Sekundarstufe I ausgedrückt in Zeilenzahl des Textes oder Quellentextes (Q) oder
lung, b = beschreibende Darstellung, c = knappe Fakten-Erwähnung

h n en	Hirsch- graben Weg	Klett Damals	Klett Men- schen	Klett Unter- richtsw.	Olden- bourg Ge- schichte	Olden- bourg Ge- schichte 2 A	Schö- ningh Zeiten B	Schö- ningh Zeiten C	Schroe- del Er- kunden	Schul- buch- verlag Er- leben	Wester- mann Reise	Wester- mann Zeitauf- nahme
											1 c	
		0,5 c	2 c	1 c	4 c			2,5 c		1 c	2 c	0,5 c
										2 Q		
	2 c											
									1,5 c			1 c
	3 c		1 c	4 c	3,5 b	0,5 c		5 b 10 Q	1,5 c	2 c	3 b	
						1,5 c			2 c		3 b	
						0,5 c			1,5 c	4 c		
	18 b 1 I		4 c	8 c	4,5 c				8 b	11 b	6 b 1 I	
	6 c		15 a	4 b	4 a 1 I	1,5 b				4,5 b	4 b	
			1 c							0,5 c		
	8 b		3 c 6 Q	3 c	7 b			8 c	3 c	1 c	1 c	4 c
								1 c				
	1,5 c 17 Q		3 c 7 Q		7,5 a	6,5 c			8 b 4 Q	6 b 12 Q		1,5 c

Fortsetzung Übersicht 5:

<table>
<tr><th>Kurztitel</th><th>Auer
Ge-schichte</th><th>Buch-ner
Ge-schichte</th><th>Buch-ner
Werden</th><th>Diester-weg
Aufriß</th><th>Diester-weg
Grund-züge S I</th><th>Diester-weg
Spiegel</th><th>Diester-weg
Welt-kunde</th><th>Harms
Arbeits-mappen</th><th>Henn
Welt</th><th>Hir
gra
Fra</th></tr>
<tr><td>Selbstverwaltung der Juden</td><td>3 b</td><td>1 c</td><td></td><td></td><td></td><td></td><td></td><td></td><td></td><td></td></tr>
<tr><td>Jüdisch-christliches Zusammenleben</td><td>3,5 b</td><td></td><td></td><td></td><td></td><td></td><td></td><td></td><td></td><td></td></tr>
<tr><td>Auswanderung nach dem Osten</td><td></td><td>2 c</td><td>2 c</td><td></td><td>1 c</td><td>0,5 c</td><td>0,5 c</td><td></td><td>1 c</td><td></td></tr>
<tr><td>Die „jiddische“ Sprache</td><td></td><td>1,5 c</td><td>2 c</td><td></td><td>3 b</td><td></td><td></td><td></td><td></td><td></td></tr>
<tr><td>Judenvertreibungen – allgemein</td><td></td><td></td><td></td><td></td><td></td><td>1 c</td><td></td><td></td><td></td><td>1 c</td></tr>
<tr><td>Vertreibung aus Frankreich</td><td></td><td rowspan="2">2 c</td><td rowspan="2">1 c</td><td></td><td></td><td></td><td></td><td></td><td></td><td></td></tr>
<tr><td>Vertreibung aus England</td><td></td><td></td><td></td><td></td><td></td><td></td><td></td><td></td></tr>
<tr><td>Beitrag an Wissenschaft und Gewerbe in Spanien</td><td></td><td></td><td></td><td></td><td></td><td></td><td></td><td></td><td></td><td></td></tr>
<tr><td>Vertreibung aus Spanien</td><td></td><td></td><td></td><td></td><td></td><td></td><td></td><td></td><td></td><td></td></tr>
<tr><td>Reuchlins Streit mit Pfefferkorn</td><td></td><td></td><td></td><td>4 c</td><td></td><td></td><td></td><td></td><td></td><td></td></tr>
<tr><td>Fragen</td><td></td><td></td><td></td><td></td><td></td><td>1,5 a</td><td></td><td></td><td></td><td></td></tr>
</table>

ch en gen	Hirsch- graben Weg	Klett Damals	Klett Menschen	Klett Unterrichtsw.	Oldenbourg Geschichte	Oldenbourg Geschichte 2 A	Schöningh Zeiten B	Schöningh Zeiten C	Schroedel Erkunden	Schulbuchverlag Erleben	Westermann Reise	Westermann Zeitaufnahme
			3 b		0,5 c					2 c		0,5 c
			1 c		1,5 c							1,5 b
										1,5 c		1,5 c
			2 c									
			3 c		5 a							
	7,5 a					1 c						

Übersicht 11

Frequenz- und Vermittlungsanalyse der Inhalte jüd. Gesch. im Mittelalter in den Geschichts
oder Zahl der Karten und Illustrationen (I) und Bezeichnungsschlüssel: a = problematisiere

Kurztitel	Buchner Werden O	Diesterweg Aufriß neu	Diesterweg Grundz. S II 1	Diesterweg Grundz. S I
Ursprünge des Islams	5 b			
Juden als Vermittler zwischen Morgenland und Abendland	2 c			
Lage der Juden im frühen Mittelalter				
Veränderung der Sozialstruktur der Juden				
Juden als Fernhändler				
Verdrängung der Juden aus den Berufen				
Judenschutz und Judenregal			4 c	
Sonderstellung der Juden	5 c			
Geld- und Zinsgeschäfte der Juden	11 b			3 c
Juden am Hof Friedrichs II.	1 c			
Juden als Gelehrte und Ärzte	1 c		3 c	
Judenverfolgungen während der Kreuzzüge	2 c		5 c	1 c
Bernhard von Clairvaux gegen Judenverfolg.				
Weitere Verfolgungen (Schwarze Pest)	2 c			6,5 c
Selbstverwaltung der Juden				
Auswanderung nach dem Osten	2 c			
Die Lage der Juden im Osten				
Die „jiddische" Sprache				
Judenvertreibungen – allgemein				
Vertreibung aus Spanien				
Aschkenasim und Sephardim				
Hebräische Studien von Humanisten				
Reuchlins Streit mit Pfefferkorn	12 b			

ɪern der Sekundarstufe II ausgedrückt in Zeilenzahlen des Textes oder Quellentextes (Q)
ꞩtellung, b = beschreibende Darstellung, c = knappe Fakten-Erwähnung

ꞏsterweg ꞏtik	Gehlen Politik	Gehlen Wandel	Klett Grundriß	Schöningh Zeiten O	Westermann Minderheit	Westermann Politik
			2 c			
					8,5 b	
					6 b	
					6 b	
					5 b	
			1 c	2 c	25 a 6,5 Q	
				11 c 40 Q	58 a	
				1 c	8 b	
			2 c	6 c	8 b	
				2 c	28,5 a 11 22 Q	
				2 c	10 b	
					4,5 b	
					3 b	
					3 b	
					2,5 c	
					3,5 c	
					3,5 b	
					1 c	
					0,5 c	

erschöpft sich diese Beschreibung in lakonischen faktischen Erwähnungen, ohne Stellungnahme des Autors, wie z. B.:

> *Die Bauern eröffneten ihren Kreuzzug, indem sie – aufgehetzt durch fanatische Priester – auf ihrem Weg die Häuser von Juden plünderten und viele von ihnen als Nachkommen der „Gottesmörder" töteten [Schöningh, Zeiten C, Bd. 2, S. 34].*

oder:

> *Ein heruntergekommener Graf namens Emich von Leiningen schlug vor, den Kreuzzug gleich hier im eigenen Land gegen die Feinde Christi, d. h. gegen die Juden, zu eröffnen. Man begann in Speyer, doch der Bischof nahm die Juden in Schutz; so zog man nach Worms.*

Nun folgt ein Auszug aus Steven Runciman, Geschichte der Kreuzzüge,[108]) der nüchtern und sachlich von der „Niedermetzelung . . . gegen fünfhundert an der Zahl . . ." berichtet, begleitet von der lakonischen und nicht weiter erklärten Bemerkung:

> *Die Juden waren weder in Worms selbst noch in der Umgebung beliebt [Diesterweg, Weltkunde, Bd. 1, S. 148].*

Oder ähnlich unerklärt, jedoch mit mitleidigen Ausdrücken versehen wie:

> *Am Beginn der Kreuzzüge stand eine grausame Judenverfolgung. Peter von Amiens predigte den Kreuzzug auch gegen die Juden. In den rheinischen Städten überfielen seine Heerhaufen die Judengemeinden und mordeten sie als „Feinde Christi" [Diesterweg, Spiegel, Bd. 2, S. 58].*

In den meisten Fällen hingegen wird der Versuch unternommen, auch die den Verfolgungen zugrundeliegenden Ursachen zu analysieren. Hierbei werden vornehmlich zwei Erklärungsmodelle angeführt:

A. Religiöse Motive

So z. B.:

> *In ihrer Verblendung wollten sie die Juden für die Kreuzigung Christi bestrafen [Harms, Arbeitsmappen, 2, S. D., 14].*

oder:

> *In West- und Mitteleuropa setzte die religiöse Erregung der bisherigen Toleranz der Christen gegenüber den Juden ein Ende. Entlang den Kreuzfahrerstraßen flammte ein fanatischer Haß gegen die vermeintlichen „Christusmörder" auf. Er entlud sich besonders in den Städten am Rhein in grausamen Verfolgungen der dort alteingesessenen jüdischen Gemeinden [Diesterweg, Grundzüge S I, Bd. 2, S. 65].* Ähnlich auch in *Klett, Menschen, Bd. 2, S. 28,* und *Klett, Unterrichtswerk, Bd. 2, S. 48.*

---

[108]) München 1968, S. 133 ff.

Sogar in den für Lehrer bestimmten didaktischen Hinweisen wird ähnlich undifferenziert verfahren:

> *. . . ist darauf hinzuweisen, daß es zum ersten Mal im Mittelalter zu Judenverfolgungen kam, die vor allem in Trier, Mainz, Worms und Speyer große Opfer forderten. – Hinweis des Lehrers: „Die Verschärfung des christlichen Bewußtseins im Zusammenhang mit der cluniazensischen Reform führte bei vielen Gläubigen zum Haß gegen das Volk, das den Kreuzestod Jesu auf sich lud. – Die Juden wurden jedoch von den Bischöfen dieser Städte und vor allem von Heinrich IV. vor den irregeleiteten Kreuzfahrten geschützt" [Schöningh, Zeiten C, Didaktischer Grundriß für den Geschichtsunterricht, Bd. 2, S. 43].*

Nur selten wird die Frage nach der Bewertung der Kreuzzüge als geschichtliches Phänomen angesichts der sie begleitenden Judenverfolgungen und -metzeleien gestellt, wie z. B.:

> *Kritisch können die Schüler anmerken: Die Haltung der mittelalterlichen Menschen zum Judentum entsprang dem Vorurteil über die „Schuld" der Juden schlechthin am Tod Jesu und daraus folgend ihrer vermeintlichen Feindschaft gegen Christentum und christliche Kirche; schon an der Vernichtung der Juden als Feinde der Kirche zeigte sich die höchst negative Seite des ganzen Kreuzzugsunternehmens, das mit den Gründsätzen des christlichen Liebesgebots nicht vereinbar war. Daß sich wohl niemand gegen die Vernichtung der Juden durch die Kreuzritter wandte, beweist die Quelle ebenfalls und belegt das Versagen der örtlichen Kirchenfürsten, die das Gemetzel geschehen ließen . . . [Schöningh, Zeiten B, Didaktischer Grundriß für den Geschichtsunterricht, Bd. 2, S. 52].*

Ansätze für eine derartige Bewertung sind auch in *Hirschgraben, Fragen,* enthalten:

> *Ihr werdet hier z. B. untersuchen und diskutieren können, was ein Kreuzzug oder Heiliger Krieg ist, ob sich ein Religionskrieg begründen läßt. Wer alles ein Interesse an einem solchen Krieg hatte, mit welchen Mitteln man Völker für einen Krieg begeistern kann und warum in dieser Zeit die Juden in Europa verfolgt wurden [Bd. 2, Zu den Lehrgängen, S. 4].*

B. Soziale und wirtschaftliche Motive

Die Mehrzahl der Bücher hält es hier mit der Aussage einer Straßburger Chronik aus dem Jahre 1349, die etliche Male in Lehrbüchern als Quelle benutzt wird:

> *Das Geld war auch die Ursache, daß die Juden getötet wurden. Wären sie arm und die Landesherrn ihnen nichts schuldig gewesen, so wären sie nicht verbrannt worden [Klett, Menschen, Bd. 2, S. 505; Schulbuchverlag, Erleben, S. 190].*

Daß es sich bei den Motiven der Kreuzzügler nicht lediglich um *„Glaubenseifer"* sondern oft nur um *„getarnten Neid auf die Juden, die als Kaufleute großes Ansehen genossen"* handelte *[Auer, Geschichte, 6. Schuljahr, S. 73]*, daß *„manche Juden reich waren"* und daß man *„schon hier Beute machen (konnte)" [Hirschgraben, morgen, Bd. 2, S. 28]*, daß *„die Juden von vielen, die Geld geliehen hatten und es nicht gern zurückzahlen wollten, beschuldigt (wurden)" [Henn, Welt, Bd. 3, S. 65]* und weil man es *„häufig auch nur auf das Vermögen der Juden abgesehen (hatte) [Schulbuchverlag, Erleben, S. 192]*, wird in vielen Lehrbüchern als Ursache für die Judenverfolgungen angegeben.

Einhellig jedoch messen fast alle Bücher den Zins- und Darlehensgeschäften der Juden die entscheidende Bedeutung bei. Wie nun die Lehrbücher die damit verbundene Problematik im einzelnen behandeln, soll anhand von drei Teilfragen untersucht werden:

a) Wie wird die Übernahme der Zins-, Darlehens- und Geldgeschäfte durch die Juden erklärt?

b) Wie schildern und erklären die Bücher die Reaktion der Umwelt auf diese wirtschaftliche Betätigung der Juden?

c) Wie wird die Ausübung dieser wirtschaftlichen Funktion von den Lehrbüchern aus rückblickender wirtschafts- und sozialgeschichtlicher Sicht bewertet?

a) Ausnahmslos wird das Betreiben von Zins-, Darlehens und Geldgeschäften durch die Juden als eine Abdrängung in diesen Beruf dargestellt, entstanden durch Verbote des Erwerbs von Grundbesitz und der Ausübung des Handwerks und Handels innerhalb der Zünfte einerseits und durch das kirchliche Zinsverbot andererseits. Die beiden folgenden Texte, einer für die Sekundarstufe I und der zweite für die Sekundarstufe II, mögen hier für viele stehen:

> *Seit dem Ende der antiken Welt lebten die Juden im ganzen Abendland verstreut. Sie hatten keinen Grundbesitz, weil sie keinen haben durften, und auch der Zugang zu den Zünften war ihnen verwehrt. So verlegten sie sich, da sie vom kirchlichen Zinsverbot nicht betroffen waren, mancherorts auf das Geldleihgeschäft [Klett, Menschen, Bd. 2, S. 78].*
>
> *Von Gilden und Zünften ausgeschlossen, aber von dem kirchlichen Zinsverbot nicht betroffen, trieben sie den Geldverleih [Buchner, Werden O, Bd. II, S. 69].*

Einige Bücher weisen auch auf die Verdrängung der Juden aus dem Handel durch die aufsteigenden deutschen Händler hin, so: *Klett, Unterrichtswerk, Bd. 2, S. 74* und *Buchner, Werden, Bd. II, S. 57.*

b) Weitaus differenzierter wird in den Büchern der Zinsfuß der jüdischen Geldverleiher, seine Begründung und seine Auffassung als „Wucher" durch die Bevölkerung beschrieben:

Ohne Zins lieh auch ein Christ nicht gerne Geld aus. Wer als Kaufmann Geld leihen wollte, mußte „zum Juden" gehen. Natürlich wollten die Kaufleute „billiges Geld" und hielten die Zinsen für zu hoch. Manchmal waren sie wirklich hoch: denn auch der Jude wollte ein „gutes Geschäft" machen. Schnell lautete das Urteil: „Die Juden sind Wucherer" [Harms, Arbeitsmappen 2, S. 12].

Eine andere Begründung des hohen Zinsfußes bringt *Buchner, Werden:*

Infolge der Geldknappheit und der allgemeinen Unsicherheit war der Zins sehr hoch (bis zu 80 %); deshalb betrachtete das Volk die Geldausleiher als Wucherer und verfolgte die Juden mit Neid und Haß [II, S. 57].

Oder wiederum *Buchner, Werden O:*

Der Zinsfuß – freilich auch das Risiko – war im Vergleich zu heute außerordentlich hoch. Es wird von Fällen berichtet, in denen er 120 %, ja 166⅔ % erreichte [II, S. 69].

Auch bezüglich der Anleihenehmer sind die Meinungen verschieden:

da jedoch die Kaiser, Fürsten und Kaufleute oft große Geldmengen benötigten, liehen sie sich bei den Juden [Oldenbourg, Geschichte, Bd. 2, 63].

Hingegen betont *Klett, Menschen:*

Kaum ein Jude allerdings betrieb das damals schon im Großen. Sie gaben vielmehr kleine Kredite gegen Hinterlegung eines Pfandes. Dieses Pfandleihgeschäft wurde vor allem von den kleinen Leuten in Anspruch genommen. Da viele von ihnen ihre Schulden nie zurückzahlen konnten, waren die Zinsen bei der Pfandleihe außerordentlich hoch. Das erschien dem Volk als Wucher. Deshalb standen die jüdischen Geldleiher bei den einfachen Leuten in bösem Ruf, obgleich – oder gerade weil – man überall auf sie angewiesen war. Man wußte jedoch, daß die Juden den städtischen Handel belebten und oft tüchtige Kaufleute waren [Bd. 2, S. 78].

Und *Auer, Geschichte,* vermittelnd:

Sie waren im Laufe der Zeit den Christen aller Stände als Geldgeber unentbehrlich [6. Schuljahr, S. 71].

c) Der etwas gequält apologetischen Beschreibung des jüdischen Zinsverleihs mischt sich ein Gefühl der Zwiespältigkeit bei, wenn man sie mit parallel verlaufenden Berichten über eben dieselben finanziellen Tätigkeiten italienischer oder deutscher Kaufleute vergleicht.

„Warum durften Christen keinen Zins nehmen? Denk an das Gebot der Barmherzigkeit!" [Diesterweg, Weltkunde, Bd. 1, S. 157].

Doch drei Seiten weiter preist dasselbe Buch die Kaufleute, die mit „Welterfahrung, Wagemut und vor allem Geld" einen großen Einfluß auf die Stadt ausübten. Lobend werden Kaufmannsgeschlechter wie die Welser und Fugger erwähnt, *die Welthandel trieben und außerdem teilweise als Finanziers von Kaisern und Königen die Weltgeschichte beeinflußten [Diesterweg, Weltkunde, S. 160],*

ohne sich der zwiespältigen Bewertung bewußt zu werden.

Sauberer verfährt *Oldenbourg, Geschichte,* der dem Absatz über die Judenanleihen an Kaiser, Fürsten und Kaufleute den Passus beifügt:

Später übernahmen die Handelshäuser der Fugger, Welser usw. diese Geschäfte [Bd. 2, S. 63].

Einige weitere Beispiele für diese Wertung mit zweierlei Maß seien im folgenden aufgeführt: Auf derselben Seite, in der über den „Wucher" und den „bösen Ruf" der Juden berichtet wird, wird durchaus neutral – wenn nicht lobend – über das „Kreditgeschäft der Florentiner Handelshäuser und Bankgeschäfte" ausgeführt, daß es „hohe Gewinne . . . brachte" *[Klett, Menschen, Bd. 2, S. 78].*

In demselben Werk, in dem von einem „minderen Recht" für bestimmte Bevölkerungsgruppen, wie z. B. die „Unehrlichen", „das fahrende Volk" und die „Juden" die Rede ist, die „hohe Zinsen" nehmen, denen für das willkürliche Geschäft willkürliche Bußen und Lasten auferlegt werden, findet sich einige Seiten zuvor folgender Absatz:

Das Zinsverbot war für den Handel ein starkes Hindernis. Die Italiener waren hiervon besonders betroffen. Ihr Land war ein wichtiges Durchgangsgebiet für den Handel. Sie waren daher auch die ersten, die sich nicht mehr um das Zinsverbot kümmerten. Bei ihnen und bald auch in ganz Europa galten die „Finanzmänner" als ehrenwerte Leute. Die europäische Wirtschaft entwickelte sich zur Marktwirtschaft [Hirschgraben, Weg, Bd. 1, S. 149, 143].

Völlig unverständlich bleibt *Auer, Geschichte,* der über den Neid und Haß der Christen gegen die Juden wegen ihres aus hohen Zinsen gewonnenen Reichtums berichtet und zwei Seiten danach den Schülern folgende Arbeitsanregung anbietet:

Es war zur damaligen Zeit „normal", wenn man für das geliehene Geld 20 % Zinsen zahlen mußte. Heute würde man dies als Wucher bezeichnen. Erkundige Dich nach dem zur Zeit bei Banken üblichen Zinssatz! Vergleiche den Zinssatz, den die Bank Dir für Dein Spargeld gibt, mit dem, den die Bank für geliehenes Geld fordert! [S. 71].

Dessen ungeachtet bringt das Buch eine weitere Arbeitsanregung:

Versuche, den Haß der Christen gegen die Juden zu verstehen! Im alten Testament steht: „Borgst du jemandem aus deinem Volke Geld, so verlange keinerlei Zinsen von ihm." Vergleiche damit das oben angeführte Wort des Papstes! Wie war die Stellung der Juden dazu? [Auer, Geschichte, 6. Schuljahr, S. 73].

Anders verfährt *Buchner, Werden O,* der dem Passus über den Geldverleih der Juden folgende Sätze hinzufügt:

> *Doch kam es z.B. auch bei den in nichtjüdischen Händen befindlichen Banken Italiens vor, daß 50–100% verlangt wurden. . . . Mit der fortschreitenden Wirtschaftsentwicklung und der immer häufigeren Umgehung des Zinsverbots sank die Bedeutung der jüdischen Geldverleiher. Neben den Großbanken Italiens spielten sie nur eine geringe Rolle und nördlich der Alpen wichen sie vor Konkurrenz und Verfolgung vielfach nach dem Osten aus [Bd. II, S. 69].*

2.

Hierbei geht es um die Frage, ob die Juden hauptsächlich als Opfer von Verfolgungen und in Zusammenhang mit Mißständen erwähnt werden und dem Schüler dadurch als negativ besetzte Gedächtsninhalte in Erinnerung bleiben, wie in einer Passage in *Diesterweg, Grundz. S. II 2:*

> *Hexenglaube, . . . politische und soziale Gärung, Judenverfolgungen, Hungersnöte und Seuchen (Pest, Syphilis) steigerten die seelische Erregung und förderten apokalyptische Vorstellungen . . . [Textband 1, S. 155].*

Oder wird die Geschichte der Juden im Rahmen zusammenfassender Abschnitte über ihre Stellung in Wirtschaft, Gesellschaft, Ständewesen, Rechtsordnung, kulturelle Entwicklung und religiöse Institutionen erläutert? Für die hier vorgelegte Untersuchung gilt noch immer unser Urteil aus dem Jahre 1963:

„Eine ausreichende Unterrichtung liegt schließlich nur dort vor, wo der gegen die jüdische Gemeinde gerichtete Religionshaß, die Stellung insbesondere der katholischen Kirche und die Interpretation dieser Stellungnahme durch die verschiedenen Bevölkerungsteile auseinandergesetzt wird. Solange dies nicht geschieht, bleibt der Weg zu einem Verständnis der Judenfrage in Vergangenheit und Gegenwart verbaut. . . . Ebenso sind bloße Zensuren wie ‚Vorurteile', ‚Aberglaube', ‚unwissende Menschen', vermutlich wenig wirkungsvoll und in historischem Sinne keineswegs eindeutig. Könnte man mit derartigen Attributen auf einer gewissen Stufe Hexenglauben und Hexenverfolgung etwa beikommen, so sind sie doch ein äußerst ungenügendes Mittel zur Bezeichnung von Komplexen, die ihre starken und schicksalhaften Ausläufer bis in unsere Zeit ausgeschickt haben." Gerade hier müßte in besonders starkem Maß der Satz beherzigt werden, den wir am Schluß eines damals untersuchten Lehrbuches gefunden haben: „Europa, wie wir es heute als Wirtschaft, Gesellschaft, Staat, Geist, Kultur erleben, hat seinen Grund im Mittelalter, das Mittelalter ist auch in uns noch lebendige Wirklichkeit. . ."[109])

---

[109]) Robinsohn/Schatzker, Jüdische Geschichte, S. 22.

In nicht wenigen der untersuchten Bücher sind derartige kurz zusammenfassende Abschnitte, auf deren Fehlen wir seinerzeit hingewiesen hatten, sowohl bei der Darstellung der Verfolgungen als auch zur Erklärung des Aufbaus und der Struktur der mittelalterlichen Gesellschaft einbezogen worden. Folgendes Beispiel mag für viele stehen:

> *Neben den Kaufleuten und Handwerkern gab es in den Städten noch andere Bewohner: Tagelöhner, Knechte und Mägde, Diener, Lastenträger, Seeleute. Sie lebten meist in ärmlichen Verhältnissen, ohne eigenes Besitztum und Handwerksgerät, und ganz auf ihre Arbeitsherren angewiesen. An der Selbstverwaltung der Stadt waren sie nicht beteiligt.*
>
> *Seit der Römerzeit waren die Juden auch in Europa zerstreut. Sie hatten zu den ersten tüchtigen „Fernhändlern" gehört, die Salz und Pelze von weither holten, und sie waren sonst auch unter den ersten Bewohnern der neuen Städte. Als jedoch die christlichen Kaufleute immer mächtiger wurden, verdrängten sie die Juden aus dem großen Handel. Auch die Zünfte nahmen sie nicht auf, weil sie keine Christen waren. Sie durften in der Stadtverwaltung kein Amt bekleiden und durften auch keinen Grund und Boden in der Stadt erwerben. Außerdem mußten sie in einer besonderen Straße („Judengasse") wohnen, die häufig noch abgesperrt wurde. Sie wurden gezwungen, besondere Kleidung zu tragen, einen spitzen Hut zum Beispiel . . . [Westermann, Reise, Bd. 2, S. 81].*

Zwei unterschiedliche Konzeptionen zeichnen sich in diesen Zusammenfassungen ab: die eine hebt die Außenseiterrolle der Juden inmitten der mittelalterlichen Gesellschaft hervor, während die andere die Juden als einen Teil dieser Gesellschaft, als Stand inmitten einer aus einigen mit jeweils eigenen Sonderrechten ausgestatteten Ständen bestehenden korporativen Gesellschaft auffaßt. Von diesen verschiedenen Konzeptionen aus wird auch die Stellung der Juden in Wirtschaft, Gesellschaft, Ständewesen, Rechtsordnung und kultureller Entwicklung unterschiedlich dargestellt und bewertet.

In einem in *Westermann, Reise,* enthaltenen Arbeitsvorschlag wird der ständische Aufbau der mittelalterlichen Stadtbevölkerung in einer pyramidenähnlichen, dem Sachsenspiegel entnommenen Illustration veranschaulicht, an deren Spitze die Patrizier, darunter die Handwerksmeister, die Handwerksgesellen und die Armen stehen.

> *Der Jude . . . steht abseits, außerhalb . . ., um dadurch die Außenseiterrolle des Juden in der mittelalterlichen Geschichte auch optisch zu demonstrieren. [Bd. 2, Lehrerausgabe, S. 81 L].*

Ähnlicher Meinung ist auch *Hirschgraben, Fragen:*

> *Seit den Aufständen gegen die römische Herrschaft in den Jahren 66–72 und 132 n. Chr. lebten die Juden als religiöse und kulturelle Minderheiten überall im Römerreich zerstreut. Da sie unerschütterlich an ihrem Glauben und an ihren Sitten festhielten und sich weigerten, zum Christentum*

überzutreten, wurden die jüdischen Minderheiten vor allem im christlichen Mittelalter als gesellschaftlicher Fremdkörper empfunden und in eine Außenseiterrolle gedrängt. Von der christlichen Kirche wurde ihnen der Opfertod Christi zur Last gelegt, andererseits standen die jüdischen Gemeinden in den Städten unter dem Schutz der Kaiser und zahlten dafür eine Judensteuer. Dennoch wurden sie in abgeschlossene Stadtgebiete (Ghettos) verbannt . . . [Bd. 4, S. 61].

Eine besondere Betonung der Fremdartigkeit spricht aus folgender Stelle in *Diesterweg, Spiegel:*

> *Die Juden in den Städten führten ein Eigenleben, ihr Glaube trennte sie von den Christen. Andererseits standen sie seit den Karolingern unter dem besonderen Schutz der deutschen Könige. Die „kaiserlichen Kammerknechte", wie sie auch hießen, erhielten z. B. Zoll- und Handelsfreiheiten, in Speyer sogar das Recht der eigenen Gerichtsbarkeit.*
>
> *Die Juden blieben ungeachtet ihres Reichtums gewöhnlich aus der städtischen Gemeinschaft ausgeschlossen. Sie durften keine Christen heiraten und keine städtischen Grundstücke kaufen und mußten in eigenen Stadtvierteln, in Ghettos, wohnen. Hier stand ihre Kirche, „die Synagoge", hier predigte der Rabbiner seinen Glaubensgenossen, hier lag auch der Judenfriedhof. Der spitze Judenhut und gelbe Kleidung sonderten die Juden auch äußerlich vom christlichen Bürgertum ab.*

Ohne weitere Stellungnahme des Autors und ohne auf Grund der bereits gesagten noch nach weiteren Ursachen fragen zu müssen, folgt nun lakonisch und fast schon als selbstverständliche Konsequenz:

> *In zahlreichen deutschen Ländern vertrieben die Landesherren im Spätmittelalter die Juden, die größtenteils nach Polen auswanderten. [Bd. 2, S. 100f.].*

Auf die unterschiedliche Haltung der deutschen Kaiser, Könige, Fürsten und Stadtherren einerseits und der Bevölkerung andererseits weisen einige Bücher hin:

> *Da die Juden – wie die übrigen Fernkaufleute – als schutzlose Fremde galten, nahmen die Karolinger sie unter ihren besonderen Königsschutz. Niemand durfte sie beleidigen, ihnen ihr Eigentum fortnehmen oder sie gar töten. Dafür mußten sie den zehnten Teil ihres Verdienstes an den Kaiser oder König abliefern. Die Stadtherren sahen es gerne, wenn sich Juden in ihrer Stadt ansiedelten. . . . Das Volk betrachtete die Juden mit Mißtrauen, sah man in ihnen doch Fremde mit unverständlichen Gebräuchen. Ungläubige, die den wahren Glauben nicht annehmen wollten, Menschen, die den Heiland ans Kreuz geschlagen hatten. Hierzu kommt, daß sie neidisch waren auf den Wohlstand, der sich im Ghetto ansammelte [Henn, Welt, Bd. 3, S. 143;* sehr ähnlich auch: *Hirschgraben, Weg, Bd. 1, S. 148].*

Auch *Buchner, Geschichte,* führt einerseits als Quelle das Privileg Friedrichs I. an, beschreibt jedoch gleichzeitig die Sonderstellung der Juden im Anschluß an den Absatz über die Henker, Abdecker oder Schinder, fahrenden Schauspieler, Gaukler und Spielleute, die als unehrliche Leute abgesondert leben und eigene Tische im Wirtshaus und eigene Kirchenbänke hatten *[Bd. 2, S. 130]*.

Auch einige Bücher der Oberstufe vertreten diese Konzeption:

> *Die Juden werden innerhalb der christlichen Gemeinschaftsordnung des Mittelalters als Fremdkörper empfunden, aber doch immer wieder – offenbar einem Bedürfnis entsprechend – in den Städten zugelassen. . . [Buchner, Werden O, Bd. II, S. 69].*

In diesem Sinne bringt auch *Schöningh, Zeiten O,* als Texte zum europäischen Judentum im Mittelalter einerseits das Privileg Heinrichs IV. für die Juden von Speyer (19. 2. 1090), andererseits die auf strenge Absonderung der Juden hinzielenden Beschlüsse des 4. Laterankonzils gegen die Juden (30. 11. 1215) *[Bd. 1, S. 279–280]*.

Gleichfalls in der Oberstufe wird auch die zweite Konzeption am konsequentesten vertreten. *Westermann, Minderheit,* dessen Kapitel „Die Juden im europäischen Mittelalter" (bis zum 15. Jahrhundert) fast fünf Seiten umfaßt, kann nach seiner Konzeption für den Kursunterricht in der neugestalteten gymnasialen Oberstufe wegen seiner Ausführlichkeit nicht als Alternative angeboten werden, ist aber wegen seiner Grundaussage wichtig:

> *Die rechtlich-soziale Stellung der Juden war bestimmt durch die Selbstverwaltung im inneren und die Privilegierung von außen, nämlich durch den Kaiser . . .*

Beides wird nun ausführlich geschildert, sowohl das Wesen der jüdischen Autonomie, die sich auf Finanzverwaltung, Steuer- und Schulwesen, Sozialfürsorge und die Aufrechterhaltung der inneren Ordnung erstreckte, als auch ihre durch das Verhältnis zum Kaiser bestimmte Rechtsstellung.

> *Dieses Verfahren entsprach dem in der mittelalterlichen Gesellschaft allgemein verbreiteten System, das aus Sonderrechten für zahlreiche verschiedene Gruppen bestand, außer für Juden auch für christliche Kaufleute, städtische Freibürger, Geistliche usw. Ansonsten aber waren die Juden Bürger, die Waffen tragen durften, Grundbesitz und Pfandrechte in allen Stadtteilen erwerben konnten und denen die Kontrolle und Verteidigung eines Teils der Stadtmauer oblag. . . Nur von den (christlichen) Zünften und von der politischen Selbstverwaltung der Stadt insgesamt waren die Juden ausgeschlossen . . . Die Juden bildeten damit in der entstehenden Ständegesellschaft einen Stand, der sich zunächst von anderen nicht grundsätzlich unterschied. Ebenso wie der mittelalterliche „Stand" allgemein rechtliche, politische, wirtschaftliche und kulturelle Züge hatte, ebenso auch der Judenstand. Unter diesem Gesichtspunkt sind auch jene Erscheinungen zu sehen, die später abwertend verstanden und angewandt wurden, die Judenkleidung und das Getto [2.2.2, 2.2.3].*

Diese Interpretation wird auch, diesmal durchaus im Rahmen der üblichen Bücher der Sekundarstufe I, durch *Auer, Geschichte,* vertreten. Dieses Unterrichtswerk ist eines der ganz wenigen, das über die Umstände, unter denen die Juden nach Deutschland kamen, berichtet.

> *Mit den römischen Heeren zogen sie als Händler und Kaufleute in fremde Länder. Die ältesten Nachrichten über die Juden in unserer Heimat stammen aus Köln. Da wird uns berichtet, daß Kaiser Konstantin durch Gesetz bestimmt habe, daß die Juden in den Stadtrat gewählt werden können. Demnach müssen damals schon viele Juden in Köln ansässig gewesen sein.*
>
> *Im 9. Jahrhundert n. Chr. wurde in Köln die erste uns bekannte Synagoge gebaut. Sie stand an hervorragender Stelle, in der Nähe des früheren Statthalterpalastes und des späteren Rathauses . . . Mittelpunkt einer jüdischen Gemeinde war die Synagoge. In ihrer Nähe errichteten die Juden die Bauten, die für ihr Gemeindeleben wichtig waren: die Bäckerei, das Frauenbad, das Hospiz, das Tanz- und Hochzeitshaus. Die Juden nahmen als Bürger der Stadt am öffentlichen Leben teil. Sie halfen beim Bau der großen städtischen Bauten, bei der Verteidigung der Stadt, beim Ausbau der Handelsbeziehungen und bei der Verwaltung der Stadt. Juden und Christen lebten friedlich miteinander.*

Freilich erscheint vor diesem Hintergrund der abschließende Satz völlig unmotiviert:

> *Im Jahre 1096 kam es zum ersten Male zu einer Judenverfolgung in den rheinischen Städten Mainz, Worms, Speyer. Viele suchten damals Zuflucht in den Burgen des Kaisers, der ihren Schutz übernommen hatte [6. Schuljahr, S. 72f.].*

3.

Die letzte Frage ist leicht beantwortet. Abgesehen von *Westermann, Minderheit* ist in keinem Lehrbuch ein ernsthafter Ansatz zu erkennen, das Leben und die Geschichte dieser Periode aufgrund innerjüdischer Faktoren zu verstehen, ihre Einrichtungen und Lebensformen zu schildern und ihre kulturellen Leistungen zu würdigen.

Aussagen wie die folgende bleiben die Ausnahme:

> *In ihrem Stadtbezirk, den man später Ghetto nannte, hatten die Juden ihr Rathaus, die Synagoge, ihre Schule, wo gelehrte Männer die Heilige Schrift auslegten und wo fromme Dichter Gottes Lob sangen. Große und geachtete Judengemeinschaften bestanden in Köln, Speyer, Mainz und Worms [Henn, Welt, 3. Bd. S. 143].*

Auch die bereits oben angeführte Stelle in *Auer, Geschichte,* steht vereinzelt da.

Der kulturelle Beitrag der Juden des Mittelalters, in Bereichen der Philosophie, Geschichtsschreibung, Medizin, Astronomie, von innerjüdischer Lehre, die in dieser Zeit in Deutschland einen Höhepunkt erreichte ganz zu schweigen, ist in den Büchern nicht die Rede.

4. Die Neuzeit bis zum Ende des Ersten Weltkrieges[110)]

Die Übersichten lassen erkennen, daß für diese Epoche noch weniger als für die vorhergehenden Perioden allgemeingültige Aussagen gemacht werden können und daß die Abweichungen zwischen den verschiedenen Büchern erheblicher sind als zuvor.

Von den 23 untersuchten Büchern der Sekundarstufe I vermitteln lediglich 7 Bücher ein irgendwie zusammenhängendes und sinngebendes Bild der jüdischen Geschichte dieser Epoche, während in den übrigen 15 nicht mehr als kurze und unzusammenhängende Erwähnungen zu verzeichnen sind.

Es wurde bereits darauf hingewiesen, daß der prozentuale Anteil der jüdischen Geschichte im Vergleich zum Gesamtumfang des dieser Epoche eingeräumten Platzes am niedrigsten ist. Auch die Frequenzanalyse, in der Inhaltselemente jüdischer Geschichte aufgezählt werden, die sowohl in diesem Teil als auch in anderen Zusammenhängen und Teilen des Lehrbuches vorkommen, macht einige bedenkliche Unterlassungen deutlich. So laufen sämtliche Bücher, die es unterlassen, sich in diesem Rahmen mit dem geschichtlichen Phänomen des Antisemitismus auseinanderzusetzen und diesen lediglich als „Hitlers Antisemitismus“ oder „nationalsozialistischen Antisemitismus“ vermitteln Gefahr, Hitler sozusagen als den „Erfinder“ des Antisemitismus hinzustellen und damit ein irreführendes Erklärungsmuster vorzugeben.

Auf diese Gefahr haben wir seiner Zeit aufmerksam gemacht,[111]) danach Martin und Eva Kolinsky[112]) und vor kurzem auch die „Empfehlungen des Zentralrats der Juden in Deutschland und der Gewerkschaft Erziehung und Wissenschaft im DGB“[113]) hingewiesen.

Wenn im folgenden Textauszüge angeführt werden, so geschieht das eher, um zu demonstrieren, wie jüdische Geschichte in dieser Epoche in einigen Werken behandelt wird, und um wenigstens Möglichkeiten einer solchen Behandlung im Rahmen der Lehrpläne und Stundentafeln anzudeuten; ein Gesamtbild des Befundes zu geben ist nicht beabsichtigt.

„In der Geschichte der europäischen Judenheit ist die Neuzeit in einer von der in Europa sonst unterschiedlichen Periodisierung als diejenige Periode anzusehen, in der nach der lange andauernden Existenzkrise der jüdischen Gemeinde in der

---

[110]) Siehe Übersicht 6 und 12; S. 104/105, 106/107 und S. 108/109, 110/111.

[111]) Robinsohn/Schatzker, Jüdische Geschichte, S. 26, 30.

[112]) Kolinsky, Treatment, S. 168f.

[113]) Nationalsozialismus im Unterricht, S. 3.

Übersicht 6

Frequenz- und Vermittlungsanalyse der Inhalte jüdischer Geschichte der Neuzeit bis Enc
des Textes oder Quellentextes (Q) oder Zahl der Karten und Illustrationen (I) und Bezeichn
Fakten-Erwähnung

Kurztitel	Auer Geschichte	Buchner Geschichte	Buchner Werden	Diesterweg Aufriß	Diesterweg Grundzüge S I	Diesterweg Spiegel	Diesterweg Weltkunde	Harms Arbeitsmappen	Henn Welt	H g F
Die Sonderstellung der Juden		5,5 b			11 a					
Wirtschaftliche Funktion, Hofjuden		3 c			14 a					
Berufstätigkeit der Juden										
Aufklärungsgedanken, Toleranz		3,5 c			1 c					
Toleranzedikt Josephs II.					3 b					
Religionsfreiheit in den amerikanischen Kolonien							2 c			
Religionstoleranz Friedrichs des Großen				4 Q						
Judenemanzipation in Preußen		0,5 c	1 c							
Judenemanzipation in Deutschland					4 c 3 Q					
Judenemanzipation in Europa			2 c							
Assimilation					2 c					
Deutscher Patriotismus deutscher Juden										
Antisemitismus allgemein		1,5 c		15 c 12 Q	7 b 1 I					
wirtschaftliche Elemente des Antisemitismus				18 c	14 a					
nationalistische Elemente des Antisemitismus					7 c					
politische Elemente des Antisemitismus					7 c					
Die Stöcker Bewegung										

n Weltkrieges in den Geschichtslehrbüchern der Sekundarstufe I ausgedrückt in Zeilenzahl
ssel: a = problematisierende Darstellung, b = beschreibende Darstellung, c = knappe

n	Hirschgraben Weg	Klett Damals	Klett Menschen	Klett Unterrichtsw.	Oldenbourg Geschichte	Oldenbourg Geschichte 2 A	Schöningh Zeiten B	Schöningh Zeiten C	Schroedel Erkunden	Schulbuchverlag Erleben	Westermann Reise	Westermann Zeitaufnahme
			20 b 5 Q				4 c	4 c				23 b
							1 c					2 b 7 Q
			5 c									21 a 19 Q
				4 c			1,5 c					5 b 1 I
				2 c	1 c		1 c			0,5 c		
												1,5 c
										6 Q		
		0,5 c		3 c			3 c	12,5 b	0,5 c	2 c		8,5 b 11 Q
	2 c		4 a									3,5 c 5 Q
					1 c							3 c 1 I
				1 c								8 a
			16 Q									6 b
			14 a	1 c			29 a					
	6 c		5,5 c									15,5 a
			2,5 c 11 Q									
			8 b 8 Q									
	3 c											

Fortsetzung Übersicht 6:

Kurztitel	Auer Geschichte	Buchner Geschichte	Buchner Werden	Diesterweg Aufriß	Diesterweg Grundzüge S I	Diesterweg Spiegel	Diesterweg Weltkunde	Harms Arbeitsmappen	Henn Welt	H gr Fr
Stellung Bismarcks zum Antisemitismus										
Marx als Jude erwähnt										
Lassalle als Jude erwähnt										
Judenverfolgungen in verschiedenen Ländern										
Die Dreyfus-Affaire										
Judenverfolgungen in Osteuropa										
Auswanderung nach Amerika										
Beitrag der Juden zum europäischen Geistesleben					3c 1I					
Ostjuden in Deutschland					6a					
Teilnahme der Juden am Ersten Weltkrieg					2c					
Fragen und Lernimpulse				22a						

n n n	Hirsch-graben Weg	Klett Damals	Klett Men-schen	Klett Unter-richtsw.	Olden-bourg Ge-schichte	Olden-bourg Ge-schichte 2 A	Schö-ningh Zeiten B	Schö-ningh Zeiten C	Schroe-del Er-kunden	Schul-buch-verlag Er-leben	Wester-mann Reise	Wester-mann Zeitauf-nahme
	3 c											
								5 c			1 c	
									1 c			
											4 c	
			16 b 17 Q		3,5 c							5 a
			5 b	1 c			1 c				1 c	1,5 c 1 I
			1 c								1 c	1 I
												8 c
			3 a									9 a

Übersicht 12

Frequenz- und Vermittlungsanalyse der Inhalte jüd. Gesch. der Neuzeit bis Ende des E
Textes oder Quellentextes (Q) oder Zahl der Karten und Illustrationen (I) und Bezeich
Fakten-Erwähnung

Kurztitel	Buchner Werden O	Diesterweg Aufriß neu	Diesterweg Grundz. S II 1	Diesterwe Grundz. S
Martin Luther und die Juden				
Lage der Juden z.Z. der Religionskriege				
Die Sonderstellung der Juden				
Die Stellung des Merkantelismus zu den J.				
Wirtschaftliche Funktion, Hofjuden	2 c			10 b
Bevölkerungsanteil und Berufsgliederung				
Aufklärungsgedanke, Toleranz	4,5 c		8 b	5 c
Moses Mendelsohn, jüdische Aufklärung	1 c		0,5 c	
Toleranzedikt Josephs II.				1 c
Jundenemanzipation in Preußen		1,5 Q		
Judenemanzipation in Deutschland	7 b			1 c
Entrechtung durch die Reaktion				2 c
Arndt: Gegen „die Einfuhr der Juden“		15 Q		
Judenemanzipation in Europa und Amerika	19,5 b			
Die Kabbala				
Verkörperungen von Messiaserwartungen				
Sonderströmungen innerhalb des Glaubens				
Chassidismus	2 c			
Stellung der Rabbiner				
Gebote und Verbote				
Das jüdische Schulwesen				
Assimilation			7 b	8 c
Deutscher Patriotismus deutscher Juden				

…rieges in den Geschichtslehrbüchern der Sekundarstufe II ausgedrückt in Zeilenzahlen des …ssel: a = problematisierende Darstellung, b = beschreibende Darstellung, c = knappe

…erweg …k	Gehlen Politik	Gehlen Wandel	Klett Grundriß	Schöningh Zeiten O	Westermann Minderheit	Westermann Politik
					7,5 b	
					6 a	
					7 b	
					20 a 21 Q	
					23,5 b	
					14,5 b	
					4,5 c	
					26 a	
				1 c	1 c	
			1 c	1,5 c	14 b	
				2 c	3,5 c	
					6 b	
					6 b	
					32,5 a	

Fortsetzung Übersicht 12:

Kurztitel	Buchner Werden O	Diesterweg Aufriß neu	Diesterweg Grundz. S II 1	Diesterwe Grundz. S
Antisemitismus	9 c		4 c	57 c
wirtschaftliche und soziale Elemente des Antisemitismus				
nationalistische Elemente des Antisemitismus	9 a			
politische Elemente des Antisemitismus				
antisemitische Literatur	4,5 b			
Definitionen des Judentums				
Marx als Jude erwähnt	1 c		1 c	1 c
Lassalle als Jude erwähnt	1 c			
Börne als Jude erwähnt	1 c			
Heine als Jude erwähnt	1 c			
Rosa Luxemburg als Jüdin erwähnt	1 c			
Trotzki als Jude erwähnt	1 c			
Moses Heß' Stellung zum Judentum				
Judenverfolgungen in verschiedenen Ländern				
Die Dreyfus-Affaire	1 c			
Judenverfolgungen in Osteuropa	7 b			
Beitrag der Juden zum europäischen Geistesleben	1 c		2 c	6 b
Die Juden im Ersten Weltkrieg	1 c			
Sozialstruktur und Berufsgliederung der deutschen Juden				
Der Central-Verein deutscher Staatsbürger jüdischen Glaubens				

…erweg …k	Gehlen Politik	Gehlen Wandel	Klett Grundriß	Schöningh Zeiten O	Westermann Minderheit	Westermann Politik
				25 b	68 a 33 Q	12 b
					5 b	
					12,5 b	
					12 a 52,5 Q	
			1 c	1 c	18,5 a 12 Q	
					7,5 b	
					14,5 a 16,5 Q	
					11 b	
				4 c	8 b	
					8,5 b 15 Q	
					3 a 7 Q	
					18,5 b 1 I	
					5,5 b	

letzten Hälfte des 17. Jahrhunderts ein Prozeß einsetzte, der mit wirtschaftlicher Neu-Integrierung beginnt und über sie in rechtlicher, staatsbürgerlicher, kultureller und in gewisser Hinsicht auch zu sozialer Integrierung führt. Seinen vorläufigen Abschluß findet dieses Kapitel jüdischer Geschichte in der Reaktion der zuweilen so genannten Postemanzipation des ausgehenden 19. und der ersten Hälfte des 20. Jahrhunderts, in die der zum großen Teil erfolgreiche Versuch der Vernichtung des europäischen Judentums fällt."[114])

In diesem Sinne sollen an die untersuchten Lehrbücher folgende vier Fragen gestellt werden:

1. Wird in den Lehrbüchern die Wendung erklärt, die in der Existenz der west- und mitteleuropäischen Judenheit mit der Auflösung ständischer Ordnung und ihren politischen und kulturellen Folgen eintrat?
2. Wird die Emanzipation und Assimilation im Hinblick auf die wirtschaftliche, kulturelle und soziale Integration sowohl in ihren Erfolgen als auch Mißerfolgen geschildert und erklärt?
3. Wird der aufkommende moderne Antisemitismus in seiner Abgrenzung vom traditionellen Judenhaß, in seinen Differenzierungen und in seiner Relevanz für das Dritte Reich und für den Schüler in der Gegenwart beschrieben und erklärt?
4. Werden Inhalte jüdischer Geschichte lediglich als geschichtliche Wissenserweiterung gebracht, oder wird auch die erzieherische Aufgabe wahrgenommen, Einsicht in das Wesen und die Mechanismen von Vorurteilsbildung, von der Vorurteilsanfälligkeit des Menschen zu vermitteln und die Schüler durch eine Auseinandersetzung mit dieser Problematik für ähnliche aktuelle Tendenzen zu sensibilisieren und fähiger zu machen, sich bewußt gegen diese zu wehren?

1.

Abgesehen von *Westermann, Minderheit,* das kurz über die Haltung Martin Luthers zu den Juden und ihre Lage zur Zeit der Religionskriege berichtet, setzen die wenigen Bücher, die das Thema aufnehmen, mit der Sonderstellung der Juden zu Beginn der Neuzeit ein:

> *Die Juden waren bisher gezwungen, getrennt von den christlichen Bürgern einer Stadt in abgesonderten Wohnvierteln (Ghettos) zu leben. Zwar war es im 16. Jahrhundert einigen jüdischen Familien gelungen, als Geldgeber, Händler und Heereslieferanten eine größere Rolle in der Finanzpolitik einzelner fürstlicher Herren zu spielen, doch war die Zahl dieser privilegierten „Hofjuden" stets klein geblieben. Das Schicksal der jüdischen*

---

[114]) Robinsohn/Schatzker, Jüdische Geschichte, S. 22.

Minderheit insgesamt wurde davon nicht berührt. Sie besaß keine Bürgerrechte, durfte kein unbewegliches Eigentum erwerben und keiner Zunft beitreten. Überall mußten hohe Sonderabgaben und Steuern entrichtet werden, z.B. eine Kopfsteuer für den Aufenthalt im Lande und ein Toleranzgeld für die Ausübung ihres Gottesdienstes. Erst die Aufklärung schaffte hier eine Änderung, die Ghettomauern wurden abgerissen, die Rechtsstellung der Juden verbessert [Buchner, Geschichte, Bd. 3, S. 97; siehe auch: *Buchner, Werden, Bd. III, S. 40].*

Gerade angesichts der Tatsache, daß die in deutscher Sprache vorliegenden Veröffentlichungen interessante und wertvolle Informationen über die reiche Oberschicht – die Hoffaktoren und Hofjuden – enthalten, es dagegen um Informationen über die jüdische Mittel- und Unterschicht schlecht bestellt ist,[115]) ein Umstand, der sich auch in den Geschichtslehrbüchern ausdrückt, ist eine derartige kurze Zusammenfassung äußerst wertvoll. Das gleiche gilt für *Westermann, Zeitaufnahme.*

Den „trockenen" Sachbericht in einfühlsamer Weise ergänzend und deshalb einmalig in allen untersuchten Lehrbüchern steht der folgende Absatz, der wegen seiner besonderen Bedeutung hier wiedergegeben werden soll:

„In die Judengasse drang während der Wahlfeierlichkeiten nur der Glokkenschall. Die Tore des Ghettos wurden geschlossen, ebenso wie auch an allen Sonn- und Feiertagen des Jahres. Voller Mißtrauen und Argwohn sahen die eingesessenen Frankfurter Bürger auf die Juden, die in einer einzigen dunklen Gasse zusammengedrängt ihren Geschäften nachgingen. Wie in den meisten Städten Europas war auch in Frankfurt den Juden der Zutritt zu den Zünften verboten. Eine Zählung vom Jahre 1709 gibt uns Auskunft, in welche Berufe die Juden auswichen. Es gab damals im Frankfurter Ghetto 225 Kaufleute und Krämer, 50 Geldwechsler, 25 Handwerker und Arbeiter, 35 Vertreter des geistlichen Standes und der freien Berufe und 40 Personen ohne bestimmten Beruf. Für das Frankfurter Geschäftsleben war die Judengemeinde unentbehrlich, aber durch ihr unfreiwilliges Dasein im Ghetto haftete ihr etwas Unheimliches an. Die Enge, der Schmutz, das Gewimmel, der Akzent einer unerfreulichen Sprache, alles zusammen machte den unangenehmsten Eindruck, wenn man auch nur am Tore vorbeigehend hineinsah" – so erinnerte sich Goethe. Aber er war unbefangen genug, sich schließlich selbst in die Gasse hineinzuwagen. Fast verwundert stellte er fest:

„. . . sie waren ja auch nur Menschen, tätig, gefällig und, selbst dem Eigensinn, womit sie an ihren Gebräuchen hingen, konnte man seine Achtung nicht versagen. . . Äußerst neugierig war ich daher, ihre Zeremonien kennenzulernen. Ich ließ nicht ab, bis ich ihre Schule öfters besuchte, einer Beschneidung, einer Hochzeit beigewohnt und von dem Laubhüttenfest mir ein Bild gemacht hatte. Überall war ich wohl aufge-

---

[115]) Freimark, Geschichtswissenschaft, S. 42.

nommen, gut bewirtet und zur Wiederkehr eingeladen" (Goethe, Dichtung und Wahrheit).

Die Frankfurter Obrigkeit behandelte die Juden dagegen fast wie Aussätzige. Nicht einmal spazierengehen durften sie. „Selbst das Gras auf den Wallanlagen würde Not leiden; denn wozu ist ein Jude, der einmal Freiheit genießt, nicht aufgelegt!" – so das städtische Bauamt. Es tadelte den grenzenlosen Hochmut dieses Volkes, das nur darauf aus sei, „bei allen Gelegenheiten den christlichen Einwohnern sich gleichzusetzen". Jahrhunderte lang hatten die Juden solche Demütigungen ertragen. Aber war nicht inzwischen das „aufgeklärte Zeitalter" angebrochen? „So faßten die Frankfurter Juden 1784 schließlich den Mut, sich energisch zu beschweren, im Namen des beleidigten Rechtes, der Humanität und der fortgeschrittenen Zivilisation, die auch im Juden den Menschen sehe." Aber erst 1796 durften die Juden ihr Ghetto verlassen, in dem sie seit 1460 hatten hausen müssen. Die Mauern und Tore des Ghettos fielen. Ob auch die Vorurteile der Christen gegen ihre jüdischen Mitbürger? [Klett, Menschen, Bd. 3, S. 41].

In den Büchern der Oberstufe wird die jüdische Mittel- und Unterschicht gleichfalls kaum erwähnt, dafür um so mehr die kleine Schicht „einiger unternehmender Juden", denen die neue Entwicklung des Finanz- und Bauwesens im Zeitalter des Merkantilismus und der Manufakturen eine Chance gab, und vor allem die wenigen, jedoch einflußreichen „Hoffaktoren" und „Hofjuden" im Dienste der absolutistischen Fürstenhöfe, die „aufgrund ihrer fremden Religion und des Unwillens im Volk, den sie sich durch ihre Geschäfte zuzogen . . . völlig in der Hand der Fürsten (waren)" *[Westermann, Minderheit, 2.3.2].*

Eindeutiger und unmißverständlicher wird dies in *Diesterweg, Grundzüge S I,* ausgedrückt:

Die neuen Staaten des absolutistischen Zeitalters brauchten Männer, die imstande waren, Kredit zu geben oder zu vermitteln, komplizierte Geldgeschäfte durchzuführen, Luxusgüter herbeizuschaffen und den Massenbedarf der stehenden Heere zu befriedigen. Hierfür schienen kapitalkräftige Juden wegen ihrer über die Staatsgrenzen hinausreichenden Sippen- und Geschäftsverbindungen besonders geeignet. So wurde es an den meisten deutschen Höfen der Zeit üblich, einen oder mehrere jüdische „Faktoren", d.h. Finanz- oder Handelsagenten, zu halten. Sie genossen besondere Vorrechte und hatten dafür den Wünschen von Herrscher und Hof nachzukommen, z.B. Juwelen, Gobelins oder Seidenkleider beizubringen, oder staatliche Aufgaben durchzuführen und etwa für Bekleidung oder Verpflegung eines Heeres zu sorgen. Auch liehen sie den Fürsten Geld auf das zukünftige Steueraufkommen. Einige wenige dieser „Hofjuden" erwarben dabei beträchtliche Vermögen. Nicht selten aber entlud sich auch der Haß der gedrückten Untertanen gegen sie, obwohl er eigentlich der unfähigen und verschwenderischen fürstlichen Verwaltung hätte gelten müssen.

Die meisten Juden waren darauf angewiesen, in kleinen Landstädten als Händler zu leben. Hier waren sie als Personen minderen Rechts unzähligen Kränkungen und Demütigungen ausgesetzt. Erst im Laufe des 18. Jahrhunderts wurde ihnen dann unter dem Einfluß aufklärerischer Gedanken mehr Schutz und Wohlstand zuteil [Bd. 3, S. 67f.; siehe ähnlich auch: *Hirschgraben, Fragen, Bd. 4, S. 61; Schöningh, Zeiten C, Bd. 3, S. 57].*

2.

Als Stichworte für die Darstellung der tiefgreifenden sozio-ökonomischen und kulturellen Veränderungen, denen sich die deutsche Judenheit in dieser Zeit unterzog, führt Freimark „Verlassen des Ghettos, Eintritt in die bürgerliche Gesellschaft, Assimilation und Emanzipation" an; diese Vorgänge erfolgen in enger „Korrelation" zu den gesamtgesellschaftlichen Veränderungen – „Industrialisierung, Urbanisierung, soziale Mobilität", die „das äußere Bild und die innere Situation der jüdischen Minderheit in entscheidender Weise (verändern)".[116])

In den meisten Lehrbüchern wird die durch Hardenberg gewährte bürgerliche Gleichstellung der Juden vom Jahre 1812 erwähnt, wenn auch über das tatsächliche Ausmaß der Gleichberechtigung unterschiedliche Aussagen gemacht werden.

Manche Bücher weisen in diesem Zusammenhang auf das 1782 erlassene Toleranzedikt Kaiser Josephs II. für die Juden in Österreich hin *(z. B. Westermann, Minderheit)*, auch auf die preußische Städteordnung, die 1808 den Schutzjuden die städtischen Bürgerrechte zusprach, so wie auf die Entrechtung der Juden, die mit dem Wiener Kongreß einsetzte und erst 1869 im Bereich des Norddeutschen Bundes und 1871 in der Verfassung des Deutschen Reiches mit deren Gleichstellung ihr Ende fand.

Diensterweg, Grundz. S II 2, bringt im Quellenband einen Brief Gabriel Riessers an J. Jacobson, der die unterschiedliche Rechtsstellung der Juden in den jeweiligen Ländern beschreibt.

Darüber hinaus soll untersucht werden, ob und wie die Lehrbücher

a) die Ursachen und Beweggründe, die zur Gleichberechtigung führten – und

b) ihre Folgen in den verschiedenen Lebensbereichen schildern und erklären.

a) Obwohl der Aufklärung als geschichtliches Phänomen in den Geschichtsbüchern durchaus große Aufmerksamkeit geschenkt wird, wird ihr Einfluß auf die Judenemanzipation entweder gar nicht oder nur beiläufig erwähnt. Sogar

---

[116]) Freimark, Geschichtswissenschaft, S. 43.

Lessings „Nathan der Weise“ wird in manchen Büchern erwähnt, ohne auf die Zusammenhänge mit dem Judentum hinzuweisen. (So z.B. bei: *Oldenbourg, Geschichte, Bd. 3, S. 64* oder *Diesterweg, Weltkunde, Bd. 2, S. 108* und *Buchner, Werden, Bd. II, S. 198.)*

Auch die aus der jüdischen Geschichte der Neuzeit nicht wegzudenkende und für das Selbstverständnis der deutschen Juden überragende Persönlichkeit Moses Mendelssohns wird in den Büchern der Sekundarstufe I außer in *Westermann, Zeitaufnahme,* überhaupt nicht, in denen der Sekundarstufe II kaum erwähnt. Auch eine seltene Ausnahme dürfte bei Schülern Einsicht und Verständnis kaum erwecken:

> *In der Zeit der Aufklärung begannen die Dichter und Philosophen Menschenwürde und Menschenrechte auch für die Juden zu fordern. Der jüdische Philosoph Moses Mendelssohn (1729–1786, er war der Großvater des Komponisten Felix Mendelssohn-Bartholdy), genoß in Berlin hohes Ansehen, sein Freund Gotthold Ephraim Lessing setzte ihm in dem Drama „Nathan der Weise“ ein Denkmal . . . [Klett, Menschen, Bd. 5, S. 159].*

Anders verfährt hingegen *Hirschgraben, Fragen,* der die Problematik der Judenemanzipation durch die Gegenüberstellung von zwei kurzen Quellenauszügen aufzeigt:

> *Q. 13 . . . (Die Lage der Juden ist) der Aufklärung unserer Zeit unwürdig . . . Unseren Staaten muß jeder Bürger willkommen sein, der die Gesetze beobachtet und durch seinen Fleiß den Reichtum des Staates vermehrt. (C. W. Dohm: Über die bürgerliche Verbesserung der Juden. Berlin und Stettin, 1781, S. 7 ff.)*

> *Q. 15 . . . (Wir müssen) . . . bemüht sein, (die Juden) möglichst unschädlich zu machen. Der Übertritt . . . zur christlichen Religion . . . muß erleichtert werden und mit demselben sind ohne Ausnahme alle staatsbürgerlichen Rechte (zu verknüpfen). (J. Freund, Die Emanzipation der Juden in Preußen unter besonderer Berücksichtigung des Gesetzes vom 11. März 1812) [Hirschgraben, Fragen, Bd. 3, S. 161 f.].*

Auch hier sind es nur die Werke *Westermann, Minderheit,* und *Westermann, Zeitaufnahme,* für die Sekundarstufe I, die in kurzen Absätzen die „jüdische Aufklärung“ aus innerjüdischer Sicht würdigen und die mit dem Namen Moses Mendelssohn verbundene und für die Weiterexistenz des deutschen Judentums wegweisende Synthese – „jüdisch und deutsch zugleich –“ erwähnen *[2.4.1].*

b) Es hat sich in den Lehrbüchern fatal ausgewirkt, daß die Folgen der Emanzipation sogleich in Konfrontation mit dem aufkommenden und auf ihn reagierenden Antisemitismus gebracht werden, wobei „jene fortschreitende Integrierung, die zuweilen auf die nationalen Gemeinschaften der Wirtsvölker bezogen, als Symbiose bezeichnet wird (und) sich streckenweise zu geschichtlichen Phänomenen verdichtet (hat), die weder aus der europäischen noch insbesondere aus der deutschen Geschichte wegzudenken sind,"[117]) gänzlich abhanden zu kommen scheint. Da, wie schon öfters aufgezeigt, die innerjüdische Komponente in die Lehrbücher keinen Eingang gefunden hat, erfolgt somit die Behandlung und Bewertung der Folgen der Emanzipation, teils anklägerisch – teils apologetisch, jedoch immer nur im Zusammenhang mit dem sie ablehnenden Lager.

Dies soll im folgenden in zwei Bereichen veranschaulicht werden:

1. Wirtschaft

> *Bei den Juden hatte sich eine historisch bedingte Eignung für bestimmte Aufgaben und Tätigkeiten entwickelt. Als stets argwöhnisch betrachtete Minderheit paßten sie sich in ihrer jahrhundertelangen Beschränkung auf Handel und Geldverleih geschickt den Verhältnissen an, um ihre Existenz zu sichern. Im Zeitalter der Industrialisierung kamen ihnen nun die hierbei entwickelten Fähigkeiten zugute. Zudem drängten die Söhne der nach der Emanzipation begütert gewordenen jüdischen Häuser unaufhaltsam aus dem Geschäftsleben in die Kulturberufe, so daß in wenigen Jahrzehnten sich nicht nur die Berufe der Ärzte und Anwälte mit Juden füllten und überfüllten, sondern in Deutschland sowohl wie auch in Österreich ein großer Teil des Kulturbetriebes, des Zeitungs-, Verlags- und Theaterwesens in jüdische Hände geriet. Dieses Verhalten der jüdischen Mittelschicht stand in ausgesprochenem Gegensatz zu dem durchschnittlichen Verhalten der Bourgeoisie (H. Arendt). [Buchner, Werden O, Bd. IV, S. 27].*

Es ist ein oftmals festzustellendes Verfahren von Schulbuchautoren, bedenkliche Stellen in Form von Zitaten, womöglich von Juden verfaßten, zu bringen, wobei es hier freilich weniger auf den Verfasser als auf deren Auswirkungen bei den Schülern ankommt.

Ein weiteres Beispiel für die Sekundarstufe I:

> *In verschiedenen freien Berufen – als Mediziner, Bankiers, Rechtsanwälte, Kaufleute und Journalisten – brachten es die Juden zu beachtlichem Erfolg. Ihre Konkurrenz rief oftmals den Neid der christlichen Bürger wach. Wohl ist nicht zu leugnen, daß sie – verglichen mit ihrer Gesamtzahl – verhältnismäßig viele bedeutende Stellungen in Wirtschaft und kulturellem Leben innehatten. Doch neben diesen wohlhabenden Juden darf man auch jene jüdischen Bürger nicht übersehen, die als Trödler und Altwarenhändler ein kümmerliches Dasein fristeten. Auf dem Lande nährte sich der Antisemitismus aus den Erfahrungen einzelner Bauern, die in verschiedenen Landschaften Deutschlands . . . in eine fatale Abhängigkeit von jüdischen – und auch christlichen! – Händlern und Geldgebern geraten waren. In den Städten fühlten sich die Handwerker und die Inhaber von Einzelhandelsgeschäften nicht selten durch die teilwese von Juden eingerichteten Großbetriebe, Warenhäuser und Konfektionsgeschäfte wirt-*

[117]) Robinsohn/Schatzker, Jüdische Geschichte, S. 23.

schaftlich geschädigt. Für die wirtschaftlichen Nachteile machte man häufig vermeintlich jüdische Machenschaften verantwortlich. Man bezeichnete, grob verallgemeinernd, die Juden als die Schuldigen [Diesterweg, Grundzüge S I, Bd. 4, S. 32].

Es bleibe dem Leser dieser Untersuchung anheimgestellt zu beurteilen, ob solche und ähnliche Aussagen angetan sind, in den Schülern eine positive oder ablehnende Einstellung zur Judenemanzipation und ihren Folgen zu erwecken.

2. Kultur

„Hierbei sollten auf keinen Fall die positiven Aspekte fehlen, die es zweifellos auch gegeben hat und die man oft in sträflicher Weise vernachlässigt. In zwei Bereichen lassen sich diese positiven Aspekte am überzeugendsten aufzeigen: in dem der deutschen Geistes- und Kulturgeschichte des 19. und frühen 20. Jahrhunderts und zum anderen in der jüdischen Geistesgeschichte des 19. Jahrhunderts."[118])

Die Integration der Juden in das deutsche Geistes- und Kulturleben wird häufig vor dem Hintergrund antisemitischer Beschuldigungen erörtert; so liest man: „Hier bei den Juden fehlen Wissen und Kultur, . . . eigentlich ganz: auf keinem Gebiet Entdeckungen, Wissenschaft verpönt (außer wo die Medizin eine lohnende Industrie war), Kunst abwesend . . ." (H. St. Chamberlain) *[Klett, Menschen, Bd. 5, S. 160]*.

Dieser Aussage läßt das Buch die Gegenargumentation Nietzsches folgen: „Ich habe an zuständiger Stelle den Vorschlag gemacht, ein sorgfältiges Verzeichnis der deutschen Gelehrten, Künstler, Schriftsteller, Schauspieler, Virtuosen von ganz- oder halbjüdischer Abkunft herzustellen. Das gäbe einen guten Beitrag zur Geschichte der deutschen Kultur . . ." (Friedrich Nietzsche 1887 an seinen Freund Overbeck) *[ebd. S. 161]*. Solche Textauszüge ermöglichen eine fundierte Diskussion des Problems, was zusätzlich durch den Abdruck einer Liste der jüdischen Nobelpreisträger aus dem deutschen Kulturkreis erleichtert würde.

Weder trifft die Aussage zu, daß „die Zeiten, in denen man den kulturellen Beitrag der Juden in deutschen Schulen verschwieg" vorbei sind, noch daß „die Epoche vergangen (ist), in der man den kulturellen Beitrag der Juden aus einem Schuldkomplex heraus als besonderes Thema in den Unterricht aufnahm".[119]) Heine, Börne, Marx, Lassalle, Rathenau, Trotzki, Max Liebermann, Einstein, Max Reinhard, Franz Werfel, Franz Kafka und viele andere werden manchmal als Juden bezeichnet, manchmal auch ohne Erwähnung ihres Judentums in den Lehrbüchern erwähnt. Der seiner Zeit von uns vorgeschlagenen Regel, daß

---

[118]) Freimark, Geschichtswissenschaft, S. 50.

[119]) Kremers, Judentum und Holocaust, S. 37.

„ . . . als Jude jeder erwähnt (werden solle), dessen Werk oder Schicksal in eminenter Weise durch sein Judentum bestimmt und verständlich wird“[120]), ist wenig Beachtung geschenkt worden.

Es soll erneut gesagt werden, daß nicht alles, was nicht antisemitisch ist, sogleich als philosemitisch zu erachten ist und daß man auch ohne Schuldkomplexe den Weg der Juden in der europäischen Kultur, ohne den auch das weitere Geschehen unverständlich bleibt, für sich verfolgen und würdigen kann.

3.

Zum Thema „Antisemitismus“ soll eingangs auf die seinerzeit ausgedrückte Auffassung zurückgegriffen werden, die heute, angesichts neonazistischer Erscheinungen, ebenso relevant erscheint wie damals:

„Der Analyse dessen, was in den Lehrbüchern über den Antisemitismus zu finden ist, liegt die grundsätzliche Auffassung zugrunde, daß wir es hier mit einer Ideologie zu tun haben, deren schließliche tödliche Folgen auf die Darstellung dieses Phänomens von vornherein ihren Schatten werfen müssen. Es scheint uns moralisch unvertretbar und pädagogisch gefährlich, dem Antisemitismus als einer ‚gesellschaftlichen‘ Theorie mit neutralem Disengagement gegenüberzutreten.“[121])

In der in deutscher Sprache geschriebenen oder ins Deutsche übersetzten Geschichtsschreibung der letzten Jahre bieten sich zwei Ansätze zur Erforschung und Erklärung des Antisemitismus an, die von Freimark zusammenfassend und treffend charakterisiert werden: Der eine, der mit dem Namen des Berliner Historikers Reinhard Rürup verbunden ist, bezeichnet als Charakteristikum des modernen Antisemitismus „die Säkularisierung des christlichen Judenhasses, die Entwicklung einer totalitären antisemitischen Rassentheorie, der nationalistische Kulturantisemitismus, die politische Organisation antisemitischer Bewegungen, die Instrumentalisierung des Antisemitismus in den allgemeinen politischen Auseinandersetzungen, die Lösung des Antisemitismus von tatsächlichen Minderheitsproblemen und Gruppenkonflikten, der manichäische Charakter des Antisemitismus durch Hypostasierung der ‚Judenfrage‘ zum Kernproblem des wirtschaftlichen, politischen und kulturellen Lebens, der ‚Rückfall‘ hinter die durch Aufklärung und bürgerlich-liberale Bewegung erkämpften Positionen“.[122])

Der zweite Ansatz, der mit dem Namen des israelischen Historikers Uriel Tal und des Kölner Historikers Herrmann Greive verbunden ist, weist auf die

---

[120]) Robinsohn/Schatzker, Jüdische Geschichte, S. 26.

[121]) Ebd.

[122]) Freimark, Geschichtswissenschaft, S. 44.

religiöse Komponente, das heißt auf die Christlichkeit des Staates als von entscheidender Bedeutung für die Ausbildung des Antisemitismus hin. „Aus dieser Perspektive heraus läßt sich der aufkommende Antisemitismus als Weiterentwicklung des traditionellen Judenhasses erklären.“[123])

Beide Ansätze werden in den untersuchten Lehrbüchern deutlich:

> *Es war eine Zeit der Krise, in der sich das Zusammenleben der Menschen rascher wandelte als jemals zuvor. Viele fürchteten sich vor dem Fremden und Neuen in den wirtschaftlichen und gesellschaftlichen Veränderungen und waren nur zu bereit, in den als fremdartig empfundenen Juden die Wurzel alles Übels zu sehen. Sie schrieben ihnen einen geheimen übermächtigen Einfluß zu, verdächtigten sie des Verrats und anderer unheimlicher Verschwörungen zum Untergang von Staat und Gesellschaft.“ „Einigen gesellschaftlichen Gruppen kam dieser Antisemitismus gelegen, um ihre Gegner im Kampf um politische und wirtschaftliche Interessen diffamieren zu können.*

Es werden genannt: Konservative, der bedrohte Mittelstand, der Bund der Landwirte und Stöckers Christlich-Soziale Partei *[Klett, Menschen, Bd. 5, S. 134f.]*.

An anderer Stelle heißt es:

> *Die Wissenschaften haben heute auch erkannt, welches die Ursachen für den Antisemitismus im vorigen Jahrhundert gewesen sind. Es sind zugleich die Ursachen für die Unterdrückung und Verfolgung von Minderheiten überall und zu jeder Zeit: Die gewaltige Veränderung der Lebens- und Arbeitsverhältnisse durch die Industrialisierung im 19. Jahrhundert . . . führte dazu, daß die Menschen ihre Not, ihre wirtschaftlichen Schwierigkeiten, ihre Ängste auf irgend etwas oder auf irgend jemanden abwälzen wollten. Es mußte jemand daran schuld sein, daß sie wirtschaftlich gefährdet und machtlos waren – und dafür kommt immer „der andere“ in Frage, häufig Menschen einer Gruppe, die nicht zu groß ist, die aber jeder kennt und von der man sich unterscheiden möchte. Alles Böse befindet sich dann dort, wo dieser andere, und das war damals der Jude, sich befindet, und alles Gute ist auf der eigenen Seite [Klett, Menschen, Bd. 5, S. 162].*

Freilich merken die Autoren, daß es sich nicht lediglich um „die Ursachen für die Unterdrückung und Verfolgung von Minderheiten überall und zu jeder Zeit“, sondern um ein einzigartiges kontinuierliches geschichtliches Phänomen handelt, und bringen auf derselben Seite Erklärungen der „christlichen Kirchen“, die sich gegen den christlich-religös bedingten Antisemitismus aussprechen. (Ähnlich auch ebd. S. 159.)

Auch *Schöningh, Zeiten B,* knüpft an die religiösen Begründungen für die Judenverfolgungen im Mittelalter an und fügt ihnen dann wirtschaftliche und soziale Erklärungen hinzu:

---

[123]) Freimark, Geschichtswissenschaft, S. 44.

So wie man im Mittelalter den Juden vielfach die Schuld am Ausbruch der Pest oder anderer Seuchen gegeben hatte, so wurden sie jetzt der „Sündenbock" für die Existenzbedrohung, die die kapitalistische Wirtschaftsordnung für viele Menschen heraufbeschwor. Die Juden waren nicht von ständischen und wirtschaftlichen Traditionen belastet; sie konnten sich, nachdem sie ihre bürgerliche Freiheit erlangt hatten, vor allem den Wirtschaftsbereichen zuwenden, deren starkes Wachstum vorauszusehen war, und sie verfügten – wenigstens teilweise – über Kapital, dessen Bedeutung immer spürbarer wurde und das dem Mittelstand häufig fehlte. Verhältnismäßig oft ergriffen sie angesehene freie Berufe (z. B. Ärzte, Juristen).

Es war naheliegend, daß man die Schuld für geschäftliche Mißerfolge und sozialen Abstieg nicht bei sich selbst suchte, sondern bei dem neuen lästigen Konkurrenten. Dessen Erfolge führte man nicht etwa auf größere persönliche Tüchtigkeit zurück, sondern auf eine Unterstützung durch ein übermächtiges geheimnisvolles jüdisches „Finanzkapital". Auch die Bedrohung ihrer Existenz durch die sich organisierende Industriearbeiterschaft, die viele Bürger befürchteten, verstärkte den Judenhaß, da unter den Wortführern des Proletariats Juden eine herausragende Rolle spielen [Bd. 3, S. 217].

Ähnlich auch in den Büchern der Oberstufe bei *Diesterweg, Grundz. S II 1,* und vor allem bei *Westermann, Minderheit,* ein Werk, das alle anderen Bücher in der Ausführlichkeit der Schilderung des Antisemitismus und seiner vielfältigen Erscheinungen und in der Analyse seiner Gründe bei weitem überragt und geistes- und religionsgeschichtliche, psychologische, sozialgeschichtliche und politische Gründe anführt *[2.5.2, 2.5.3].*

Auch in anderen Büchern werden nationale Gründe für den Antisemitismus erwähnt, so in *Klett, Menschen,* wobei gleichzeitig die weitgehende Identifizierung der Juden mit dem deutschen Volk hervorgehoben wird *[Bd. 4, S. 24],* oder in *Buchner, Werden O,* der beschreibt, wie die Juden mit Vorliebe „als Handlanger des ‚fremden Geistes' . . . hingestellt (wurden)" *[Bd. IV, S. 26f.].*

Einige Bücher greifen schon hier und in diesem Zusammenhang den rassisch begründeten Antisemitismus auf. Seine Behandlung erfolgt in den Büchern recht einheitlich, folgender Absatz mag für viele stehen:

Neben die religiöse und wirtschaftliche Wurzel des Judenhasses trat in der zweiten Hälfte des 19. Jahrhunderts die rassische. Aus ihr stammt der Begriff „Antisemitismus". Der französische Graf Gobineau (1814–1882) schrieb einen „Versuch über die Ungleichheit der Menschenrassen". Mit scheinwissenschaftlichen Argumenten, die schnell Glauben fanden, aber keiner ernsthaften Nachprüfung standhalten konnten, wurde die Existenz menschlicher Rassen behauptet, die sich geistig und in ihrer kulturellen Leistungsfähigkeit erheblich unterscheiden sollten. Allein die weiße Rasse, insbesondere ihr germanischer Zweig, die Arier (ein Begriff aus der Sprachforschung), habe schöpferische Begabungen hervorgebracht. Diese „geschichtsbiologische" Lehre war nicht überraschend in einer Zeit, in der

Europa sich anschickte, Afrika und Asien vollends zu unterwerfen. Ihre Verknüpfung mit dem Antisemitismus geht in Deutschland in starkem Maße auf die Schriften des Engländers H. St. Chamberlain, des Schwiegersohns Richard Wagners zurück. Er behauptete, daß die Juden, ein Volk der semitischen Sprachfamilie, alle negativen menschlichen Eigenschaften in sich trügen [Schöningh, Zeiten B, Bd. 3, S. 217].

Diesterweg, Grundz. S II 2, bringt im Quellenband Auszüge von Renan, Eugen Düring, Edouard Drumont, Paul Lagarde u.a. ohne jegliche Begleitbemerkung, geht jedoch im Textband einen Schritt weiter und bemerkt:

Nun war nicht mehr von einer Einschmelzung des jüdischen Elements (Assimilation) die Rede; vielmehr galt dieses als Träger minderwertiger Eigenschaften aufgrund biologischer Vererbung, dessen schädliche Einwirkung auf das eigene Volk durch strenge Absonderung zu unterbinden sei [Diesterweg, Grundz. S II 1, S. 28].

Ähnlich auch *Diesterweg, Grundzüge S 1:*

Von solchen verschwommenen, unwissenschaftlichen Rassenlehren aus war es nur noch ein kurzer Weg bis zur Verfolgung der Juden als einer minderwertigen Rasse [Bd. 4, S. 33].

Am weitesten wagt sich *Klett, Menschen,* mit der Überschrift und auch fortfahrend voraus:

Im 19. Jahrhundert wurde gedacht und gesagt, was im 20. – gestern! – geschah.

Gestern. Was gestern geschah, wissen wir . . . Die Deutschen wurden nicht – wie z. B. die Franzosen durch die Affäre Dreyfuß . . . darüber belehrt, daß der Antisemitismus nicht nur blind und ungerecht, sondern auch verbrecherisch macht. Nur wenige leisteten Widerstand, als Hitler die Vernichtung der Juden in Europa befahl, die „Endlösung der Judenfrage", wie er es nannte. Die Mehrzahl der Deutschen ließ zu, daß der Schritt von der Unterdrückung hin zum politischen Verbrechen geschah. Es zeigte sich, wie klein dieser Schritt ist, wenn der Haß auf eine Minderheit das Denken eines Volkes vergiftet hat [Bd. 5, S. 161 f.].

Hierbei wird auch schon die weitere Fragestellung tangiert:

4.

In nur wenigen Büchern wird die Gelegenheit wahrgenommen, anhand der Behandlung des Antisemitismus im Sinne der oben gestellten Frage Schüler betroffen zu machen und sie für ähnliche Tendenzen zu sensibilisieren und fähig zu machen, sich bewußt gegen diese zu wehren. Die Mehrzahl bleibt durch allein belehrende Information der kognitiven Ebene verhaftet.

Einige Ausnahmen sollen im folgenden aufgezeigt werden: Im Zusammenhang mit dem Text aus „Dichtung und Wahrheit" über das Ghetto schlägt *Klett,*

Menschen, in seinen Handreichungen für den Lehrer vor, das Thema des Vorurteils zu erörtern:

> *Wie entsteht ein Vorurteil? Wie läßt es sich auflösen? [Bd. 3, S. 13].*

Schöningh Zeiten B, schließt das Kapitel über „die Stellung der Juden" mit den Worten ab:

> *Im Antisemitismus zeigt sich die verhängnisvolle Neigung der Gesellschaft, Minderheiten nicht nur zu mißachten, sondern zu verdächtigen und zu verfolgen [Bd. 3, S. 217.].*

Auch hier ist es wieder *Klett, Menschen,* der diesen Ansatz am konsequentesten verfolgt:

> *Aber auch heute noch gibt es in Deutschland Menschen und sogar politische Gruppen, die nicht zur Kenntnis nehmen wollen, was wissenschaftlich erwiesen ist, und die vergessen, zu welchen Verbrechern der Antisemitismus geführt hat. Sie glauben noch daran, daß es reinrassige Völker gibt, daß bestimmte körperliche und seelische Merkmale zusammenhängen, daß z. B. dunkle Haare und dunkle Augen auf gewisse Charaktereigenschaften schließen lassen. Sie neigen dazu, die Schuld für wirtschaftliche und politische Schwierigkeiten bei anderen – bei Minderheiten! – zu suchen . . .*
>
> *Zur Selbstprüfung. Man sollte sich immer wieder prüfen, ob man frei von Vorurteilen gegen andere Gruppen, Völker, Religionen ist. Eine Möglichkeit: Man kann Eigenschaften, z. B. fleißig – verschlagen – treu – listig – geschäftstüchtig – zuverlässig – liebenswürdig – tapfer – faul – sauber – arbeitsam – unsauber – rückständig – großzügig – intelligent – herrschsüchtig – friedlich – uneigennützig usw. verschiedenen Gruppen, z. B. Deutschen, Russen, Franzosen, Juden, Protestanten, Katholiken, Nichtchristen usw. zuordnen und dann abzählen, wieviel positive und negative Eigenschaften man der eigenen und der anderen Gruppe gegeben hat. Wissenschaftler haben festgestellt, daß Menschen, die zu Ausschreitungen gegenüber Minderheiten fähig sind, ihrer eigenen Gruppe immer nur gute, fremden Gruppen schlechte oder fragwürdige Eigenschaften zuteilen.*

Danach werden zwei kurze Aussagen von Jean Amery und Jean Paul Sartre zur Judenfrage gebracht.

> *J e d e r e n t s c h e i d e t m i t, ob Jean Amery und mit ihm nicht nur die Juden, sondern alle Minderheiten Angst vor dem Morgen haben müssen – oder ob sich im Bewußtsein aller Menschen, aller Gruppen, aller Völker durchsetzt, was Jean Paul Sartre sagt. Welche Möglichkeiten gibt es für jeden Menschen, zu einer Minderheit zu gehören oder in eine Minderheit zu geraten? – Innerhalb der eigenen Gruppe? – Als Angehörige einer Gruppe? – W o r a n v i e l e n i c h t d e n k e n. Zur Zeit gehören etwa knapp 30 % aller Menschen – die Europäer, die Nordamerikaner, die Australier und einige andere Völker – zu den Weißen. Im Jahre 2000 werden voraussichtlich nur noch etwa 20 % der Menschen Weiße sein [Klett, Menschen, Bd. 5, S. 163].*

5. Weimarer Republik und „Drittes Reich“[124]

Die in den Übersichten ausgedrückte Frequenz- und Vermittlungsanalyse ist bezüglich der Inhaltselemente hinreichend differenziert, erreicht einen genügenden Genauigkeitsgrad und ist mit einem entsprechenden Bewertungsschlüssel versehen, um ein exaktes Bild der Inhalte zu vermitteln, die den Schülern in den untersuchten Büchern der Sekundarstufe I und II für diese Periode angeboten werden. Da die Behandlung des Holocaust in deutschen Geschichtsbüchern in der breiten Öffentlichkeit einen hohen Aufmerksamkeitswert einnimmt und häufig Gegenstand von Kontroversen, Beschuldigungen und Apologetik gewesen ist, erscheint es in besonderem Maße geboten, Klarheit zu schaffen und eine methodisch abgesicherte Bestandsaufnahme vorzulegen.

Die Untersuchung bestätigt erneut die Befunde vorangegangener Untersuchungen und Stellungnahmen, daß die Geschichtslehrbücher über die Judenverfolgungen und Ermordungen im „Dritten Reich“ mehr oder minder ausführlich berichten und daß von einem „Verschweigen“ nicht die Rede sein kann[125]).

Der rassisch bedingte Antisemitismus, der Boykott jüdischer Geschäfte, die Ausschaltung der Juden aus dem öffentlichen Leben und aus dem Kulturleben, „die Nürnberger Gesetze“, die „Reichskristallnacht“, die Durchführung der Judenmorde, die Konzentrations- und Vernichtungslager und die Zahlenangabe über die Opfer, die in den Büchern jeweils zwischen 4,2 und 6 Millionen schwankt, sind in sämtlichen Werken enthalten.

Auch im Rahmen einer didaktischen Konzeption, der es weniger um Informationsvermittlung als um den Aufbau kognitiver Strukturen und um Lern- und Denkprozesse geht, muß dabei angesichts einer sich in den letzten Jahren schnell verbreitenden neonazistischen Literatur, die die dem Nationalsozialismus nachgewiesenen Verbrechen zu bagatellisieren und zu bestreiten sucht, schon allein der korrekten Informationsvermittlung ein wichtiger erzieherischer Stellenwert zugesprochen werden.

Die Literatur über die Behandlung des „Dritten Reiches“, des Nationalsozialismus und des Holocaust im Unterricht ist mittlerweile kaum noch zu übersehen. Fünf didaktische Leitfragen lassen sich herausfiltern; sie sollen uns als Kriterium dienen, die wir an die zu untersuchenden Schulbücher angelegt haben:

1. Wie wird der Stellenwert der Judenfrage in der nationalsozialistischen Weltanschauung und im „Dritten Reich“ geschildert und erklärt?

---

124) Siehe Übersicht 7 und 13; S. 126/127, 128/129 und S. 130/131, 132/133.

125) Siehe: Robinsohn/Schatzker, Jüdische Geschichte; Uhe, Der Nationalsozialismus; Norden, Der Nationalsozialismus in Schulbüchern; Kremers, Judentum und Holocaust.

Übersicht 7

Frequenz- und Vermittlungsanalyse der Inhalte jüd. Gesch. in der Weimarer Republik un
Textes oder Quellentextes (Q) oder Zahl der Karten und Illustrationen (I) und Bezeichn
Fakten-Erwähnung

Kurztitel	Auer Geschichte	Buchner Geschichte	Buchner Werden	Diesterweg Aufriß	Diesterweg Grundzüge S I	Diesterweg Spiegel	Diesterweg Weltkunde	Harms Arbeitsmappen	Henn Welt	Hi gra Fra
Politische Orientierung der Juden in Deutschland					6 c					
Walther Rathenau als Jude erwähnt		2 c			1 c					
Beitrag der Juden zur abendländischen Kultur										
Rassisch bedingter Antisemitismus		26b 3Q	13 c 5 Q		35 b 2 Q	12,5 c 45 Q	6 c 10 Q	18 a		
Hitlers Antisemitismus	9 b	1 c		77 Q		5 c 23 Q				
Nationalsozialistischer Antisemitismus		1 c		19,5 Q			10 c			
Antisemitische Propaganda und Hetze		2 c			12 a 1 I	1 c 1 I		2 I		3 c
Boykott jüdischer Geschäfte		1 c 1 I	1 c 1 I	3 Q	2 c 1 I		0,5 c			3,5
Ausschaltung der Juden aus dem öffentlichen Leben	3 c	2,5 c	10 c	2 Q	6,5 a	2 c		2,5 c		5 c
Ausschaltung der Juden aus dem kulturellen Leben	4 c	7 c	9 c	3 Q	2 c 1 I	1 I	10 c 1 I			
Ablehnung des Alten Testaments					4 c					
Stellung der Kirchen										
Die Nürnberger Gesetze	1,5 c	12 b	11 c	21 Q	10 b	10 c	1 c	3,5 a		2 c
Die „Reichskristallnacht“	4,5 c 1 I	9 b	6,5 c	33 Q	15 c 1 I	11 b				6 b
Weitere Verfolgungen der Juden in Deutschland	22,5 b	16,5 b	4 c	32,5 Q	17 b			8 a		2 c
Emigration aus Deutschland	6 b	10,5 b	10,5 a	2 Q	2 c	2 a	2 c	1 c		
Besprechungsprotokoll der Wannseekonferenz		1 c 6,5 Q	2 c 7 Q	24 Q		3 c 11 Q	3 c 10 Q			

…itten Reich“ in Geschichtslehrbüchern der Sekundarstufe I ausgedrückt in Zeilenzahl des …üssel: a = problematisierende Darstellung, b = beschreibende Darstellung, c = knappe

…ch …en …en	Hirschgraben Weg	Klett Damals	Klett Menschen	Klett Unterrichtsw.	Oldenbourg Geschichte	Oldenbourg Geschichte 2 A	Schöningh Zeiten B	Schöningh Zeiten C	Schroedel Erkunden	Schulbuchverlag Erleben	Westermann Reise	Westermann Zeitaufnahme
				1 c			2 a	6 b	1 c	3,5 b		
					8,5 a							
…	4,5 c		4 c	11,5 b 3,5 Q	6 a	8 c	23,5 b		8 c		8 b	17 b
7 Q	4,5 c	11 c 2 Q					3 c	5 c	3 c	7 c 2,5 Q	4 c	7 c
10 Q		2,5 a 1 Q		3 c	14 c 2 I 5 Q							7 c 3 Q
2 I	2 c 1 I	14 a 10 Q	10 Q	3 c		4 c	6 c 1 I				11 a 2 I	
1 I	1 I	6 a 9 Q	3,5 Q	1 c	2,5 c 1 I	6,5 b 1 I 25 Q	7 b 1 I	4 c	6,5 b 1 I 7 Q	2 c 1 I		2 c 1 I
				6 c	1 c		6 a 3 Q	6 c	5 c		3 c	1 c 10 Q 1 I
	3 c			4 c	7 c		16 b 2 I 7 Q	9 b		1 c		5,5 c
							13 a					
Q	2 c 3 Q	3 c 14 Q		8 b	3 c 5 Q	5 c 11,5 Q	11 a	8 c	2 c 2 Q		4 c	4 c 6 Q
…	4 c	21,5 a 1 I 20 Q		3,5 c 1 I 6,5 Q	12 b	14,5 b 1 I	28 b 15 Q	11,5 c	9,5 b 1 I	5 c 1 I	2 c	12 a 1 I
c 1 I	1 c		7,5 Q	3 c 3 Q		5 b		14 b	4 b 1 I	4 b 1 I	14 b	8,5 c 2 I
	1 c	7 a		4 b	7 c	2 c	19 a 4 Q	6 b	1,5 c			2 b
12 Q		11 a 19 Q		6 Q			3 c 6 Q					5 a

Fortsetznung Übersicht 7:

Kurztitel	Auer Geschichte	Buchner Geschichte	Buchner Werden	Diesterweg Aufriß	Diesterweg Grundzüge S I	Diesterweg Spiegel	Diesterweg Weltkunde	Harms Arbeitsmappen	Henn Welt	Hi gra Fr
Deportationen nach dem Osten										
Durchführung der Judenermordung	10c 1I 97Q	6c	7c	28Q	19c 2I	6c	8c 1I	6c		6c
Konzentrations- und Vernichtungslager	12b	3c 2I 27Q	7c 2I 6Q	74Q	47b	3c 3I 25Q	3c 2I 14Q	9c 1I		3I
Darstellung des Leidens aus der Sicht von Juden				41,5Q				6a 1I		
Solidaritätsbekundungen für die Juden	3c			36Q	3c					
Jüdischer Widerstand (Warschauer Getto)	5c		5b		13a	2c				3c
Rettung der dänischen Juden						2b				
Zahlenangabe der ermordeten Juden	0,5		1c			4c	6c			
Schuld- und Verantwortungsfrage	8b			78Q			12a			
Verheimlichungs-theorie		4c	4c		10c					
Bestrafung von Verbrechen gegen Juden			1c							
Fragen und Lernimpulse						3a	5a			4a

n n n	Hirsch- graben Weg	Klett Damals	Klett Men- schen	Klett Unter- richtsw.	Olden- bourg Ge- schichte	Olden- bourg Ge- schichte 2 A	Schö- ningh Zeiten B	Schö- ningh Zeiten C	Schroe- del Er- kunden	Schul- buch- verlag Er- leben	Wester- mann Reise	Wester- mann Zeitauf- nahme
												1 c
	4 c	16,5 b 16 Q	3 c 34 Q	6 c	12 b 1 I 30 Q	13 b	14 b 1 I	13 c 1 I	7,5 c	4 c 2 I 20 Q	15 b 3 I	22 c 28 Q 3 I
3 I		2,5 c 2 I 11 Q	3 c 4 I 56 Q	4 c	1 I	33 b 1 I 16 Q	14 c 2 I	3,5 3 I	2 c 1 I 13,5 Q		4 a 1 I	10 Q
							3 c					17 Q
	5 a	7 b 8 Q				3 c 6 Q		4 c				9 b 6 Q
				1 c	6 b 1 I	6 b 1 I	1,5 c 1 I	2 c 1 I			2 c	10 b 7 Q
		2,5 c										2 c
	4 a	1 I	1 c	6 a	2 c		1 c	3 c		2,5 c	5 a	3,5 c
	2 a		4 b				14 a				3,5 c	
			2 c	1 c		1,5 c				2,5 b	7 c	
			10,5 a									
	2,5 a	7,5 a			10 a		6 a					8 b

Übersicht 13

Frequenz- und Vermittlungsanalyse der Inhalte jüd. Gesch. in der Weimarer Republik u
des Textes oder Quellentextes (Q) oder Zahl der Karten und Illustrationen (I) und Bezeichn
Fakten-Erwähnung

Kurztitel	Buchner Werden O	Diesterweg Aufriß neu	Diesterweg Grundz. S II 1	Diesterwe Grundz. S
Die „Dolchstoßlegende“				
Zahlenangabe der Juden in Deutschland				
Juden im politischen und kulturellen Leben der Weimarer Republik				6 b
Walther Rathenau als Jude erwähnt				2 c
rassisch bedingter Antisemitismus	16 b	14 b 15 Q	2 c	6 c
Hitlers Antisemitismus	3 c	6 c 109 Q		
nationalsozialistischer Antisemitismus		2 Q		10 b
antisemitische Propaganda und Hetze	5 c			4 c
Boykott jüdischer Geschäfte	1 c		1 c	1 c
Ausschaltung der Juden aus dem öffentlichen Leben	4 c	12 Q	2 c	1 c
Ausschaltung der Juden aus dem kulturellen Leben	3 c		1 c	2,5 c
Reaktionen der Juden auf die Machtergreifung Hitlers				
„Reichsvereinigung der Juden in Deutschland“				
„Reichsbund Jüdischer Frontsoldaten“				
„Verband nationaldeutscher Juden“				
„Der Deutsche Vortrupp“				
Stellung der Kirchen				1 c
Die Nürnberger Gesetze	4,5 c	63 Q	5 c	7 c

ten Reich" in den Geschichtslehrbüchern der Sekundarstufe II ausgedrückt in Zeilenzahlen
ssel: a = problematisierende Darstellung, b = beschreibende Darstellung, c = knappe

erweg k	Gehlen Politik	Gehlen Wandel	Klett Grundriß	Schöningh Zeiten O	Westermann Minderheit	Westermann Politik
			2 c			
					16,5 a 22 Q	
	3 c			11 b	28,5 b	11,5 b
		8 c	2 c	3 c	4 a 44 Q	3 c
		2 c		20 b	1,5 a 21,5 Q	39 b
	1 c					19 b 3 I
	0,5 c	1,5 c		1 c	1 c	
	0,5 c		1 c	4 c	4 c	
		1 c	1 c	9,5 c		4 c
					8 b	
			2 c			
					6,5 b	
					3 c	
					4,5 c	
	1 c	3,5 c	7 b	8 b	9,5 b	2,5 c

Fortsetzung Übersicht 13:

Kurztitel	Buchner Werden O	Diesterweg Aufriß neu	Diesterweg Grundz. S II 1	Diesterweg Grundz. S
Die „Reichskristallnacht"	8 b	20 Q	5 c	8 c
Weitere Maßnahmen gegen Juden in Deutschl.	7 b	4 c	3 c	4 c
Emigration aus Deutschland	1 c		4 c	5 c
Madagaskarprojekt				
Die Wannseekonferenz		6 c 26 Q		
Durchführung der Judenermordung	12 c	8 c 12 Q	7,5 c 11	14 c
Konzentrations- und Vernichtungslager	1 c 16 Q	65 Q	4 c	6 c
Darstellung des Leidens aus der Sicht von Juden				
Solidaritätsbekundungen für die Juden		7 Q		
Jüdischer Widerstand (Warschauer Getto)	2 c			
Versuche von Austausch von Juden gegen Lastwagen				
Unterstützung der NS Judenverfolgungen im Ausland				
Zahlenangabe der ermordeten Juden	1,5 c		1 c	5 b
Schuld und Verantwortungsfrage		43 Q		11 b
Verheimlichungstheorie				
Bestrafung von Verbrechen gegen Juden				
Bedeutung des Holocaust für das Jüdische Volk				
Fragen und Lernimpulse				

erweg ik	Gehlen Politik	Gehlen Wandel	Klett Grundriß	Schönigh Zeiten O	Westermann Minderheit	Westermann Politik
	5 c 47 Q	5,5 c	6,5 c	11 b	7,5 b	
	6 c		10,5 b	14 b 48 Q	2,5 c	
	2 c		1 c		3 c	
				49 Q	5,5 a 36 Q	
	4 c	4 c	6,5 c	9 c 93 Q	16,5 b 35 Q	
	10 c 1 I		5 c 28 Q	10 b 2 I	9 b 2 I	
		6 c 4 Q				
		1 c			7,5 b	
				1 c	11,5 b	
					1,5 c	
					5,5 b	
		2 c	4 b	1 c	1,5 c	
		4 c		10 b		19 a
			2 c		5 a	4 a
					1,5 c	
					7,5 b	

2. Wird die Judenfrage, werden die Judenverfolgungen und Ermordungen von der Selbststilisierung des „Dritten Reichs“ her interpretiert, oder wird der Versuch unternommen, sie auch aus der Sicht der Opfer zu schildern und zu interpretieren?
3. Beschränken sich die Lehrbücher auf eine reine kognitive Unterrichtskonzeption zum Holocaust oder wird auch die affektive Ebene mit bedacht?
4. Wird die Frage nach der Verantwortung und der Mitverantwortung für die Judenverfolgungen und den Völkermord gestellt und wie wird sie beantwortet?
5. Wird in den Lehrbüchern auf die paradigmatische Bedeutung des Antisemitismus, der Judenverfolgung und Ermordung im „Dritten Reich“ für das Erkennen ähnlicher Mentalitäten und Voraussetzungen für Verbrechen in der gegenwärtigen Welt hingewiesen und die Frage erörtert, wie und mit welchen Mitteln ihnen begegnet werden kann?

1.

Bei der Aufnahme des Begriffes „Antisemitismus“ im „Dritten Reich“ greifen viele Bücher auf das Mittelalter zurück; wenige knüpfen dabei unmittelbar an die Weimarer Republik an, in deren Geschichte Juden meist gar nicht erwähnt werden. Daß „es in Deutschland seit langem eine judenfeindliche antisemitische Stimmung (gab), die man benutzen konnte“ *[Klett, Damals, Bd. 5, S. 68]*, die „zum geistigen Rüstzeug vieler Deutscher gehörte“ *[Schöningh, Zeiten B, Bd. 4, S. 74]* und, daß „der Rassenantisemitismus nationalsozialistischer Prägung . . . im Prinzip um so mehr auf ein großes Maß an Verständnis bei der Bevölkerung stoßen (konnte), da der Antisemitismus, besonders bei den unter den Folgen des Ersten Weltkrieges notleidenden Schichten des Kleinbürgertums weit verbreitet war“ *[Westermann, Politik, S. 386]*, wird nur selten gesagt.

Wenn nun im folgenden die Frage nach dem Stellenwert der Judenfrage in der nationalsozialistischen Weltanschauung und im „Dritten Reich“ gestellt wird, so soll untersucht werden, ob den Schülern mittels ihrer Lehrbücher zum Bewußtsein gebracht wird, daß es dabei nicht lediglich um einen Abschnitt jüdischer Geschichte, sondern auch um den Kern der Ideologie des Nationalsozialismus und des „Dritten Reichs“ geht, daß das antisemitische Element nicht lediglich eine marginale Begleiterscheinung des Nationalsozialismus, sondern eines seiner Fundamente, eine der „Triebkräfte“ *[Klett, Damals, Lehrerband, S. 94]* seines Handelns in Außen- und Innenpolitik, in den Bereichen der Wirtschaft, Gesellschaft und Kultur, gewesen ist. Die als Lernimpuls im Begleitheft zu *Diesterweg, Weltkunde,* gestellte Frage: „Welche Bedeutung hat der Antisemitismus für Begründung und Zusammenhaltung der NS-Herrschaft?“ *[Lernimpulse 3, Begleitheft zum Arbeitsbuch „Geschichtliche Weltkunde“, Bd. 3, S. 35]* soll mithin auch dieser Untersuchung zugrunde liegen.

Zahlreiche Unterrichtswerke folgen dieser Konzeption durchaus, wie die folgenden Zitate belegen:

> *Der Kampf dieses Jahrhunderts ist das Ringen zwischen den Deutschen und den Juden, den Kräften des Lichts und den Mächten der Unterwelt. (Aus „Mein Kampf" zitiert von [Schöningh, Zeiten B, Bd. 4, S. 72];* ähnlich auch: *Diesterweg, Grundz. S II 2, Quellenband II, S. 239–241.)*
>
> *Weltfeind der arischen Führungsrasse waren in Hitlers Augen die Juden. In ihnen verkörpere sich alles Dunkle, Schlechte und Böse. Sie seien „Schmarotzer", „Parasiten", die „Brunnenvergifter der Weltgeschichte". Es gäbe eine jüdische Weltverschwörung, die sich die Vernichtung der arischen Rasse, besonders des deutschen Volkes, zum Ziele gesetzt habe. Sie haben den ersten Weltkrieg gegen Deutschland angezettelt und die Revolution von 1918 entfacht, Versailles sei ihr Triumph gewesen. Das jüdische Element sei auch im „Weltkapitalismus" und im „Weltbolschewismus" führend, den beiden Hauptfeinden der kommenden Größe eines neuen Deutschland: Die Juden sind unser Unglück [Diesterweg, Grundzüge S I, Bd. 4, S. 151].*

und zusammenfassend:

> *Wenn wir all die Ursachen des deutschen Zusammenbruchs vor unseren Augen vorüberziehen lassen, dann bleibt als die letzte und ausschlaggebende das Nichterkennen des Rassenproblems und besonders der jüdischen Gefahr übrig. (Aus: „Mein Kampf" in: [Harms, Arbeitsmappen 3, S. 23].)*

Diesem „zum Mittelpunkt einer Weltanschauung" gesteigerten Antisemitismus *[Diesterweg, Grundz. S II 2, Bd. II, S. 164]* galt auch Anfang und Ende von Hitlers Testament. Die Konsequenzen dieser Auffassung der Juden als „Antisymbol", „Gegenpol", „Verkörperung des Schlechten" liegen auf der Hand. Treffend stellt *Hirschgraben, Fragen,* zur Quelle „Das nationalsozialistische Bild vom Juden" (aus der „Schrift der SS-Führung, 1935"), in der „Der Jude" als „Untermensch . . ., furchtbare Kreatur . . ., tieferstehend als jedes Tier . . ." bezeichnet wird, in dessen Innerem „ein grausames Chaos wilder hemmungsloser Leidenschaften, namenloser Zerstörungswille, primitivste Begierde und unverhüllte Gemeinheit" anzutreffen seien, folgende Fragen: „Wie wird der Jude dargestellt? Welche Konsequenzen ergeben sich aus solcher Auffassung? *[Bd. 4, S. 59].*

Ähnlich fragt *Harms, Arbeitsmappen,* zu folgendem Text:

> *1934 schrieb ein führender Nationalsozialist: „Was Pest und Schwindsucht für die ganze Menschheit bedeutet, das bedeutet das Judentum sittlich für die weißen Völker . . . Nur wer beharrlich und zäh ist, wird das Judentum besiegen. Man kann mit halben Maßnahmen anfangen, mit rücksichtsloser Brutalität wird dieser Kampf aber einmal von den überwiegend nordischen Völkern beendet werden müssen".*

1. Womit wurden die Juden von den Nationalsozialisten verglichen?
2. Was drohte den Juden nach der Machtergreifung? [Bd. 4, S. 28].

Konsequenzen erwuchsen daraus allerdings nicht nur für die Juden. Selten jedoch wird die Funktion des Antisemitismus für die Innen- und Außenpolitik erörtert, wie z. B.:

Der Maßstab Hitlers lag bei seinem außen- und rassenpolitischen Programm . . . das er seit den zwanziger Jahren im Grunde unbeirrbar verfolgte (H. Mommsen). [Klett, Damals, 5. Lehrerband, S. 92],

oder:

Das eine Ziel Hitlers im Zweiten Weltkrieg war die Eroberung von Lebensraum. Er wollte den Krieg aber auch dazu nützen, seine Rassenpolitik durchzuführen [Harms, Arbeitsmappen, 4, S. 36].

Diese Zusammenhänge werden in den Lehrbüchern selten hervorgehoben und problematisiert, aber nicht nur dort: „Der besondere Charakter des Ostkrieges, insbesondere der enge Zusammenhang zwischen dem „Kampf um Lebensraum" und der ‚Endlösung der Judenfrage', wird von Teilen der Bevölkerung in der Bundesrepublik Deutschland immer noch verdrängt . . ."[126])

Angesichts der Bedeutung und der Funktion der Judenfrage und des Rassen-Antisemitismus mit seinen Folgen in der nationalsozialistischen Ideologie wird die Geschichte entstellt, wenn man von der Verfolgung der Juden Zusammenhänge zum Euthanasieprogramm, zur Verfolgung anderer Minderheiten, wie der Zigeuner, der Homosexuellen, der Zeugen Jehovas und den „slawischen Untermenschen" in Polen und Sowjetrußland herstellt und zeigen will, „in welcher Weise politische und religiöse Gründe ebenso wie Zugehörigkeit zum Judentum und Homosexualität zur Inhaftierung führten".[127]) Dabei wollen wir auf keinen Fall das Andenken von welcher Art auch immer Verfolgten in Frage stellen noch ihnen einen Platz im Schulbuch verweigern.

Dazu schreibt Alfred Krink: „In Wahrheit handelte es sich in dem einen Fall um sozialdarwinistischen Rassismus, der die Juden nicht allein traf. Auch Zigeuner und viele Osteuropäer wurden als rassisch minderwertig abqualifiziert. Diese ‚Untermenschen' standen an der untersten Stufe der nationalsozialistischen Herrenmenschen-Ideologie und sollten als Arbeitssklaven beim Aufbau des ‚Tausendjährigen Reichs' eingesetzt werden . . . Im anderen Fall handelte es sich um den Kampf gegen eine vermeintliche jüdische Weltverschwörung. Hier galt der Jude nicht als rassisch minderwertiger Untermensch, sondern als Anti-Herrenmensch, als ‚Naturüberwinder', als Intellektueller, der in dualistischen,

---

[126]) Jürgen Förster, Zur Rolle der Wehrmacht im Krieg gegen die Sowjetunion, in: Aus Politik und Zeitgeschichte, B 45/80, S. 3.

[127]) Nationalsozialismus im Unterricht, S. 4 bzw. 187; dazu auch: Schallenberger, Zur Darstellung der Schoah, S. 41.

individualistischen, teils auch autonomen und pazifistischen Denkmustern dachte . . . Der Jude war demnach Hitlers großer Gegenspieler, den dieser als eine Art ‚Großinquisitor der Natur' ein für allemal ‚ausmerzen' wollte."[128])

Ähnlich interpretiert *Diesterweg, Politik:*

> *Die Judenverfolgung hatte eine grundsätzlich andere Zielsetzung als der Kirchenkampf. Während dieser den Zweck verfolgte, glaubensfeste Christen gewaltsam zum Nationalsozialismus zu ‚bekehren' und aus dem an sich rassisch wertvollen ‚Menschenmaterial' gehorsame Volksgenossen zu machen, sollten die Juden ihrer minderwertigen Rasse wegen ausgerottet . . . werden [S. 79].*

Vollends unbegreiflich erscheint in diesem Zusammenhang die Empfehlung „die Erhebung des Warschauer Ghettos . . . als Aktivität der polnischen Widerstandsbewegung" zu würdigen, ohne auch nur mit einem Wort zu erwähnen, daß es Juden waren, die als Juden – nicht als Polen – in das Ghetto gezwängt wurden und sich dort als Juden – nicht als Polen – gegen die deutsche Besatzungsmacht erhoben[129]).

Es scheint, als ob die Empfehlungen in diesem Punkte eine Maxime der sowjetischen Geschichtsschreibung vorbehaltslos übernommen haben.

„Schon seit den Anfängen des Massenmords an den Juden haben sowjetische Historiker und die Organe der sowjetischen veröffentlichten Meinung die systematische Ausrottung der Juden nicht als einen singulären Vorgang des Zweiten Weltkriegs anerkannt, geschweige denn als einen Vorgang, der fast ohne Beispiel in der Geschichte ist. Die Ausrottung selbst wurde in ein Gespinst aus allgemeinen Formulierungen gehüllt. Wenn ein sowjetischer Publizist die Massenschlächterei erwähnt, nannte er die Opfer nicht Juden, sondern ‚sowjetische Bürger', und sowjetische Historiker brachten das bemerkenswerte Kunststück fertig, über das Ghetto von Minsk zu schreiben, ohne zu verraten, daß es den Juden – und nur den Juden – als Zwangsaufenthalt dienen mußte. Ein unveröffentlichtes Verbot hat die Tendenz begründet, den Begriff ‚Jude' aus den sowjetischen Annalen der NS-Verbrechen zu verbannen."[130])

Jenen Schulbuchempfehlungen entspricht *Hirschgraben, Fragen,* ein Werk, das den Aufstand des Warschauer Ghettos nicht im Kapitel „Judenverfolgung – Judenvernichtung" sondern in einem Abschnitt „Die Bundesrepublik Deutschland und Polen" bringt und den Text mit der sachlich falschen und irreführenden

---

[128]) Krink, Nationalsozialismus, S. 124.

[129]) Siehe: Empfehlungen für Schulbücher der Geschichte und Geographie in der Bundesrepublik Deutschland und in der Volksrepublik Polen, Georg-Eckert-Institut für internationale Schulbuchforschung I.J.b.G.G. Bd. XVII, 1976, S. 173.

[130]) Erich Goldhagen, Der Holocaust in der sowjetischen Propaganda und Geschichtsschreibung, in: Vierteljahrhefte für Zeitgeschichte, 4/1980, S. 502.

Aussage eröffnet: „Mit der Versklavung der Polen und der Vernichtungspolitik gegen die polnische Intelligenz begann auch die Ausrottung der Juden“ *[Bd. 4, S. 193]*.

2.

Vieles von dem, was über die Behandlung des Nationalsozialismus im Unterricht im allgemeinen gesagt wurde, trifft auch gleichermaßen auf die Behandlung der jüdischen Geschichte im „Dritten Reich“ zu.

Hans Mommsen stellt dazu fest: „Die bequeme Ableitung der einzelnen Stufen der nationalsozialistischen Politik aus der von der NSDAP propagierten Weltanschauung führt häufig dazu, daß die propagandistische Selbststilisierung des Regimes seiner Interpretation zugrunde gelegt wird.“[131])

Es wurde bereits von verschiedenen Seiten darauf hingewiesen, daß der Eintritt der europäischen Judenheit in die moderne Gesellschaft im Zuge der Emanzipation und der Assimilation von ihren ersten Anfängen an in den Lehrbüchern aus der Sicht der gegen sie gerichteten antisemitischen Reaktionen behandelt wird. In diesem Sinne wird die Judenfrage, werden die Judenverfolgungen und -morde auch für die spätere Zeit fast ausschließlich von der Selbststilisierung des „Dritten Reichs“ her interpretiert, wenn auch mit negativem Vorzeichen und unter entschiedener Ablehnung, wodurch allein das Phänomen nicht erhellt wird, solange man auf diese Weise der Gefangene innerhalb eines ideologischen Verblendungszusammenhanges bleibt[132]). Dies gilt sowohl für das Inhaltliche und das Sprachlich-Semantische, wie für den sich daraus ergebenden Bereich der stereotypen Denkstrukturen und die Einstellungen.

Durch eine lediglich auf NS-Quellen beruhende Unterrichtung, wie Auszüge aus „Mein Kampf“, das Wannseeprotokoll, Himmlers Reden, das Höß-Tagebuch und ähnliche Quellen „erhalten die Schüler eine Grundvorstellung vom Ausmaß des Schreckens. Aber es bleibt festzuhalten, daß der Bericht sich gänzlich auf den Blickwinkel der Täter beschränkt, die Opfer erscheinen nicht als menschliche Geschöpfe, denn es wird kein Material über ihre Aussagen und Eindrücke vorgelegt. Doch diese Einsichten zu vermitteln ist unumgänglich, denn diese Rassenideologie wollte ihnen ihre menschliche Qualität ja gerade absprechen. Deshalb sollte die Sichtweise der Täter die Darstellung nicht so beherrschen, daß es dem Schüler überlassen bleibt, die fehlenden Aspekte zu ergänzen.“[133])

---

[131]) Hans Mommsen, zur Behandlung des Nationalsozialismus im historischen Zusammenhang, in: Der Nationalsozialismus als didaktisches Problem, S. 67f.

[132]) So vor allem: Redhardt, NS-Zeit, S. 58.

[133]) Kolinski, Treatment, S. 193; übersetzt von der Redaktion.

Dies soll anhand eines beliebigen Beispiels, von dem sich die allermeisten untersuchten Lehrbücher nicht grundsätzlich unterscheiden, erläutert werden:

> *Die Endlösung. Mit der Eroberung großer Teile Europas schien den nationalsozialistischen Führern auch die Zeit für eine „Endlösung der Judenfrage" gekommen zu sein. Die Auswanderung der Juden kam zum Erliegen, sie wurde auch aus den besetzten westeuropäischen Ländern zunehmend verhindert. Seit dem 1. September 1941 mußten alle Juden im deutschen Machtbereich vom 6. Lebensjahr ab einen handtellergroßen gelben Stern mit der Aufschrift „Jude" tragen. In Polen und in den besetzten sowjetischen Gebieten wüteten „Einsatztruppen", z. T. unterstützt von einheimischen antisemitischen Milizeinheiten.*
>
> *Um den Massenmord zu organisieren, tagte am 20. Januar 1942 im Hause der Interpol am Großen Wannsee in Berlin die „Wannseekonferenz" von 14 hohen Parteifunktionären und Beamten der Reichsministerien. In ihrem Protokoll hieß es . . . (Auszug, d. Verf.) . . . Bis zum Herbst 1944 rollten aus den von deutschen Truppen besetzten Gebieten die Züge mit jüdischen Frauen und Männern und Kindern in die Vernichtungslager von Sobibor, Treblinka, Maidanek (bei Lublin) und vor allem nach Auschwitz-Birkenau (bei Krakau).*

Es folgt eine Aussage von Rudolf Höß, der Hinweis auf Gaskammern und auf Einführung von Zyklon B. Die Opfer selbst bleiben abstrakte Zahlen:

> *Die Mordbilanz: Allein in Auschwitz wurden über 2 Millionen Juden umgebracht, insgesamt fielen dem Völkermord an den Juden 5–6 Millionen Menschen zum Opfer. Von den 3 Millionen polnischen Juden des Jahres 1939 überlebten nur etwa 300000 den Krieg. Etwa je 100000 jüdische Bürger Frankreichs und der Niederlande mußten sterben [Diesterweg, Weltkunde, Bd. 3, S. 158–160].*

Die einzige Stelle, an der auch die Reaktion der Juden auf das Geschehen zum Ausdruck kommt, sind zwei Illustrationen (Selektion auf der Rampe des Vernichtungslagers von Auschwitz, Abtransport überlebender Juden des Warschauer Ghettos in die Vernichtungslager (mit dem kleinen Jungen mit erhobenen Armen), die auch in fast allen Lehrbüchern den Text begleiten.

Eine, wenn auch in ihrer pauschalen Verallgemeinerung nicht unproblematische Ausnahme, bildet *Diesterweg, Grundzüge S I:*

> *Jüdischer Widerstand. Im allgemeinen leisteten die Juden keinen Widerstand, so wie sie seit 1800 Jahren lang alle Verfolgungen geduldig ertragen hatten. Eine Ausnahme bildet der Aufstand im Warschauer Ghetto 1943.*
>
> *Über die Hälfte der in Warschau konzentrierten Juden waren bereits in die Vernichtungslager abtransportiert, als kleine Widerstandsgruppen der Zurückgebliebenen sich entschlossen, den Kampf um ihr Leben aufzunehmen. Mit eingeschmuggelten Waffen, gestützt auf die zahlreichen Luftschutzbunker deutscher Werkbetriebe, schlugen sie sich mit dem Mut der Verzweiflung fünf Wochen lang gegen eine buntzusammengewürfelte*

Polizei und Söldnertruppe, bis ihre Kräfte erlahmten. Himmler ließ das Ghetto dem Erdboden gleichmachen und die Überlebenden den Tötungslagern zuführen. Nur wenige entkamen [Bd. 4, S. 222].

In ihrer Analyse bezeichneten Martin und Eva Kolinsky, daß kaum jemals das innerjüdische und kulturelle Leben derjenigen Gemeinden erwähnt wird, die im „Dritten Reich“ ihr Ende gefunden haben, ja nicht einmal die Tatsache, daß es ein solches Leben gegeben hat. Die Juden erscheinen im Lehrbuch als eine amorphe, anonyme Masse, der die menschlichen Züge fehlen, wobei dem Schüler im Falle des deutschen Judentums nicht einmal deutlich wird, daß es deutsche Mitbürger waren, die verjagt und ermordet wurden[134]).

Seit Jahren wurde von verschiedenen Seiten nach Wegen gesucht, diese Mauer von Anonymität und Entfremdung, auch im Lehrbuch, didaktisch zu überwinden. „Die Darstellung der ersten antijüdischen Schritte . . . geschildert am Schicksal einer einzigen jüdischen Familie sind geeignet, den Schülern das Vorgefallene konkret vor Augen zu führen und ihre menschliche Beteiligung zu erwecken.“[135])

Ähnlich auch *Klett, Damals,* in seinem *Lehrerband:*

. . . Gleichfalls ist es notwendig, das „Phänomen des Judenmordes“ aus dem Abstrakten herauszuheben und unter Hinwendung zum konkreten Einzelschicksal im Unterricht zu bearbeiten; nur dann scheint es möglich zu sein, die „erstaunliche Gleichgültigkeit dem Phänomen des Judenmordes gegenüber“ bei den Schülern abzubauen. Es geht darum, „Wissen und Kenntnis zu vermitteln“, daß die verfolgten Juden Menschen waren, „Menschen so gut und so schlecht wie alle anderen“ (G. van Norden) [5. Lehrerband, S. 92].

Ansätze dazu sind in einigen Büchern zu erkennen, die auch demonstrieren, daß eine solche Behandlung durchaus möglich ist, auch ohne den Rahmen des Lehrbuches zu sprengen und seine Konzeption grundsätzlich zu verändern.

So bringt *Westermann, Reise,* in seiner Lehrerausgabe einen Erlebnisbericht von Sigmund Weltinger (Hast du es schon vergessen? Frankfurt 1954).

Er nimmt das Thema der „Reichskristallnacht“ 1938 auf, das im Text des Arbeitsbuches nur kurz anklingt, und führt es aus der Perspektive des Ausgestoßen weiter [Bd. 4, Lehrerausgabe, S. 133 L].

An einer anderen Stelle des Lehrerbandes wird einem im Stürmer-Verlag, Nürnberg, erschienenen „Bilderbuch für Groß und Klein“ entnommenen Spottgedicht auf Juden folgender Satz beigefügt:

Dazu ein Wort von A. Joseph: „Junge Leute, die heute Geschichte lernen, könnten meinen, daß die Verfolgung 1933 über Menschen hereinbrach, die

[134]) Kolinski, Treatment, S. 193.

[135]) Robinsohn/Schatzker, Jüdische Geschichte, S. 32.

als Fremdlinge in unserer Mitte lebten, störend und provozierend in ihrem Anderssein. Es könnte jungen Leuten verborgen bleiben, daß Deutsche von Deutschen gejagt wurden" (aus: Mein Vaters Haus, Cotta'sche Buchhandlung, Stuttgart).

Danach bringt das Buch einen Zusatztext „Was wurde aus den Gejagten?", der dem Braunschweiger Gedenkbuch für die jüdischen Mitbürger „Brunsvicensia Judaica" (Braunschweig 1966) entnommen ist und kurze „nüchterne" Angaben über ehemalige Braunschweiger Bürger enthält, wie: Name, Beruf, Wohnung, Schicksal im „Dritten Reich".

Zur Illustration „Selektion in Auschwitz" bringt das Buch folgenden Begleittext:

> *Das linke Bild läßt eine Bahnanlage mit schuppenähnlichen Gebäuden im Hintergrund erkennen. In langer Reihe stehen Menschen: ältere Männer im Vordergrund, offensichtlich Frauen in der Fortsetzung der Schlange im Hintergrund. Die Männer tragen den „Judenstern" (s. o.). Ein Uniformierter – in der Uniform der Waffen-SS – öffnete die Jacke des vor ihm Stehenden. Es ist die Situation des Viehmarktes, die grobe Prüfung, ob das Fleisch auf den Rippen noch ausreicht zur zeitweiligen Arbeitsleistung. Welche Gedanken mögen den so „Geprüften" in diesem Augenblick bewegen? Weiß er, ahnt er, worum es geht? Ist sein Gesichtsausdruck als der eines Bittenden zu deuten? Oder scheint er nicht vielmehr durch den Mann hindurchzublicken, der über sein Leben oder seinen Tod entscheidet . . . Vielleicht ist es doch der Ausdruck einer beinahe schon zur Gleichgültigkeit erstarrten Gefaßtheit, die sich in den Zügen spiegelt – auch des Mannes hinter ihm.*
>
> *Wie alt mögen sie sein?, Welches Leben mögen sie bisher geführt, welchen Beruf ausgeübt haben? Waren sie Arzt, Rechtsanwalt, Lehrer, Kaufmann? Und was ist aus ihnen geworden? Durften sie weitergehen und erhielten sie so einen Aufschub für ihr Leben? Oder mußten sie heraustreten und ihr weiterer Weg führte sie dann – an Stacheldraht und Schienen entlang – gleich ins Gas? So wie die alte Frau und die Kinder auf dem Bild daneben?*
>
> *Das rechte Bild: Was ist hier vorgegangen? Sind die Eltern bei der Selektion für „arbeitstauglich" befunden worden? Die Kinder sind vielleicht Geschwister. Was mögen die letzten Habseligkeiten sein, die da gebündelt mitgeschleppt werden? Und wie geht ihr Weg weiter? So wie es der ungarische Arzt beschrieben hat . . . Ein derartiges Bildlesen mag manchem Kollegen zu spekulativ erscheinen. Aber dennoch: Erst wenn wir versuchen, das unendliche Grauen dieser Vorgänge gleichsam zu „individualisieren", wird es sich einer Generation erschließen, der all dies bereits wieder etwas Fernliegendes geworden ist [ebd., S. 137 L–138 L].*

Die Problematik der Funktionalität von Lehrerbänden überhaupt und die Frage, inwiefern diejenigen Kollegen, denen ein derartiges Bildlesen zu spekulativ erscheint, um diese Anregungen im Unterricht aufnehmen, kann hier nur angedeutet werden. *Diesterweg, Weltkunde,* fügt dem Kapitel „Die Mordbilanz" folgende Frage bei: „Versuche, Informationen über das Schicksal ehemaliger jüdischer Mitbürger aus deinem Heimatort zu bekommen" *[Bd. 3, S. 161].*

Klett, Menschen, bringt Auszüge aus einem „Bericht eines Davongekommenen" und aus den Tagebüchern von Anne Frank und David Rubinowicz, *Diesterweg, Aufriß,* aus den Tagebüchern von Jochen Klepper.

Der Prozeß der Entmenschlichung, dem die Juden ausgesetzt waren, wird in *Harms, Arbeitsmappen,* durch einige kurze Fragen problematisiert:

> *Wozu wurden die Juden durch die Nürnberger Gesetze degradiert?*
>
> *a) Wie beurteilst du das Verbot für die Juden, Haustiere und Gebrauchsgegenstände zu besitzen?*
> *b) Warum wurden diese Verbote erlassen?*
>
> *Welchen Zweck verfolgte man mit der Einführung des Judensterns?*
>
> *[Arbeitsmappen 4, S. 28].*

Diesterweg, Aufriß, bietet durchaus im Sinne der oben kritisierten Selbstdarstellung folgende Einführung in das Arbeitsthema NS. an:

> *Es gab immer in der europäischen Geschichte eine Judenfrage, da die Juden als fremdartige Minderheiten in andersartigen Volkskörpern wirkten. Die Juden hatten ihre mittelalterliche Verfassung bewahrt und lebten auch in der Neuzeit in religiöser, kultureller, rechtlicher, sozialer und örtlicher Abgeschlossenheit. Im Gefolge der Ideen der französischen Revolution (Emanzipation) entstand für sie das Problem der Assimilation, dabei mußte die jüdische Gemeinschaft sich zwangsläufig auflösen [Bd. III, Arbeits- und Quellenband, S. 207].*

Schöningh, Zeiten B, schreibt:

> *Zu den jüdischen Emigranten gehörten Männer, um deren Forschungsergebnisse die deutsche Wissenschaft in aller Welt beneidet wurde, wie Albert Einstein, Max Born, Fritz Haber, Siegmund Freud, Lise Meitner; ferner Dichter, Schriftsteller und Künstler wie Martin Buber, Alfred Döblin, Franz Werfel, Stefan Zweig, Bruno Walter, Max Reinhardt, Ernst Deutsch, Elisbeth Bergner*

und bringt einen Auszug aus dem Brief Max Reinhardts an die Hitlerregierung nach seiner Emigration in die USA:

> *. . . ich verliere vielmehr den Boden, den ich ein Leben lang gebaut habe und in dem ich selbst gewachsen bin. Ich verliere meine Heimat. Was das bedeutet, brauche ich denen nicht zu sagen, die diesen Begriff über alles stellen [Bd. 4, S. 106].*

In wenigen Büchern wird die Teilnahme der jüdischen Bürger am Ersten Weltkrieg erwähnt. *Harms, Arbeitsmappen,* bringt den Stammbaum der Familie Mendelssohn und fragt dazu: *a) Überlege, warum sie sich mit Recht als Deutsche fühlen konnten! b) Begründe, warum ihnen der Entschluß zur Auswanderung sehr schwer fiel [Bd. 4, S. 28].* Die Tragik des Verhältnisses zwischen „angestammtem Judentum und angelebtem Deutschtum" wird an ganz wenigen Stellen problematisiert *[*Siehe z.B. *Diesterweg, Aufriß, Bd. III, S. 209* oder *Westermann, Minderheit].*

Die Interpretation der Judenmorde von der Selbststilisierung des „Dritten Reiches" her, die sich in dem Gebrauch des Vokabulars aus der NS-Zeit mit oder ohne Anführungszeichen ausdrückt, wird trotz häufiger Beanstandungen in sämtlichen Büchern gehandhabt, in denen von „Vernichtung", „Ausrottung", „Niedermachen", „Abknallen", „Fremdkörper im Volkstum", „Zersetzung", „Schutzhaft", „Vergasung" und vielem mehr die Rede ist. Es sei nochmals auf den entsprechenden Paragraphen der Duisburger Vorschläge hingewiesen. „Die sprachliche Gestaltung der Geschichte der Juden in Deutschland bedarf großer Behutsamkeit. Die Übernahme der Sprache der Quellen muß kenntlich gemacht werden. Im darstellenden Text müssen die Schulbuchautoren selbstverständlich auf den Gebrauch des Vokabulars aus der NS-Zeit verzichten."[136])

3.

Die Frage, ob die Lehrbücher eine mehr kognitive oder mehr affektive Unterrichtskonzeption vertreten, bleibt für die hier vorgelegte Analyse rein theoretisch, da sämtliche untersuchte Bücher durchweg betont kognitive Vermittlungsmethoden bevorzugen.

Angesichts der zunehmenden Relevanz, die diese Frage in der fachdidaktischen Literatur in der Bundesrepublik Deutschland, insbesondere als Folge der Holocaust-Sendung, erhalten hat, sollen jedoch die sich abzeichnenden Positionen kurz skizziert werden.

Die Frage ist mit der Problematik des Holocaust-Unterrichts, wo immer er auch stattfindet, eng verbunden[137]).

In der Bundesrepublik trat die „Problematik rationaler Erkenntnis gegenüber emotionaler Betroffenheit an unserem Untersuchungsgegenstand besonders hervor"[138]), dies sowohl in bezug auf die deutsche als auch auf die jüdische Seite:

---

[136]) Internationale Schulbuchforschung, Vorschläge, S. 60.

[137]) Siehe dazu: Chaim Schatzker, Die „Schoah". Das Schicksal des europäischen Judentums im Dritten Reich als didaktisches Problem in der israelischen Schule, in: Neue Sammlung, Göttinger Zeitschrift für Erziehung und Gesellschaft, 1/1977, S. 94ff.; ferner: Chaim Schatzker, The teaching of the Holocaust, Dilemmas and Considerations, in: The Annals of the American Academy of Political and Social Science, July 1980, S. 218.

[138]) Schallenberger, Zur Darstellung der Schoah, S. 45.

„,Holocaust' hat deutlich gemacht, daß die Forderung, sich mit der braunen Diktatur auseinanderzusetzen, auf sehr große Resonanz stößt, *wenn* man einen Weg findet, der auch emotionale Betroffenheit zu bewirken vermag. Die Grundfrage, wie es möglich war, daß die Ideologie von Rassenhaß, Rassenwahn, ,Blut und Boden' Millionen mitriß, bzw. Millionen zu moralisch abgestumpften gleichgültigen oder ängstlichen Mitläufern machte (eine Frage, die meist jüngeren Menschen unverständlich ist, aber auch für viele ältere Menschen nachträglich rätselhaft erscheint), läßt sich nicht nur dadurch beantworten, daß man kognitiv erkennbare, logisch-rational erklärbare institutionell-strukturelle Fakten, sondern daß man auch Emotionen, Stimmungen, ,Atmosphären', ,Unterbewußtseinsnebel' vermittelt, diese aber aufzuklären versucht. Vor allem ist der Alltag im totalitären Staat Hitlers aufzuzeigen . . . So wichtig und unverzichtbar geschichtliches Verständnis und damit individuelle wie kollektive historische Reflexion auch sind: ,Holocaust' hat deutlich gemacht, daß die Notwendigkeit des Mitfühlens, Mitleidens und Nacherlebens bislang zu wenig beachtet wurde . . ."[139])

Diese Auffassung teilt auch Detlev Peukert mit Bezug auf die NS-Opfer: „Es hat sich gerade in der Diskussion über den Film ,Holocaust' gezeigt, daß die Präsentation eines emotional nachvollziehbaren Beispiels weitaus eindringlicher wirkt, als trockene Dokumentationen oder die statistische Auflistung von Millionen NS-Opfern. Eine didaktische Beschränkung auf die Darstellung einzelner Terrorakte in der engeren Heimat der Schüler und auf das emotional nachvollziehbare Schicksal einzelner Personen wird daher anzustreben sein."[140])

Das Konzept des „Alltagslebens", in dessen Nachvollzug Jugendliche affektiv angesprochen werden, als unverzichtbare Voraussetzung für einstellungsrelevantes Lernen liegt auch den Ausführungen Alfred Krink's zugrunde,[141]) und in ähnlicher Weise äußert sich Roland Schüßler zum politischen Unterricht. „Wenn ein Unterrichtsgegenstand wie das Judentum in seinen historischen Zusammenhängen und zugleich in seiner politischen Dimensionierung für Heranwachsende pädagogisch vermittelt werden soll, darf er gerade nicht ein allein politisch-objektiver Unterrichtsgegenstand bleiben. Er muß vielmehr so dargestellt werden, daß er in seiner Aspektvielfalt einen dem subjektiven Leben des einzelnen Schülers assimilierbaren Zuschnitt bekommt. Eben dies ist gerade auch um der politischen Effektivität des Politischen Unterrichts willen zu fordern."[142])

---

139) Glaser, Aufarbeitung, S. 4.

140) Detlev Peukert, Der deutsche Arbeiterwiderstand 1933–1945, in: Der Nationalsozialismus als didaktisches Problem, S. 100.

141) Krink, Nationalsozialismus, S. 103–128.

142) Schüßler, Gedanken, S. 14.

Dabei geht es wohl nicht lediglich um die Effektivität des Unterrichts, sondern auch – und vielleicht in erster Linie – um schwerwiegende Gefahren, die sich aus der unreflektierten direkten Umsetzung von Forschungsergebnissen der Sozialwissenschaften in den Schulunterricht ergeben.

So muß eine soziologische und politologische Analyse des Judentums und seines Schicksals im „Dritten Reich", die die Strukturen der gesellschaftlichen und politischen Prozesse und Zusammenhänge verabsolutiert und losgelöst von menschlichen Belangen – Gedanken, Gefühlen, Taten, Freuden und Leiden – betrachtet, dazu führen, daß Emphatie und Identifizierungsbereitschaft der Schüler mit dem Gegenstand der Analyse gar nicht erst aufkommt.

Abstraktionen und Verallgemeinerungen der Sozialwissenschaften beruhen auf einem langwierigen und mühsamen Prozeß der Datensammlung, Datenverarbeitung und -analyse. Den Schülern werden jedoch die verallgemeinerten und abstrakten Endergebnisse ohne die ihnen zugrundeliegenden Daten vorgelegt. Dies ist zwar in den meisten Schulfächern der Fall und wird von der modernen Didaktik allgemein beanstandet; hier geht es jedoch um Menschen und nicht um Fakten oder Zahlen, und deshalb scheint die Gefahr besonders groß. Mithin werden eben diejenigen vom Individuum absehenden und verallgemeinernden Denkmechanismen, die die Sozialwissenschaften als das Urübel bei der Entstehung von Vorurteilen und stereotypen Denkmustern erkannt hat, auf die Schüler projiziert. Ironischerweise sind die Sozialwissenschaften durch die notwendige didaktische Reduktion von Komplexität in den Schulen damit im Begriff, einen Mechanismus sich selbst erfüllender Prophetie auszulösen.

Sollte die Erziehung zur verantwortlichen individuellen Entscheidung nicht mehr die vornehmste Aufgabe des Erziehungsprozesses sein, dann läuft sie Gefahr, allein als Teil des Sozialisationsprozesses aufgefaßt zu werden, so daß die von den modernen Sozialwissenschaften erkannten und beschriebenen Mechanismen leicht als Entlastungsfaktoren benutzt werden. Diese Sichtweise führt leicht zur Umgehung einer offenen Auseinandersetzung mit der Frage nach der persönlichen Verantwortung des Individuums.

In diesem Sinne wohl auch Schüßler: „Die ausschließliche Vermittlung der Allgemeinheit wissenschaftlicher Erkenntnisse beschwört eine doppelte Gefahr herauf: Einmal kann sich das Subjekt hinter dieser Allgemeinheit gewissermaßen ‚verschanzen', d.h. sich nicht persönlich betroffen fühlen müssen, den Unterrichtsgegenstand als Ganzes insofern als scheinbar irrelevant verdrängen. Zum andern kann die Allgemeinheit des Unterrichts in Politik auf die unreflektierte Grundlegung politischer Theorien hinauslaufen, die ihrerseits wiederum zum Ausgangspunkt politischer Heilslehren werden können, ‚um des großens Zieles willen', das Individuum in seinem Kampf und Leiden übersehen lassen."[143])

---

[143]) Ebd., S. 16.

4.

Die Frage, wie Schuld, Verantwortung und Mitverantwortung in den Lehrbüchern behandelt werden, stand von jeher im Mittelpunkt des öffentlichen Interesses und bildete eines der Hauptmotive für Untersuchungen deutscher Geschichtslehrbücher im Ausland und in der Bundesrepublik selbst.

Die Rubrik „Schuld und Verantwortungsfrage" in den Übersichten 7 und 13 (siehe S. 126f. und S. 130f.) vermag nur eine ungenaue Einsicht in diese Problematik zu vermitteln, da in ihr lediglich das direkte Aufgreifen der Frage durch die Lehrbücher registriert wird, während das Hauptgewicht eher auf die Art der Behandlung gelegt werden muß.

Mehr als bei den bisher erwähnten Aspekten der Judenverfolgungen sind es hier schwerwiegende psychologische, politische und systemstabilisierende Interessen, die bewußt oder unbewußt eine offene und erschöpfende Auseinandersetzung mit dieser Frage blockieren oder zumindest erheblich erschweren und zu gewissen Abwehrmechanismen führen,[144]) die anhand der folgenden sechs idealtypischen Erklärungsmuster beschrieben und dokumentiert werden.

Hier soll nicht in die innerdeutsche Diskussion eingegriffen, sondern es sollen allein die dort gängigen Erklärungsmuster aufgenommen und dargestellt werden, sofern sie für die hier vorgelegte Analyse von Bedeutung sind. Diese mögen einer im Laufe der Jahre entstandenen Bewußtseinslage entsprechen, objektiv aber jedes in seiner Weise unzureichend, zum Teil irreführend bleiben.

Von den am häufigsten erwähnten Entlastungs- und Belastungsmustern seien die folgenden sechs in den Lehrbüchern deutlich zum Vorschein kommenden aufgeführt:

a) Das Erklärungsmuster des „Hineinschlitterns"
b) Die „Hitlertheorie"
c) Das Ausweichen ins Unpersönliche
d) Die „Verheimlichungstheorie"
e) Die „Loyalitätstheorie"
f) Die „Schuldaufrechnungstheorie".

a) Die „Theorie des Hineinschlitterns"

Klett, Damals, bringt in seinem *Lehrerband* Aussagen einer Gesprächsrunde vom Dezember 1973. Dort sagte der frühere Hamburger Bürgermeister Herbert Weichmann:

> *Als das Buch Hitlers „Mein Kampf" herauskam und wir es lasen, da haben wir uns gesagt: das ist doch nicht möglich! Der Unsinn kann doch nicht*

[144]) Siehe hierzu z. B.: Borries, Unkenntnis.

geglaubt werden . . . Wir verglichen Hitlers Aufstieg mit Mussolinis Herrschaft und sagten, wir hätten ja in Deutschland eine starke Gewerkschaftsbewegung . . . und diese . . . wird ein Bollwerk gegen seine Machtergreifung bilden . . . Und wer konnte sich im deutschen Volke oder im Ausland überhaupt diese Brutalität . . ., dieses Konglomerat aus Judenverfolgungen des Mittelalters, von Völkermorden und brutalster Machtausübung vorstellen . . . so sehr man auch seine Bewegung als Gefahr, als Bruch mit allen Werten erkannte, das Vorstellungsvermögen besaßen wir Zeitgenossen nicht, daß es so kommen würde, wie es gekommen ist . . .

Professor Eberhard Jäckel äußerte:

„Ich habe Rezensionen über ‚Mein Kampf' gesammelt. Es gibt sowieso nur wenige und unter denen, die ich gesehen habe, gibt es keine, die auf die beiden zentralen Punkte von Hitlers Programm hinweist, nämlich erstens darauf, daß Hitler schon in ‚Mein Kampf' fest entschlossen war, die Juden auszurotten [Bd. 5, S. 98].

Oder ein anderes Werk:

Die Lehre wurde auch von vielen Anhängern Hitlers nicht ernst genommen; aber sie wurde in den 12 Jahren nationalsozialistischer Herrschaft auf fürchterliche Weise verwirklicht [Schöningh, Zeiten B, Bd. 4, S. 74].

Oder:

Diese radikalen Ziele waren allerdings nur den wenigen vertraut, die sich der Mühe unterzogen, nationalsozialistische Schriften zu lesen. Die meisten Menschen waren nach den Erfahrungen mit den zahlreichen Parteien der Weimarer Republik nicht geneigt, Parteiprogramme ernst zu nehmen. [Diesterweg, Grundz. S II 1, S. 107–108].

Andere Bücher hingegen vertreten entgegengesetzte Meinungen:

Sie hatten auch an ihrer Feindschaft gegen das „internationale Judentum" keinen Zweifel gelassen. Wer es wissen wollte, der konnte es nicht nur in nationalsozialistischen Zeitungen lesen und in unzähligen Reden hören, er fand es auch – seit 1927 – in Hitlers Buch „Mein Kampf" an vielen Stellen bestätigt [Klett, Damals, Bd. 5, S. 5/66].

Die Tragödie der jüdischen Bevölkerung begann nicht erst mit der Vernichtung während des Krieges, sondern am 30. Januar 1933. In der Verstrickung großer Teile des deutschen Volkes in diese moralische Schuld liegt einer der unheimlichsten Erfolge der Methoden hitlerischer Politik [Westermann, Politik, S. 146].

Eine besondere Stellung nimmt in diesem Zusammenhang die Haltung der deutschen Bevölkerung zu den Juden in der „Reichskristallnacht" ein.

Die Mehrheit der Deutschen war an diesen empörenden Gewalttaten nicht beteiligt. Man war vielmehr entsetzt und manche halfen heimlich den bedrängten Juden. Offener Widerstand war längst unmöglich geworden. Daher schwiegen auch die Gerichte, die staatlichen Behörden blieben untätig [Klett, Damals, Bd. 5, S. 5/72].

. . . und wie standen die deutschen Bürger zu den anderen, der wahren Seite? . . . Sie bedauerten, daß ihr Hausarzt 1936 plötzlich seine Praxis schließen mußte, weil er „ein Jude war". Sie sahen mit ungutem Gefühl, wie in ihrer Stadt 1938 das Gotteshaus der Juden in Flammen aufging und die Feuerwehr dabeistand, ohne den Brand zu löschen . . . Aber das waren zunächst für viele Deutsche nur kurze Augenblicke der Besinnung und des Nachdenkens, die sie schnell überwanden. „Der Führer wird es schon wissen" – „Der Führer wird es schon richtig machen" – „Der Führer" – „Der Führer" [Westermann, Reise, Bd. 4, S. 133].

Das hätte den Menschen die Augen über den wahren Charakter des Nationalsozialismus öffnen müssen. Aber Propaganda und Schreckensherrschaft hatte viele zum Schweigen gebracht [Hirschgraben, Weg, Bd. 3, S. 58].

Andere Bücher erwähnen dabei aber doch, daß:

. . . jüdische Unternehmungen unter Drohungen und Erpressungen durch örtliche Parteifunktionäre zu Preisen, die weit unter dem wahren Wert lagen, in deutsche Hände gebracht (wurden) [Diesterweg, Grundzüge S I, Bd. 4, S. 178].

und daß:

an den nun erfolgenden „Zwangsarisierungen" aller jüdischen Unternehmen, Geschäfte und Handwerksbetriebe . . . sich viele (bereicherten), die jetzt jüdische Wirtschaftsbetriebe für wenig Geld erwerben konnten [Diesterweg, Spiegel, Bd. 4, S. 108].

„Es war ein sehr kleiner Teil des deutschen Volkes, der sich an diesen Ausschreitungen beteiligte; aber die Mehrzahl nahm das Geschehen schaudernd oder achselzuckend hin" [Schöningh, Zeiten B, Bd. 4, S. 106].

b) Die „Hitler-Theorie"

Daß das Phänomen des Nationalsozialismus und seiner Judenpolitik weder aus historischer noch aus didaktischer Sicht auf die Person Hitlers reduziert werden darf, wird in der relevanten Fach- und fachdidaktischen Literatur seit Jahren an unzähligen Stellen vielfach erklärt: „Wie immer man Hitler im einzelnen beurteilen mag, die Faszinationskraft, die er für die deutschen Massen gehabt hat, die Faszination, die er als Problemfigur für Historiker, Publizisten, Filmemacher und Romanciers entfaltet, kann gewiß nicht didaktisches Vermittlungsprinzip sein, nicht nur, weil sie an eine spezifische sozialpsychologische Konstellation gebunden war und im Grunde auf einem fatalen Irrtum beruhte, sondern auch, weil sie mit seiner Biographie und Psyche allenfalls ansatzweise zu erklären ist. Die Reduktion der Geschichte des Nationalsozialismus auf die Geschichte Adolf Hitlers scheint sich zwar unter dem Gesichtspunkt der Stoffauswahl anzubieten, doch ist weder der Durchbruch der NSDAP als

Massenbewegung noch die Politik des Dritten Reichs durch die Analyse der Rolle und Ideengänge Hitlers hinreichend plausibel zu machen und es bedarf der Aufdeckung der Zusammenhänge, die Hitlers Wirkungsmacht erst erklären."[145])

Die Person Hitlers als Entlastungsleistung (Bodo v. Borries), die die Verantwortungsprobleme verdrängt (Schallenberger), die Gefahr von „Personalisierung, Psychologisierung und Moralisierung" unter Preisgabe des intensiven Bemühens, die Auswirkungen der Naziherrschaft in eine Beziehung zu ihren soziologischen und politologischen Ursachen zu setzen (J. Redhardt) und die damit verbundene Ablehnung, Schlüsse für die Gegenwart und Zukunft zu ziehen, werden in der Fachwissenschaft mit großem Nachdruck vertreten. Auf mögliche Fehlinterpretationen macht Herbert Jochum aufmerksam: „Ist Hitler tot, so ist auch der Faschismus tot, Auschwitz als sein Werk kann vergessen werden. Wir als Nachgeborene sind nicht mehr Hitler."[146])

Dessen ungeachtet bleibt in den Lehrbüchern alles beim alten.

> *Hitlers demagogische Ausstrahlung und die Technik der Massenversammlungen erzielten unvergleichliche Wirkungen. Das grelle Licht der Scheinwerfer, das schreiende Rot der Fahnen, die schmetternden Klänge der Militärmusik, die gaumige Stimme Hitlers, die bald schmähend und haßerfüllt, bald tief gläubig und beschwörend aus den Lautsprechern dröhnte, das Heilgeschrei der Anhänger, die rhythmisch aufbrandenden Sprechchöre – all dies erzeugte in den Versammlungsteilnehmern einen heißen Strom unklarer, aber mächtiger Gefühle, der leicht jedes kritische Denken hinwegschwemmt [Diesterweg, Grundzüge S I, Bd. 4, S. 152].*

> *Nach dem Eindringen der deutschen Truppen in Sowjetrußland beherrschte Hitler – so schien es – unbeschränkt den europäischen Kontinent. So konnte er jetzt unbehelligt vom Ausland und verborgen von den meisten Deutschen in den weiten Räumen des Ostens seine „Endlösung" der Judenfrage durchführen [Schöningh, Zeiten C, Bd. 4, S. 129].*

> *Hitler benützte den Krieg, um seine angekündigte „Endlösung der Judenfrage" durchzuführen [Buchner, Geschichte, Bd. 4, S. 169].*

Ähnliche Formulierungen finden sich in fast sämtlichen Büchern.

c) Das Ausweichen ins Unpersönliche

„Die Not der genauen Benennung wird ebenso deutlich an der syntaktischen Eigenart des ‚fehlenden Subjekts'. An seine Stelle treten adverbiale Bestimmungen der Zeit und des Ortes mit dem namenlosen ‚man' als Subjektersatz

---

[145]) Mommsen, Zur Behandlung des Nationalsozialismus, S. 71; siehe auch: Riesenberger, Der Nationalsozialismus im Geschichtsunterricht, S. 19–20.

[146]) Jochum, Holocaust, S. 112.

oder vielfach passive Wendungen. ‚In der Nazizeit verfolgte man die Juden' oder: ‚In der Nazizeit wurden die Juden verfolgt.' Die Dominanz des Passivischen resultiert aus der Benennung der Opfer. Über die Täter weiß man nicht zu reden."[147])

Während des Krieges wurden fast alle Juden im Inland und in den besetzten Gebieten in die Konzentrationslager gebracht und die meisten dort auf grausame Weise getötet [Hirschgraben, Weg, Bd. 3, S. 743].

d) Die „Verheimlichungstheorie"

Auch hier sollen gegensätzliche Aussagen der Lehrbücher gegenübergestellt werden:

All dies vollzog sich unter äußerster Geheimhaltung in abgelegenen Gebieten. Die Wachmannschaften waren zu strengstem Stillschweigen verpflichtet, und nur ganz selten entkam ein Opfer dieser Vernichtungsmaschine, um darüber berichten zu können. Wenn doch einmal etwas durchsickerte, dann schien es so unvorstellbar, grausam, daß niemand es glauben mochte. Erst gegen Ende des Krieges wurde das Geschehen in all seiner Unmenschlichkeit bekannt [Westermann, Reise, Bd. 4, S. 139]. (Fast in denselben Worten auch: *Diesterweg, Grundzüge S I, Bd. 4, S. 123.)*

Ein anderes Beispiel:

Eine Atmosphäre der Angst, der Lüge und des Terrors bestimmte das öffentliche Leben in Deutschland. Nur so war es erklärlich, daß eines der schrecklichsten Ereignisse der Menschheitsgeschichte – die systematische Tötung der europäischen Juden – weiten Kreisen der Bevölkerung erst nach dem Krieg bekannt wurde [Schulbuchverlag, Erleben, Bd. 3, S. 114]. (Ähnlich auch *Klett, Grundriß, Bd. III, S. 188.)*

Etwas weiter wagt sich *Schöningh, Zeiten C,* vor:

Das Volk hat von diesen Vorgängen in den KZ nichts Genaues gewußt – die Einzelheiten des Terrors wurden streng geheim gehalten – aber es wußte um deren Existenz und ahnte Schreckliches, und diese Angst vor dem namenlosen Schrecken brachte es zum Schweigen [Bd. 4, S. 103].

Die folgenden Sätze in *Schöningh, Zeiten B,* gehen von sämtlichen untersuchten Lehrbüchern am weitesten:

Schon während des Feldzuges begannen die Morde an jüdischen Einwohnern. Ein junger Soldat schrieb darüber nach Hause: „Nie werde ich erzählen, was ich erlebt und gesehen habe . . ." Die Deportationen blieben der deutschen Bevölkerung nicht verborgen. Einige wenige Deutsche wagten ihr Leben und versteckten jüdische Freunde –, sie ahnten das Schicksal, das – unter der Tarnung einer „Umsiedlungsaktion" – diese im Osten erwartet [Bd. 4, S. 139].

---

[147]) Jochum, Holocaust, S. 112; ähnlich argumentieren auch Kolinsky, Redhard und andere.

e) Die „Loyalitätstheorie“

Da die Bücher so gut wie gar nichts über die Täter aussagen, werden auch ihre Motivationen nicht näher erklärt. *Klett, Menschen,* ist das einzige der untersuchten Lehrbücher, das auf die in den Kriegsverbrecherprozessen so häufig vorkommende Argumentation der Verteidigung „Befehl ist Befehl“ eingeht, auch das nicht im Aussagetext, sondern in einer problematisierenden Frage.

> *Hitler hatte viele Helfer. Die meisten berufen und beriefen sich auf Befehle von Vorgesetzten. Was halten sie davon? [Bd. 4, S. 124].*

Widerstand als Beleg für die Angreifbarkeit des Systems[148]) wie:

> *Die Erregung in der Öffentlichkeit zwang Hitler dazu, die Ermordung der Kranken Ende 1941 vorläufig einzustellen [Oldenbourg, Geschichte, Bd. 3, S. 88].*

wird in *Diesterweg, Grundzüge S I,* auf Juden bezogen:

> *Die Ermordung Kranker und Alter konnte teilweise verhindert werden, da sie mitten in Deutschland geschah. Außerhalb des Reichsgebietes, unter dem Deckmantel des militärischen Geheimnisses, begann Hitler mit der Ausrottung der Juden, mit der er wiederholt öffentlich gedroht hat [Bd. 4, S. 220].*

Problembewußter schreibt *Westermann, Politik:*

> *Erst nach 1939 begannen größere Teile des deutschen Volkes zu spüren, in welche Abhängigkeit sie sich gebracht hatten. Wo der Anruf an den „blinden Gehorsam“ versagte, brachte der Staat seine Machtmittel rücksichtslos zur Anwendung. War bis 1939 ein gewisses Maß an Freiheit trotz des totalitären Anspruchs des Staates noch gegeben, so beseitigte der Krieg diese Möglichkeit restlos. Aus der Mischung von gläubiger Opferbereitschaft und Angst vor der Gestapo, aus dem Gefühl heraus, mit dem nationalsozialistischen Staat unlöslich verbunden zu sein, erklärte sich die Leidensfähigkeit des Volkes während des Krieges. Selten hat ein Volk mit derartiger Hingabe die größten Opfer zugunsten eines verbrecherischen Systems gebracht [S. 147].*

oder *Diesterweg, Grundzüge S I:*

> *Der millionenfache Mord geschah nach generalstabsmäßiger Planung mit bürokratischer Präzision, in fabrikmäßiger Technik. Die groben Tätigkeiten mußten Ukrainer, Polen, Litauer und jüdische Zwangsarbeiter verrichten, die selbst vom Tode bedroht waren. Verwaltungs- und Aufsichtspersonen, Techniker und Ärzte stellte die SS. Sie waren nur vereinzelt teufliche Quäler, in der Mehrzahl biedere Familienväter, in ihrem Privatleben korrekte, pflichtbesessene Bürger, die sich einredeten, ihre schmutzige „Arbeit“ sei ein Dienst für Volk und Vaterland [Bd. 4, S. 222].*

---

[148]) Schallenberger, Zur Darstellung der Schoah, S. 42.

f) Die „Schuldaufrechnungstheorie“

Denn das anfänglich von Hitler praktizierte „Area-Bombing“, fragwürdig selbst vom rein militärischen Zweckstandpunkt, erweist sich ebenso als Indiz eines mitleidlosen weltanschaulichen Konflikts wie die vom NS-Regime angestrebte Liquidierung des Judentums, die unter dem euphemistischen Tarnbegriff der „Endlösung“ mit kalter Methodik betrieben wurde. Neben den Namen Belcec, Treblinka und Auschwitz als grausigen Wortsymbolen für das Maß des radikalen Bösen, dessen die menschliche Natur fähig ist, steht der Name Dresden, so der Historiker Karl Dietrich Erdmann [Diesterweg, Aufriß, Bd. 3, Teil 1, S. 445].

Ein einziges Buch ist unsensibel genug, auf derselben Seite Quellenauszüge aus dem SA-Befehl zur „Reichskristallnacht“, dem Wannseeprotokoll, dem Höß-Bericht und anschließend aus dem Wiedergutmachungsabkommen zwischen der Bundesrepublik Deutschland und dem Staat Israel zu bringen *[Hirschgraben, Fragen, Bd. 4, S. 60]*. Vielleicht folgt auch die Bildanordnung an gleicher Stelle 1. Warschau, Mai 1943 – Vernichtung des jüdischen Ghettos – 2. Berlin, November 1943 – nach einem Luftangriff auf den Kurfürstendamm – 3) Kertsch (Krim) April 1944 – Suche nach Angehörigen unter den Toten – 4. Köln 1945 – Die zerstörte Innenstadt – der gleichen Absicht.

Hirschgraben, Fragen, bringt die folgende Aussage von Karl Jaspers über den Nürnberger Prozeß:

Im Gericht saß das bolschewistische Rußland, als Staat totaler Herrschaft, der Herrschaftsform nach nicht anders als der nationalsozialistische Staat. Es war also ein Richter beteiligt, der das Recht, auf dem das Gericht begründet werden sollte, faktisch gar nicht anerkannte . . . Das Nürnberger Verfahren war im Effekt ein einmaliger Prozeß von Siegermächten gegen die Besiegten . . . Nicht Recht wurde begründet, sondern das Mißtrauen gegen das Recht gesteigert [Bd. 4, S. 154].

Eine andere Meinung vertritt *Schöningh, Zeiten B:*

. . . Man muß aber berücksichtigen, daß das unvorstellbare Ausmaß der Verbrechen, deren sich die Hingerichteten gegenüber fremden Völkern wie gegenüber ihrem eigenen Volk schuldig gemacht hatten, eine harte Bestrafung auch nach dem geltenden deutschen Recht verlangt hätte [Bd. 4, S. 172].

Ähnlich äußert sich der *Schulbuchverlag, Erleben:*

Während die NS-Führer millionenfache Morde auf sich geladen hatten, ihre Gegner ohne Prozeß, mit „kurzem Prozeß“ oder trotz Freispruchs ermordeten oder ins KZ brachten, hat das internationale Militärtribunal in Nürnberg den Angeklagten die Möglichkeit gegeben, sich ausführlich zu rechtfertigen. Ihre Verteidiger hatten ein halbes Jahr Zeit, Entlastungszeugen zu vernehmen und Entlastungsmaterial vorzulegen und auszuwerten [Bd. 3, S. 134].

Die Übersichten zeigen, daß eine direkte Auseinandersetzung mit der Frage nach Schuld und Verantwortung durchaus nicht in allen Büchern erfolgt, selbst ein Werk, dessen Gesamtkonzeption seinem Titel *„Fragen an die Geschichte"* folgt, hat bezüglich der Täter und Mitverantwortlichen für den Mord von – seiner Angabe nach – 5–6 Millionen Juden an die Geschichte keine Frage zu stellen. Auch das Kapitel „Faschismus-Theorien, Kann man erklären, was man nicht begreifen kann" in *Westermann, Zeitaufnahme,* und Teilfragen wie: „Wie war es möglich", „Ist es wieder möglich" befassen sich mit dem Faschismus als Regierungssystem und gehen mit keinem Wort auf den Mord an Millionen Juden ein. Auch diejenigen Bücher, die die Frage aufnehmen, beantworten sie unterschiedlich und lassen meist eine klare und eindeutige Stellungnahme vermissen.

> *Es gab in Deutschland nicht nur Millionen, die an den Verbrechen keinen Anteil hatten – wenngleich die meisten unter ihnen passiv bleiben und abwarteten, bis das Unheil mit der Niederlage beendet war – es gab nicht nur die Wahnwitzigen und die kalten Verbrecher der Macht. Es gab auch einzelne, die den Mut hatten, sich gegen die Gewalt zu stellen und öffentlich ihren Standpunkt zu bekennen [Klett, Damals, Bd. 5, S. 5/94].*

> *Angst und Mißtrauen trieben unzählige Menschen dazu, gegenüber dem Bösen, das sie vor Augen hatten, zu schweigen, wegzusehen oder sogar mitzuhelfen. Unzählige andere erfuhren kaum etwas von den Untaten, die geschahen. Sie unterstützten die Regierung in dem Glauben, das Rechte zu tun und merkten erst später, wie schamlos sie mißbraucht worden waren [Klett, Menschen, Bd. 4, S. 127].*

> *Das furchtbare Verbrechen, das an den europäischen Juden verübt wurde, hat – wenn auch nur einige Zehntausende Deutsche unmittelbar daran beteiligt waren – das Ansehen des deutschen Volkes in der ganzen Welt aufs schwerste befleckt. Das Verbrechen beweist, welchen Vernichtungstrieb im Menschen der Befehl eines totalitären Staates auslösen kann und wie kurz der Schritt vom Rassenhochmut zum Massenmord ist [Schöningh, Zeiten B, Bd. 4, S. 141].*

In diesem Sinne formulieren auch Bücher der Oberstufe:

> *Der Terror und die Verbrechen der nationalsozialistischen Herrschaft sind in der neueren Geschichte ohne Beispiel. Vor allem die systematische Vernichtung von Millionen von Menschen, die sich weder gegen die herrschende Regierung auflehnten noch sonstwie vergingen, durch die nationalsozialistischen Machthaber, belastet das deutsche Volk. Gewiß bildeten die eigentlichen Verbrecher und die blinden Anhänger Hitlers nur eine Minderheit; neben dieser stand die große Mehrheit, die sich aus politischen Opportunisten und Gleichgültigen zusammensetzte. Nur wenige derer, die innerlich widerstrebten, hatten Mut und Kraft gefunden, öffentliche Kritik zu üben oder gar Widerstand zu leisten. Keiner aber kann sich der Verantwortung für die Regierung seines Staates und den Folgen der Schuld entziehen, welche die Regierung begeht. Ohne Zweifel besteht eine*

„Kollektivhaftung" für das, was im Namen einer Nation von ihrer Regierung getan wird [Diesterweg, Grundzüge S II 2, Bd. II, S. 201].

Am eindeutigsten nimmt *Westermann, Politik,* Stellung:

Neben der allgemeinen Begeisterungsfähigkeit konnte sich Hitler aber auch auf eine weitverbreitete Eigenschaft verlassen: Die Gleichgültigkeit vieler Menschen in Deutschland gegenüber den verfolgten Personengruppen, vornehmlich gegenüber der jüdischen Bevölkerung. Nicht nur aus antisemitischen Gefühlen oder aus Angst vor der Gestapo, sondern in vielen Fällen aus allgemeiner Gleichgültigkeit heraus gab es keine Solidarität mit diesen verfolgten Menschen. Daß viele den November-Pogrom ablehnten, ändert daran ebensowenig wie die Tatsache, daß nach Kriegsausbruch für die meisten der Schleier des Geheimnisses über der Tragödie der Juden lag, auch wenn z. B. im Generalgouvernement mehr darüber bekannt wurde und teilweise durch die Umstände (z. B. Ghettoräumungen mit ihren grausigen Begleitumständen) bekannt werden mußte. Die Tabuisierung gerade dieser Vorgänge wurde zu einem Kennzeichen der Nachkriegsgesellschaft [S. 146].

Von den „Tätertypen" (Günther van Norden), von politischen Verhaltensmustern und der Mentalität derjenigen breiten bürgerlichen Mittelschicht, deren Bereitschaft, sich korrumpieren zu lassen, Hitler seine Macht verdankte (Hans Mommsen), von der Rolle der staatlichen Bürokratie, der Armee, der Industrie und der vielen Itellektuellen bei den Judenverfolgungen und bei deren Ermordung ist in den Lehrbüchern in der Regel nicht die Rede.

Die Arbeitsaufgabe: *Berichte über die NS-Judenpolitik. Prüfe, wer mitmachte, wer zusah und, ob Zusehen die Augen öffnet [Diesterweg, Weltkunde, Bd. 3, S. 118],* kann der Schüler anhand seiner Lehrbücher nur äußerst unzulänglich erfüllen. Lediglich ein Buch bringt einen Auszug von „Hans Buchheim, Befehl und Gehorsam", der sich mit der Problematik „Verbrechen und Solidarität" auseinandersetzt *[Diesterweg, Aufriß neu, Bd. 3, Teil 1, S. 458–459]*, geht aber dann in den damit zusammenhängenden Arbeitsthemen nicht darauf ein. Eine löbliche Ausnahme bildet *Westermann, Politik,* mit seinem wichtigen Kapitel „Zur Lebenssituation des einzelnen im nationalsozialistischen Staat" *[S. 145–147].*

Es ist jedoch gerade das Wissen um das hier angedeutete, das für die folgende Fragestellung ausschlaggebend ist.

5.

Die Frage, ob in den Lehrbüchern auf die paradigmatische Bedeutung des Antisemitismus, der Judenverfolgungen und Ermordungen im „Dritten Reich" für das Erkennen ähnlicher Mentalitäten, Strukturen und Gefahren in der gegenwärtigen Welt hingewiesen und die Frage erörtert wird, mit welchen Mitteln ihnen begegnet werden kann, ist ebenso dringlich wie schwer zu beantworten.

Auch Hans Mommsen fordert: „Der Blick kann daher nicht ausschließlich auf der Analyse der nationalsozialistischen Weltanschauung und der Rolle der NS-Elite im engeren Sinne liegen, sondern muß die Stellung der Funktionseliten in Bürokratie, Armee und Wirtschaft ebenso einbeziehen wie die Mechanismen, die es verhindert haben, daß sich – abgesehen von dem konspirativen Widerstand – Gegenkräfte größeren Ausmaßes gegen die rassenpolitischen, außenpolitischen und militärischen Zielsetzungen zu artikulieren vermochten. Die Bedingungen der nationalsozialistischen Diktatur sollten daraufhin untersucht werden, ob sie nicht auch einige Elemente enthalten, die unter gänzlich veränderten politischen Strukturen ebenfalls freiheitsgefährdend wirken können. In solcher Behandlung des Nationalsozialismus, die über eine bloß abschreckende Darstellung hinaus die politischen Mechanismen der faschistischen Diktatur aufdeckt, liegt der spezifische Wert dieses Teils des zeitgeschichtlichen Unterrichts für die politische Bildung."[149])

Für unser Thema gilt auch die Aussage von Horst Schallenberger: „Wer die antisemitischen Tendenzen der aktuellen Gegenwart registriert, ist erschrokken. Verharmlosung und Verdrängung sowie blanke Unkenntnis blockieren die Aufklärung im Interesse einer besseren Zukunft. In diesem Prozeß spielt das Schulbuch zweifellos eine Rolle . . ."[150])

Zwei Illustrationen in *Westermann, Zeitaufnahme,* Beschmierter Judenfriedhof und Hamburg, Mai 1978, Neonazis, deuten auf die hier angesprochene Problematik hin [Bd. 3, Abb. 2 u. 3].

Die Frage, ob die hier untersuchten Bücher diesen Erwartungen gerecht werden, läßt sich weder pauschal noch eindeutig beantworten und auch nicht durch wenige Zitate belegen. Die Antwort darauf ist vielmehr in der Gesamtkonzeption des Lehrbuches, in seinen Lernimpulsen, Anregungen, Fragen, Illustrationen und in der Einstellung der Autoren verankert. Hinweise, die sich auch auf diese Frage beziehen, sind in der hier vorgelegten Analyse an vielen Stellen enthalten.

---

[149]) Mommsen, Zur Behandlung des Nationalsozialismus, S. 67.

[150]) Schallenberger, Zur Darstellung der Schoah, S. 52.

6. Der Staat Israel – Vorgeschichte, Gründung, Gegenwartsprobleme[151])

Die Frequenz- und Vermittlungsanalysen zu dieser Periode geben ein genaues Bild dessen, was den Schülern in den Lehrbüchern vermittelt wird. Deshalb soll darauf nicht näher eingegangen werden. Es ist auch, wie die Raumanalyse aufzeigt (siehe Übersichten 1 und 2, S. ? und S. ?) die nach der Geschichte der Juden im „Dritten Reich" am ausführlichsten behandelte Periode überhaupt; mit großer Einheitlichkeit werden in den allermeisten Büchern diejenigen Inhaltselemente aufgenommen, die unerläßlich erscheinen, wenn dem Schüler die Einsicht in einen der brisantesten Krisenherde der Gegenwart ermöglicht werden soll.

Die hier vorgelegte Analyse jedoch, der es um ein zusammenhängendes Gesamtbild der jüdischen Geschichte geht, stellt darüber hinaus folgende drei Fragen an die Lehrbücher:

1. Wird der Zionismus und der Staat Israel im Kontinuum der jüdischen Geschichte und im Zusammenhang mit den vorangegangenen relevanten Abschnitten jüdischer, deutscher und europäischer Geschichte behandelt?
2. Werden Zionismus und Staat Israel lediglich auf den Konfliktfall reduziert oder werden auch innenpolitische, wirtschaftliche, gesellschaftliche und kulturelle Aspekte behandelt?
3. Wie wird der Nahostkonflikt behandelt?

1.

Schon in der Untersuchung aus dem Jahre 1963 haben wir darauf hingewiesen, daß die Entwicklung des Zionismus und die Vorgeschichte des Staates Israel eine Folge von Ereignissen jüdischer und europäischer Geschichte ist und daß die jeweiligen Phasen dieser Entwicklungen durch die entsprechenden Abschnitte jener Geschichte bedingt und ohne sie nicht verständlich sind. Der Zionismus einerseits als „eine Antwort auf die ‚Judenfrage', die fast so alt ist wie das Judentum selbst, die sich kontinuierlich durch die gesamte jüdische Geschichte und die Geschichte der Völker erstreckt", anzusehen, andererseits, in europäischer Sicht als Antwort auf den modernen Antisemitismus und als eine der Nationalbewegungen des 19. und 20. Jahrhunderts, modern „in der Rezeption von modernen nationalen Gedankengängen und Wertvorstellungen aus dem Bestreben, einem uralten Empfinden ein modern artikuliertes Ausdrucksvermögen und geschichtliche Legitimation zu verleihen".[152])

---

[151]) Siehe Übersicht 8 und 14, 15 auf S. 158/159, 160/161, 162/163, 164.

[152]) Schatzker, Die „Judenfrage", S. 167.

Übersicht 8

Frequenz- und Vermittlungsanalyse der Inhalte der Vorgeschichte, Gründung und Gegen
Zeilenzahl des Textes oder Quellentextes (Q) oder Zahl der Karten und Illustrationen (I
c = knappe Fakten-Erwähnung

Kurztitel	Auer Geschichte	Buchner Geschichte	Buchner Werden	Diesterweg Aufriß	Diesterweg Grundzüge S I	Diesterweg Spiegel	Diesterweg Weltkunde	Harms Arbeitsmappen	Henn Welt	H gr F
Zionismus					3 b	4 c	4 c			1
Palästina britisches Mandat					1 c	1 c 17 Q	1 c 1 I			1
Balfour-Erklärung			2 c			3 c	1 c			1.
jüdische Einwanderung	2 c	2 c	3 c		20 b	3 b	3 c			1
Einwanderung als Folge des Nationalsozialismus						3 c				
arabisch-jüdische Gegensätze		4 c 1 I	2 c		13 a	3 c	8 c			1
Englands Stellung zwischen Juden u. Arabern										
UNO-Beschluß 1947		4 c	2 c		3 c	3 c	2,5 c			9 7
Gründung des Staates Israel	1 c	1,5 c	1 c		1 c		0,5 c			5
Bekämpfung durch Araber	5 c	1,5 c	4 c		4 c	6 c	4 c			8
militärische Durchsetzung Israels										
arabisches Flüchtlingsproblem	0,5 c 1 I	3 c			6 c	8 b	8 c			1
jüdisches Flüchtlingsproblem										
Waffenstillstand		4 c								
Jerusalem										6
arabische Wirtschaftsblockade						2 c				
Leistungen und Aufgaben des Staates Israels	3,5 c	5 b 2 I			6,5 a	8 b 1 I	10 a			

eme des Staates Israels in den Geschichtslehrbüchern der Sekundarstufe I ausgedrückt in
ichnungsschlüssel: a = problematisierende Darstellung, b = beschreibende Darstellung,

n	Hirschgraben Weg	Klett Damals	Klett Menschen	Klett Unterrichtsw.	Oldenbourg Geschichte	Oldenbourg Geschichte 2 A	Schöningh Zeiten B	Schöningh Zeiten C	Schroedel Erkunden	Schulbuchverlag Erleben	Westermann Reise	Westermann Zeitaufnahme
Q				5c	8,5b					5b		4c 11Q
1I		1c	2c	3c		1c	1,5c	7,5c	2c	1,5c	3c	
				2,5b		2a	2c	2c		3b 2,5Q	3c	4c
	1c	2c		7b 1I	2,5c	1c		1,5c	1c	5,5b	2c	
1I	4a 2I	2b		5c						1b		
Q		0,5c	2c	4c		1c	1,5c	2c	1,5c	6b	3b	4c
		1,5c								4b		
1I		5c			5c		5c	3,5c		5c	5a	
	0,5c	1c	1c	3,5b	5c	1,5c	2c 1I	2,5c 1I	2c	4b 12,5Q	4b	
	5c	1c		3,5c	13c 2I	1c	1c	7b	4c	5,5c	2a	
			1c			0,5c	1c				1b	
	1c	5a	0,5c		3,5c		5c	5b			5c	26Q
			0,5c									
		1c 1I				1c	3c	8b			1a	
2I												
	6b		6Q	4c 1I			7b	4b 1I	3c		4b	

Fortsetzung Übersicht 8:

Kurztitel	Auer Geschichte	Buchner Geschichte	Buchner Werden	Diesterweg Aufriß	Diesterweg Grundzüge S I	Diesterweg Spiegel	Diesterweg Weltkunde	Harms Arbeitsmappen	Henn Welt	H gr F
Der Kibbuz		0,5 c								
Wiedergutmachungs-abkommen		3 c				5 c	5 c			
Verhältnis von Deutschen und Juden										
Der Nahost-Konflikt u. d. Großmächte (UNO)					13 b	11 c	8,5 c			1
Die Erdölwaffe					5 c	2 c	1,5 c			1
Suez-Krise 1956	22 b	15,5 b 1 I	8 c		29 b	7 b	6 c			2
Sechs-Tage-Krieg (Juni-Krieg) 1967	4 c	11 b	3 c		20 b	4 c 1 I	4 c			6
Jom-Kippur-Krieg 1973					27 b	11 c	8,5 c			7
Aktionen der Palästinenser		2 c			41,5 a 1 I	5 c	2,5 c			1
Jüdisch-arabische Auseinandersetzung										
Israelisch-ägyptische Vereinbarungen						1,5 c	4 c			
Fragen										6

ı ı n	Hirsch- graben Weg	Klett Damals	Klett Men- schen	Klett Unter- richtsw.	Olden- bourg Ge- schichte	Olden- bourg Ge- schichte 2 A	Schö- ningh Zeiten B	Schö- ningh Zeiten C	Schroe- del Er- kunden	Schul- buch- verlag Er- leben	Wester- mann Reise	Wester- mann Zeitauf- nahme
				3 b								
				2 c	3 c		5 a	4 c	1 c		6 a	
											6 a	
	5 c	6 b	2 c		22,5 b		14 a	7 c				13 b
2 I		4 b					16 b					
	7 c	3 c	13,5 c	3 c	11 c 1 I		12 c	37 b	1,5 c	12,5 b 1 I	1 c	
		4 b			9 c	10 c 1 I	18 c 1 I	16 c	8 c	4 b 1 I	1 c	
		3 b					17,5 b 1 I		5 c 1 I		7 c	
Q						2,5 c	1,5 c	10 b	2 c		3 b	
1 I												
			6 a				4 a					3 a

Übersicht 14

Frequenz- und Vermittlungsanalyse der Inhalte der Vorgeschichte, Gründung und Gegen
Zeilenzahlen des Textes oder Quellentextes (Q) oder Zahl der Karten und Illustrationen (
c = knappe Fakten-Erwähnung

	Buchner Werden O	Diesterweg Aufriß neu	Diesterweg Grundz. S II 1	Diesterwe Grundz. S
Zionismus	8 b			15 b
Herzl	0,5 c			
Die Erneuerung der hebräischen Sprache				
Dipl. Bemühungen um Palästinasiedlung				
Palästina britisches Mandat	0,5 c		1 c	1 c
Balfour-Erklärung			6 b	8 c
jüdische Einwanderung				8 c
Einwanderung als Folge des NS			2 c	
arabisch-jüdische Gegensätze	3 c			
Die Stellung Englands				
zionistische Parteienbildung				
UNO-Beschluß 1947			1 c	4 c
Gründung des Staates Israel	3 c		1 c	2 c
Bekämpfung durch Araber	1 c			2 c
militärische Durchsetzung Israels			1 c	3 c
arabisches Flüchtlingsproblem			1 c	6 c
Waffenstillstand	3 c		2 c	2 c
Leistungen und Aufgaben des Staates Israel	5 b		2 c	
Wiedergutmachungsabkommen	3,5 a		5 c	
Verhältnis von Deutschen und Juden	2 c		3 c	
Nahost-Konflikt u. d. Großmächte (UNO)	1 c			
Die Erdölwaffe			8 c	
Suez-Krise	9 b		8 c	
Sechs-Tage-Krieg	5 c			
Jom-Kippur-Krieg			10 c	
Aktionen der Palästinenser				
Die Bundesrepublik u. d. Nahost-Konflikt				
Fragen und Lernimpulse				

…eme des Staates Israels in den Geschichtslehrbüchern der Sekundarstufe II ausgedrückt in …chnungsschlüssel: a = problematisierende Darstellung, b = beschreibende Darstellung,

…erweg …k	Gehlen Politik	Gehlen Wandel	Klett Grundriß	Schöningh Zeiten O	Westermann Minderheit	Westermann Politik
		2,5 c			12,5 b	
					21 a 34,5 Q	
					7,5 b	
					9,5 b	
		1 c	1,5	1 c	4 c	
		2,5 c	2 c		8,5 a 1 I	
		4 c	1 c	3 c		
		2 c	12 b	7 c	7,5 b	
				1 c	2,5 c	
					39,5 b	
		9 b		2 c	3,5 c	
		1,5 c	1,5 c		5 b	
		2,5 c 1 I		4 c	2,5 c	
					14,5 b	
			0,5	2 c		
		2 c		5 c		
		4 c			8 b	
					7,5 c	
					10 b	
			13 b	10 c		
		7 c	2 c	4,5 c		
		21 c	8 b	6 c		
			2,5 c			
		13 b				

Übersicht 15

Frequenz- und Vermittlungsanalyse der Inhalte jüdischer Nachkriegsgeschichte in der schichtslehrbüchern der Sekundarstufe II ausgedrückt in Zeilenzahlen des Textes oder Qu textes (Q) oder Zahl der Karten und Illustrationen (I) und Bezeichnungsschlüssel: a = p matisierende Darstellung, b = beschreibende Darstellung, c = knappe Fakten-Erwähnun

	Westermann Minderheit
Die Entstehung der amerikanischen Diaspora	12 b
Sozialstruktur und Berufsgliederung des amerikanischen Judentums	10 b
Beziehungen zwischen dem amerikanischen Judentum und Israel	11,5 b
Antisemitismus in Amerika	8,5 b
Beziehungen von Juden und Farbigen	6 a
Die Entstehung der russischen Diaspora	9,5 c
Politische und ideologische Orientierung der Juden in Rußland	7 b
Schwankungen in der bolschewistischen Judenpolitik	10 b
Verfolgungen der Juden in der Stalin-Ära	12,5 b
Anti-jüdische Tendenzen im Ostblock	9,5 b
Auswanderung von Juden aus der Sowjetunion und Polen	6,5 b
Die Juden in der Bundesrepublik Deutschland	10,5 b
Antisemitismus in der BRD	5 b
Anti-israelische und antizionistische Tendenzen in der BRD	4,5 b
Antisemitismus in Österreich	7,5 b
Juden in der DDR	6,5 b
Antizionistische Tendenzen in der DDR	4,5 b
Literaturverzeichnis	11 c
Fragen und Arbeitsanregungen	9 a

Aus den Übersichten geht jedoch hervor, daß etwa die Hälfte der untersuchten Lehrbücher den Zionismus überhaupt nicht oder nur dem Namen nach erwähnen und daß sie die Vorgeschichte des Staates Israel mit der Balfour-Deklaration und der Übertragung des Mandats über Palästina auf die britische Regierung nach dem Ersten Weltkrieg beginnen, wobei der Staat Israel von seinen ersten Anfängen unter das Vorzeichen des Imperialismus gestellt wird.

Besonders auffällig tritt das bei *Westermann, Zeitaufnahme,* zu Tage. Die Balfour-Erklärung wird in Band 1 im Rahmen des Mittelalters unter dem Titel „Europäer beherrschen die islamische Welt/Teilung der arabischen Länder" gebracht, ohne daß zuvor die Geschichte der Juden in irgendwelcher sinnvoller Weise erwähnt geworden wäre und der Schüler mittels dieses Buches an dieser Stelle nicht wissen kann, wer die Juden sind, wieso sie nach Europa kamen und warum sie aus Europa auswandern wollen.

Andere Bücher begnügen sich mit kurzen Erwähnungen:

> *Die imperialistische britische Politik des Ersten Weltkrieges hatte durch widersprüchliche Zusagen die weitere Entwicklung des Nahen Ostens schwer belastet. Araber erhielten, um sie zum Aufstand gegen die türkische Herrschaft zu gewinnen, das Versprechen eines unabhängigen großarabischen Reiches . . . Gleichzeitig vereinbarten Frankreich und England in Geheimabkommen die Aufteilung dieses Gebietes in imperialistische Einflußzonen, während den jüdischen „Zionisten" zugesagt wurde, sie könnten in Palästina eine „nationale Heimstätte für das jüdische Volk" errichten.*
> *1896 hatte unter dem Eindruck des zunehmenden Antisemitismus in Ost- und Westeuropa der in Wien lebende jüdische Journalist Theodor Herzl das Buch „Der Judenstaat" veröffentlicht, in dem er einen nationalen jüdischen Staat forderte, der es den Juden ermöglichen sollte, „ein Volk wie alle anderen Völker" zu werden.*
> *Eine Weltorganisation förderte bald die „Rückkehr nach Zion", und bis 1914 kamen bereits 40000 jüdische Siedler nach Palästina, um unter schwierigen Bedingungen die Grundlagen einer neuen jüdischen Gemeinschaft zu schaffen [Diesterweg, Spiegel, Bd. 4, S. 207f.].*

> *Ein großer Teil dieser Einwanderer kam, weil sie in ihren Herkunftsländern verfolgt wurden; andere sahen in der Errichtung eines Staates Israel eine religiöse-nationale Aufgabe, vor allem die Zionisten. (Zionismus ist die Bewegung des modernen Judentums, die die Zerstreuung der Juden in aller Welt durch die Schaffung eines jüdischen Staates in Palästina aufheben wollte [Schulbuchverlag, Erleben, Bd. 3, S. 72].*

Warum gerade Palästina, wird in *Westermann, Reise,* gesagt:

> *Aus aller Welt strömten nun die Juden in ihre vor nahezu 2000 Jahren verlassene Heimat zurück [Bd. 4, S. 201].*

Zwei Illustrationen, auf denen beiden der Davidstern zu sehen ist, die eine „Eine deutsche Jüdin vor dem Transport ins Vernichtungslager" – die andere

„Militärparade in Jerusalem am Unabhängigkeitstag" veranschaulichen diese historische Zusammenhänge.

Ähnlich liest man in einem Buch der Oberstufe:

> *Seit der Zerstörung Jerusalems durch den römischen Feldherrn Titus (70 n. Chr.) lebte der weitaus größte Teil der Juden in der Diaspora. Aber die Sehnsucht der Juden nach dem Lande der Väter blieb immer lebendig. Sie gewann im vorigen Jahrhundert in der Bewegung des Zionismus Gestalt, die besonders durch die Judenverfolgungen in Rußland am Ende des 19. Jahrhunderts Auftrieb erhielt.*
>
> *Der Zionismus setzte sich zum Ziel, einen autonomen jüdischen Staat im Lande der Väter zu schaffen. Den Gedanken entwickelte vor allem der Wiener Theodor Herzl (gest. 1904), dessen Buch „Der Judenstaat" (1896) großes Aufsehen erregte. Ihren ersten Kongreß hielt die zionistische Bewegung in Basel ab (1897). Dank großzügiger Finanzierung durch viele Juden in aller Welt wurde es möglich, daß sich schon vor dem Ersten Weltkrieg Juden in Palästina ansiedelten. Bei Ausbruch des Ersten Weltkrieges waren etwa 12 % der Bevölkerung Palästinas Juden [Diesterweg, Grundzüge S II 2, Bd. II, S. 206].*

Eingehender schreibt *Hirschgraben, Fragen:*

> *Mit der Aufklärung und der französischen Revolution wurde den Juden in Europa die Gleichberechtigung angeboten. Man erwartete von ihnen dafür vorbehaltlose Assimilation an ihre „Wirtsvölker", außer in der Religion, d. h., man erwartete die Trennung der religiösen und nationalen Elemente des Judentums. Die Mehrheit der Juden in Europa ging darauf ein. Aber im Zeichen des Nationalismus und des rassischen Antisemitismus blieben sie für die „Wirtsvölker" dennoch Fremdlinge oder gar Feinde. So wurden viele Juden gegen Ende des 19. Jahrhunderts allmählich für die Idee des Zionismus und der Wiedererrichtung eines nationalen jüdischen Staates ansprechbar . . ., vor allem seit um die Jahrhundertwende in Südrußland blutige Verfolgungen stattfanden.*

Das Buch, das noch zuvor den Glauben der Juden an den Messias erwähnte, *der eines Tages . . . kommen und sie nach Israel zurückführen werde,* bringt auch einen Auszug aus Herzls Judenstaat *[Bd. 4, S. 249f.];* sehr ähnlich auch *Buchner, Werden O, Bd. 4, S. 28.*

Mit sämtlichen untersuchten Büchern unvergleichbar steht wiederum *Westermann, Minderheit,* das den Schülern der reformierten Oberstufe ein ausführliches Bild der Assimilation und Identitätskrise der Juden vermittelt, dies an drei Beispielen – Marx, Lassalle, Hess – erläutert und auf dem Hintergrund des Beginns der nationalen Judenfeindschaft und des Rassenantisemitismus, das bei weitem ausführlichste Kapitel über den Zionismus darbietet *[S. 28–30],* das von vielfältigen Quellenauszügen begleitet wird.

2.

Bezüglich der Behandlung des Staates Israel zeigt die Frequenzanalyse einen deutlichen Primat der Außenpolitik und der Beschreibung von Kriegen in der Konzeption der Lehrbücher auf. Während sämtliche untersuchten Bücher die politischen Hintergründe des Nahostkonflikts und die jeweiligen Kriege mit großer Ausführlichkeit schildern, werden Leistungen und Aufgaben des Staates Israel im Bereich der Wirtschaft, Gesellschaft, Sozialwesen, Integration von Einwanderern verschiedenartiger Herkunft, Kultur und Gesetzgebung nur von einigen Büchern und auch dann relativ flüchtig erwähnt. Auch die von der Duisburger Arbeitsgruppe Politik empfohlene Behandlung von „Fragen der Kollektiverziehung, landwirtschaftlicher Genossenschaften am Beispiel des Kibbuz" erfolgt in den Büchern nur vereinzelt.

Daß es sich dabei nicht lediglich um eine thematische Beschränkung, sondern um ein Hinwegsetzen über die Selbstinterpretation und das historische Selbstverständnis des Zionismus und des Staates Israel handelt und letztlich auch um eine unausgewogene Darstellung des Nahostkonflikts, soll im weiteren demonstriert werden.

Selbst das einzigartige und im Laufe der Analyse immer wieder hervorgehobene Buch *Westermann, Minderheit,* das der jüdischen Gesellschaft ebenso wie ihrem Selbstverständnis in Mittelalter und Neuzeit große Aufmerksamkeit schenkt, das die einseitig auf Handel und Geldverleih ausgerichtete Berufstätigkeit der Juden im Mittelalter, ihre Funktion als Kleinhändler, Hoffaktoren und ihre Rolle im Finanz- und Bankwesen im neuzeitlichen Territorialstaat, ihre Berufsgliederung und Überrepräsentation in einigen Berufssparten der Intelligenz, in Presse und Theaterwesen und im Handel Ende des 19. und Anfang des 20. Jahrhunderts ausführlich und problematisierend behandelt, hat kein einziges Wort für die Sozialstruktur, die Berufsgliederung und für die wirtschaftliche Betätigung und Leistung der Juden im Staate Israel übrig. Der Zionismus und der Staat Israel erscheinen im Lehrbuch als ein Konglomerat von politischen Parteien und Minderheiten, zu denen es auch orientalische Juden ebenso wie die Araber zählt *[2. 6.1]*, und wenn auch Siedlungen, Kibbuzim und Genossenschaften erwähnt werden, so durchwegs in politischen – nicht sozialen und wirtschaftlichen – Zusammenhängen.

In diesem Sinne verfährt auch *Hirschgraben, Fragen,* der in Auszügen aus der Unabhängigkeitserklärung des Staates Israel die historische Begründung erwähnt, nicht jedoch diejenigen Begründungen der Erklärung bringt, die sich auf den Beschluß der UNO und den Wiederaufbau des Landes durch das jüdische Volk beziehen, das das Land zur neuen Blüte gebracht hat. Das Werk stellt folgende Fragen an die Schüler:

> *a) Wie wird in der Unabhängigkeitserklärung die Inbesitznahme Palästinas gerechtfertigt?*

b) Wie beurteilen Sie die historische Begründung des Anspruchs auf Palästina? Vergleichen Sie die Forderungen der Palästinenser . . . [Bd. 4, S. 253].

In einigen Büchern werden auch wirtschaftliche und soziale Aspekte des Staates Israel erwähnt; auch dies lediglich aus der Sicht der Konfliktsituation.

Israel organisierte sein Staatswesen als parlamentarische Demokratie und schuf unter dem Einsatz neuester Technologien nicht nur eine eigene Industrie, Großstädte und ein modernes Verkehrsnetz, sondern brachte auch in einem dafür früher als ungeeignet betrachteten Land eine landwirtschaftliche Großproduktion in Gang. Die moderne Lebensweise der Israelis, ihr Geschäftssinn, ihre Pionierhaltung waren den Arabern fremd und weckten bei ihnen Mißtrauen, Haß und Aggressivität. Seit 1951 rissen Überfälle auf israelische Grenzsiedlungen und israelische Vergeltungsaktionen nicht ab. Israel blieb lange Zeit ein kultureller Fremdkörper in der rückständigen Welt des Nahen Ostens und die Feindseligkeit seiner Nachbarn machte es zu einer belagerten Festung . . . [Diesterweg, Grundzüge S I, Bd. 4, S. 292f.].

Kurze Hinweise wie:

Der Staat Israel begann nun planmäßig seinen Aufbau zu vollziehen: er kultivierte Wüstenland, errichtete neue Siedlungen, baute Schulen und schaffte den immer zahlreicher einströmenden Rückwanderern eine neue Heimat [Westermann, Reise, Bd. 4, S. 201]

finden sich auch in *Schroedel, Erkunden, Bd. 3, S. 186; Schöningh, Zeiten B, Bd. 4, S. 199* und in den Büchern der Oberstufe in *Buchner, Werden O, Bd. III, S. 183,* wobei meist auch die wirtschaftliche Hilfe im Rahmen des Wiedergutmachungsabkommens mit der Bundesrepublik Deutschland erwähnt wird.

In einigen Büchern wird die Leistung Israels bei der Eingliederung und der Integration der jüdischen Einwanderer unterschiedlichen Ursprungs gewürdigt:

Durch Einwanderung erweiterte sich seine Bevölkerungszahl schnell. Von 1948 bis 1951 stieg die Zahl der jüdischen Bewohner Israels von 650000 auf über 1,3 Millionen. Damit ergaben sich für das land neue Probleme: Juden aus den arabischen Ländern wanderten ein, vorindustrielle Verhältnisse gewohnt. Es bedurfte großer Anstrengungen im Erziehungs- und Bildungssystem, um das Entstehen einer einheitlichen Nation zu sichern [Diesterweg, Weltkunde, Bd. 3, S. 177]; siehe auch: *Gehlen, Wandel, S. 243.*

Klett, Menschen, in seinen *Handreichungen für Lehrer* sieht es hingegen aus anderer Sicht:

. . . Seitdem stammen Einwanderer meist aus dem Orient. Sie sehen sich privilegierten Schichten europäischer Einwanderer gegenüber, Positionen in Staat, Verwaltung, Gewerkschaften, Privatindustrie besetzt: Schwierigkeiten der Integration. Vgl. Marion Gräfin Dönhoff, Welt in Bewegung, 1965 [Bd. 6, S. 61].

Eines der wenigen Bücher, das den Kibbuz erwähnt, ist *Klett, Unterrichtswerk:*

> *Die Zahl der Juden in Palästina stieg bis 1914 auf 85000 an. Sie schufen eine sozialistische Siedlungsform, den Kibbuz, in dem der Boden und die Häuser sowie der Ertrag der gemeinsamen Arbeit allen gehört. Lohnzahlungen oder Gewinnausschüttung gab es nicht, wohl aber gemeinsame Verpflegung und Kindererziehung [Bd. 4, S. 70f.].*

Kulturelle Aspekte des Staates Israel werden kaum jemals in den untersuchten Lehrbüchern erwähnt.

3.

In seiner *Lehrerausgabe* stellt *Westermann, Reise,* den Lehrern folgende didaktische Überlegungen anheim, die für sämtliche untersuchten Lehrbücher typisch sind:

> *. . . Darüber hinaus muß es jedoch darauf ankommen, die Schüler mit der Problematik des „Krisenherdes Nahost" möglichst umfassend zu konfrontieren. Der Kollege sollte sich dabei im klaren darüber sein, daß ein Geschichtsunterricht über ein Zeitproblem immer schwierig sein muß, weil wir uns noch „mitten darin" befinden, keinen Abstand haben und darum auch kein objektives Bild gewinnen können. So darf unsere Betrachtung auf keinen Fall darauf hinauslaufen, daß wir von unserer Schulklasse aus Zensuren über das Verhalten der einen oder anderen Seite verteilen oder Lösungen finden wollen, um die sich die Welt seit Jahren vergeblich bemüht. Wir können unseren Schülern nur Tatsachen zu den Problemen vermitteln, mit ihnen Zusammenhänge und Begriffe klären, damit sie täglich angebotenen Nachrichten einordnen und beurteilen lernen.*
>
> *Folgende Erkenntnisse könnten bei der Behandlung Israels gewonnen werden:*
>
> *1. Arabisches Heimatrecht steht gegen uraltes jüdisches Heimatrecht.*
>
> *2. Hinter den kämpfenden Parteien stehen, mehr oder weniger offen unterstützend, die beiden rivalisierenden Großmächte mit ihren Verbündeten, die wirtschafts- und machtpolitische Interessen nicht aufgeben wollen.*
>
> *3. Eine Vielzahl von Menschen muß durch diesen Kampf unsägliches Leid erdulden, ohne für die Ursachen verantwortlich zu sein [Bd. 4, S. 201 L].*

Andere Nuancen setzend erklärt *Hirschgraben, Fragen,* den Schülern die Wichtigkeit des Nahostkonflikts:

> *Weil hier deutlich wird, daß die Ursachen zeitgeschichtlicher Konflikte häufig weit in die Geschichte zurückreichen; weil im Nahostkonflikt den Industrieländern zum ersten Mal ihre Abhängigkeit von den Rohstoffländern, besonders vom Öl, vor Augen geführt wurde; weil hier die Gefahren der Ausweitung eines regionalen Konflikts zum atomaren Weltkrieg und der Zwang zur Koexistenz der beiden Großmächte besonders einleuchtet [Bd. 4, S. 4].*

Die Behandlung des Konflikts durch die Lehrbücher soll im folgenden anhand der in ihnen gesetzten Schwerpunkte untersucht werden, wobei jeweils unterschiedliche Aussagen gegenübergestellt werden:

Jüdische Einwanderung nach Palästina

Soll die Einwanderung als ein

> *Keim ständiger Unruhen (gesehen werden, der) eine erhebliche Unruhe unter den Arabern hervorrief [Buchner, Werden, Bd. 3, S. 264],*

oder als eine

> *Rückkehr nach Zion (von jüdischen Siedlern, um) unter schwierigen Bedingungen die Grundlagen einer neuen jüdischen Gemeinschaft zu schaffen? [Diesterweg, Spiegel, Bd. 4, S. 208].*

> *Schränkten die Briten 1939 aus Rücksicht auf die arabische Welt . . . die jüdische Einwanderung aufs stärkste ein, während andererseits der Andrang von Flüchtenden aus Europa wuchs, wo der Nationalsozialismus die Juden verfolgte und schließlich zu vernichten suchte [Klett, Unterrichtswerk, Bd. 4, S. 71],*

oder

> *begünstigten (die Engländer) während ihrer Mandatszeit eine jüdische Einwanderung? [Schroedel, Erkunden, Bd. 3, S. 187].*

> *Mußte nicht die arabische Bevölkerung in Palästina (80%) um ihr Heimatrecht besorgt sein? [Diesterweg, Grundzüge S1, Bd. 4, S. 82]*

oder waren

> *anfangs . . . Zionisten und Araber der Ansicht, sie könnten gemeinsam in einem binationalen Staat leben? [Diesterweg, Spiegel, Bd. 4, S. 208].*

Unabhängigkeitskrieg

Einhellig entscheiden sämtliche Bücher die Frage nach dem Angreifer im Unabhängigkeitskrieg:

> *Die Juden waren zu einem territorialen Kompromiß bereit. Die Araber wollten die Teilung verhindern [Hirschgraben, Fragen, Bd. 4, S. 251].*
>
> *Die Araber wollten den UN-Beschluß nicht anerkennen, sondern die Juden ins Meer werfen [Schöningh, Zeiten C, Bd. 4, S. 199].*

Deshalb kam es zwischen den Staaten der Arabischen Liga und dem jungen Staat Israel, „dem die Araber sofort den Krieg erklärten" *[Buchner, Werden, Bd. 3, S. 264],* und gegen den die arabischen Nachbarn sogleich ihre Armeen marschieren ließen *[Klett, Unterrichtswerk, Bd. 4, S. 165]* zum Kriege.

Das arabische Flüchtlingsproblem

Über die Entstehung und die Ausmaße des arabischen Flüchtlingsproblems sind die Bücher unterschiedlicher Meinung.

War es wirklich so, daß zuerst die „vertriebenen arabischen Palästinenser . . . Unterstützung bei ihren arabischen Glaubensbrüdern (fanden)" *[Hirschgraben, morgen, Bd. 4, S. 212]*, woraufhin die Armeen der benachbarten arabischen Staaten in den neuen Staat einmarschierten, oder verhielt es sich in der umgekehrten Reihenfolge?

Handelt es sich um eine „Vertreibung von rund 800000 Arabern aus Israel" *[Oldenbourg, Geschichte, Bd. 4, S. 151]*, oder „floh die Mehrzahl der Araber bis auf 140000 aus dem jüdisch gewordenen Teil Palästinas" *[Hirschgraben, Fragen, Bd. 4, S. 253]*, waren es „über 800000 Palästina-Araber nahezu 70% der alteingesessenen Bevölkerung" die „ihre Heimat in einer Massenflucht verlassen hatten" *[Diesterweg, Weltkunde, Bd. 3, S. 254]*, vielleicht sogar „Hunderttausende von palästinensischen Arabern" die „auf Weisung der arabischen Regierungen . . . aus dem Gebiete des Staates Israel . . . (flüchteten), hoffte (man), in Kürze das verlorene Land zurückgewonnen zu haben" *[Schöningh, Zeiten ?, Bd. 4, S. 199]*, oder doch nur „600000 (die) auf den Rat der arabischen Regierung hin das israelische Gebiet verlassen" (hatten) *[Schöningh, Zeiten B, Bd. 4, S. 246]*? Verhielt es sich gar etwa so: „Die meisten Araber flüchteten, die Nachbarstaaten wiesen Hunderttausende von Juden aus" *[Klett, Menschen, Bd. 4, S. 222]*.

Das Fortbestehen des Problems wird von den meisten Büchern ähnlich erklärt:

> *Da Israel sich weigerte, sie wieder aufzunehmen, und die arabischen Regierungen für ihre Eingliederung nichts wirksames unternahmen, mußte die Masse der Palästinenser unter trostlosen Bedingungen in Lagern leben. [Diesterweg, Grundzüge S I, Bd. 5, S. 292].*

> *Sie lebten nunmehr in Flüchtlingslagern in den umliegenden arabischen Ländern, von UN-Organisationen betreut, aber kaum in die Aufnahmeländer integriert. Denn einerseits sollte ihr Flüchtlingsstatus erhalten bleiben, um den Anspruch auf Rückkehr in die Heimat zu sichern, andererseits waren die armen, selbst unter Bevölkerungsdruck stehenden Aufnahmeländer zu einer echten Eingliederung der Flüchtlinge auch wirtschaftlich nicht in der Lage [Diesterweg, Weltkunde, Bd. 3, S. 254;* siehe auch: *Diesterweg, Spiegel, Bd. 4, S. 210].*

> *Weigerten sich später die Palästinenser, in die noch immer von den Israelis besetzten Heimat zurückzukehren? [Schöningh, Zeiten C, Bd. 4, S. 199]* oder trifft die nach beiden Seiten problematisierende Aussage *Hirschgraben, Fragen,* zu:

> *Aus Furcht um die Sicherheit ihres Landes mißachteten die Israelis mehrere UN-Resolutionen, worin die Rückkehr der arabischen Flüchtlinge gefordert wurde. Dagegen werfen die Israelis den reichen arabischen Öl-Staaten*

vor, die PLO und die Nachbarstaaten Israels für teures Geld mit modernsten Waffen zu versorgen, aber zur Unterstützung und Eingliederung der arabischen Flüchtlinge nicht beizutragen [Bd. 4, S. 253].

Einhellig schreiben alle Bücher, daß das Flüchtlingsproblem bis heute einen Herd der Unruhe bildet.

Kriege, UNO und die Großmächte

In fast sämtlichen Lehrbüchern wird die Suezkrise, der Sechstagekrieg und der Jom-Kippurkrieg in mehr oder minder ausführlicher Weise, zuweilen bis in Details der Tagespolitik gehend, beschrieben, die UNO-Interventionen meist lobend, die Verstrickung der Großmächte distanziert, manchmal tadelnd erwähnt, wie auch die Verschlechterung der Beziehungen zwischen der Bundesrepublik Deutschland und den arabischen Staaten infolge der Aufnahme diplomatischer Beziehungen zu Israel. Da die meisten Einzelheiten längst überholt sind, soll mithin nicht näher auf sie eingegangen werden, zumal die Bücher, streng auf Ausgewogenheit bedacht, viele Fakten, jedoch wenig grundsätzliche Stellungnahmen enthalten.

Drei Fragen hingegen, denen grundsätzliche Bedeutung zukommt, sollen hier noch aufgeworfen werden:

a) Wie wird die Rolle der Ölversorgung im Rahmen des Nahostkonflikts dargestellt?

b) Wie werden die PLO und ihre Aktionen geschildert und bewertet?

c) Worin sehen die Bücher den Kern des Nahostkonflikts und worin Möglichkeiten seiner Lösung?

a) In vielen Büchern werden die „Enteignung westlicher Ölgesellschaften, zeitweiliger Ölboykott und ständige Ölpreiserhöhungen als politische „Druckmittel“ und deren wirtschaftliche Folgen eingehend behandelt.

Eine weltwirtschaftliche Machtverschiebung war die Folge. Die wirtschaftliche Krise in Europa und den USA verschärfte sich [Klett, Damals, Bd. 5, S. 138].

Westermann, Reise, schildert die Sparmaßnahmen der Regierungen, Geschwindigkeitsbeschränkungen, vielmaliges Sonntagsfahrverbot.

„Leere Autobahnen und nachts nur notdürftig beleuchtete Städte machten den Bürgern klar, daß hohe Industrialisierung allein keinen Wohlstand garantiert . . . Seit der Ölkrise machte sich immer deutlicher eine neue Wirtschaftsflaute bemerkbar . . . Textilindustrie, Bauwirtschaft und Automobilproduktion . . . Februar 1975 waren 1,2 Millionen Bürger arbeitslos, darunter etwa 100000 Jugendliche [Bd. 4, S. 198].

Andere Bücher verweisen auf erhebliche Preiserhöhungen bei Benzin, Heizöl und anderen Ölprodukten und damit auf die Verteuerung der Industrieproduktion, die Auswirkungen auf das gesamte Kosten- und Preisgefüge hat.

> *Der Boykott und die Erdölverknappung waren nur begrenzte Zeit wirksam, die drastische Preissteigerung beim Erdöl ist geblieben [Schöningh, Zeiten B., Bd. 4, S. 247].*

Klett, Grundriß, wendet jedoch ein, daß auch weiterhin

> *die Westmächte und damit auch die USA indirekt durch ihre großen Erdölgesellschaften im vorderen Orient vertreten (bleiben). Die Araber sind auf diese ihre Kunden ebenso angewiesen wie die Kunden auf ihre Lieferanten [Bd. III, S. 232f.].*

Auch die politischen Folgen werden erwähnt:

> *Obgleich Israel nach einigen Tagen seine militärische Überlebenheit wiedererlangte, werden die Grenzen seiner Macht deutlich. Die arabischen Staaten, die über die größten Ölvorkommen der Welt verfügen, benutzen die Enteignung westlicher Ölgesellschaften, zeitweiligen Ölboykott und ständige Preiserhöhungen als politisches Druckmittel. Deshalb drängten die USA Israel zum Waffenstillstand . . . Gleichzeitig überwogen in den Gremien der UN die Stimmen gegen Israel. Vielen Staaten der Dritten Welt galt Israel als ein „imperialistisches" Land, das den palästinensischen Arabern ihre Rechte vorenthalte. Ende 1975 beschloß die Vollversammlung der UN eine Resolution, die den Zionismus als „Rassismus" bezeichnet. Die Vertreter der PLO, der politischen Organisationen der Palästinenser, nahmen an den Sitzungen des Sicherheitsrates teil, denen Israel fernblieb [Diesterweg, Weltkunde, Bd. 3, S. 255].*

Dieser Verurteilung des Zionismus wird im Buch kein Gegenargument entgegengestellt.

Ähnlich auch *Diesterweg, Grundzüge S II 1:*

> *Sie wollten damit (Ölboykott) die Wiederherstellung der legitimen Rechte des palästinensischen Volkes erzwingen und erreichten so die Anerkennung der palästinensischen Befreiungsorganisation (Arafat) durch die Vereinten Nationen [S. 142].*

b) Eine ähnliche Anerkennung der palästinensischen Befreiungsfront (PLO) erfolgt auch in einigen Lehrbüchern, die mithin eindeutig die arabische Position beziehen, ohne ihr in Fragen der PLO irgendwelche Gegenargumente aus israelischer Sicht gegenüberzustellen. So verfährt *Hirschgraben, Fragen,* das die PLO von ihrer Selbstinterpretation her schildert und Ausschnitte aus dem „Palästinensischen Manifest" 1964 bringt, ohne auch nur mit einem Wort die Stellung Israels zur PLO zu erwähnen.

Die Beurteilung der Terroraktionen erfolgt durchwegs neutral:

> *Mit Terroraktionen gelang es, die palästinensische Masse aufzurütteln und die Weltöffentlichkeit auf das palästinensische Problem zu lenken [Bd. 4, S. 253].*

Ebenso *Diesterweg, Grundzüge S I,* der auch nicht mehr Terroraktionen, sondern von „Kampforganisationen" und „Einzelaktionen von Guerillatrupps" spricht *[Bd. 4, S. 295].*

Andere Bücher wiegen die Aktionen der PLO und die Gegenmaßnahmen des Staates Israel gegenseitig auf:

> *Als besonders gefährlich für den Frieden im Nahen Osten erwies sich auch hier dies Zusammenspiel von Terror und Gegenterror. Vor allem aus Palästinaflüchtlingen rekrutierten sich Partisanenorganisationen, von denen die „El Fatah"-Gruppe am bekanntesten wurde. Ihre Sprengstoffanschläge und Mordüberfälle beantworten die Israelis mit Gegenaktionen über die Grenze hinweg [Diesterweg, Weltkunde, Bd. 3, S. 254].*

Diesterweg, Grundzüge S I, ist gleichfalls um Ausgewogenheit bemüht:

> *Die Weltöffentlichkeit erfuhr von den palästinensischen Organisationen zunächst durch aufsehenerregende Terroraktionen. Überfälle auf israelische Soldaten und Siedler, auf Schulbusse und Krankenhäuser; Anschläge gegen die internationale Luftfahrt; Geiselnahme in ausländischen Hauptstädten, Kämpfe in den Araberstaaten, besonders in Jordanien, wo die Fedayin einen eigenen Staat aufbauen wollten, ehe sie von den Truppen des jordanischen Königs Hussein im Herbst 1970 blutig niedergeworfen wurden . . . Auf Terroraktionen der Fedayin reagierte Israel mit immer härteren Vergeltungsmaßnahmen: Ausgangssperren, willkürliche Verhaftungen, Evakuierungen, Häusersprengungen, Kommandounternehmen auf libanesischem und jordanischem Gebiet [Bd. 4, S. 296].*

Auch *Schroedel, Erkunden,* urteilt ausgewogen:

> *Palästinensische Guerillas wie die „El-Fatah"-Gruppe und israelische Kommandotrupps führten nach Beendigung des Sechstagekriegs einen ständigen Kleinkrieg [Bd. 3, S. 133].*

Noch gibt es wenige andere Stimmen:

> *Inzwischen haben sich aber aus den Palästina-Flüchtlingen unabhängige fanatische Guerilla-Verbände gebildet; sie machen von den benachbarten arabischen Staaten aus die Grenzgebiete Israels durch Feuerüberfälle ständig unsicher, auch terrorisieren sie die Luftfahrt westlicher Fluggesellschaften durch Flugzeugentführungen. Selbst für die arabischen Staaten sind die Partisanengruppen der „Volksfront für die Befreiung Palästinas" zu einer gefährlichen Macht geworden [Schöningh, Zeiten C, Bd. 4, S. 203].*

Radikale arabische Terroristen kämpfen darüber hinaus ständig und mit allen Mitteln gegen die Juden. Eine ihrer Aktionen war der Überfall auf die israelischen Teilnehmer an der Olympiade 1972.

Das blutige Ereignis von München hat viele Deutsche wieder über das Verhältnis von Deutschen und Juden heute nachdenken lassen [Westermann, Reise, Bd. 4, S. 202].

c) An vielen Stellen werden die gegensätzlichen Positionen gegenübergestellt:

Für die Zionisten war Palästina das verheißene Land, wohin sie nach Jahrhunderten der Verfolgungen endlich zurückkehren konnten. Für die Araber war Palästina ein arabisches Territorium, das sich die Juden mit Unterstützung der westlichen Welt widerrechtlich aneignen wollten. Sie sahen nicht ein, warum sie für die furchtbaren Leiden des europäischen Judentums im Zweiten Weltkrieg mit einem Teil ihres Gebietes zahlen sollten [Diesterweg, Grundzüge S I, Bd. 4, S. 292].

Die einen wollten das Land ihrer Vorväter zurückgewinnen, die anderen wollten ihre Heimat nicht verlieren [Klett, Menschen, Bd. 4, S. 124].

Der jüdisch-zionistische Charakter des Staates Israel einerseits und der arabische Nationalismus andererseits verhinderten bisher eine Lösung [Westermann, Minderheit, 2.6.1].

Wegen der unversöhnlichen Haltung der arabischen Staaten gegenüber Israel zeichnet sich noch keine Lösung ab [Buchner, Geschichte, Bd. 4, S. 210].

Hirschgraben, Fragen, stellt unter der Überschrift „Der Nahostkonflikt – Kreuzweg der Weltpolitik“ zwei Aussagen von Mohsen und Ariel Scharon gegenüber, die die Ausweglosigkeit der Situation veranschaulichen *[Bd. 4, S. 247],* und dies nicht lediglich für die an den konfliktbeteiligten Seiten, sondern auch für die verwickelten Großmächte und Europa *[ebd., S. 249].* Die Frage an die Schüler „Unter welchen Voraussetzungen ist nach Ihrer Meinung im Nahen Osten ein dauerhafter Friede möglich?“ scheint unter Heranziehung der dafür empfohlenen Quellen unbeantwortbar *[ebd., S. 254].* Die auf der nächsten Seite angebotene Antwort „Kernproblem bleibt die Errichtung eines palästinensischen Staates, die Anerkennung Israels durch die Araber sowie die Garantie der Grenzen Israels“ *[ebd., S. 255],* läßt sich ebensowenig aus diesen Quellen wie auch aus der gegenwärtigen politischen Lage entwickeln.

Wie Übersicht 15, auf Seite 164 zeigt, ist *Westermann, Minderheit,* das einzige Buch, das jüdische Nachkriegsgeschichte auch außerhalb Israels behandelt, die Beziehungen zwischen Israel und der Diaspora problematisiert und den Nachkriegsantisemitismus erwähnt.

In seinem Beitrag „Zur Behandlung des Nationalsozialismus im historischen Zusammenhang“ schreibt Hans Mommsen: „Die Geschichte des Nationalsozialismus ist kein beliebiges historisches Thema. Seine Behandlung setzt Bereitschaft zum persönlichen Engagement, aber auch die Fähigkeit zu distanzierender Betrachtung und nüchterner Analyse voraus."[153]) Dies gilt auch für die Behandlung der jüdischen Geschichte in Unterricht und Schulbuch. Die hier vorgelegte Untersuchung hofft, beide Voraussetzungen erfüllt zu haben.

[153]) Mommsen, Zur Behandlung des Nationalsozialismus, S. 71.

Anhang:

Verzeichnis der untersuchten Geschichtslehrbücher für die Sekundarstufe I

Schlüsselwort	Titel
1. *Auer, Geschichte*	Geschichte für die Hauptschule Ausgabe für Nordrhein-Westfalen 4 Bände Donauwörth (Ludwig Auer) 1968
2. *Buchner, Geschichte*	Geschichte für Realschulen 4 Bände Bamberg (C. C. Buchner) 1975
3. *Buchner, Werden*	Geschichtliches Werden 3 Bände Bamberg (C. C. Buchner)
4. *Diesterweg, Aufriß*	Weltgeschichte im Aufriß Arbeits- und Quellenbuch für den Unterricht in Geschichte und Gemeinschaftskunde 3 Bände Frankfurt/M. (Diesterweg)
5. *Diesterweg, Grundzüge S I*	Grundzüge der Geschichte 4 Bände Frankfurt/M. (Diesterweg) 1974
6. *Diesterweg, Spiegel*	Spiegel der Zeiten Lehr- und Arbeitsbuch für den Geschichtsunterricht, Ausgabe B 4 Bände mit Handreichungen für den Lehrer Frankfurt/M. (Diesterweg) 1978
7. *Diesterweg, Weltkunde*	Geschichtliche Weltkunde 3 Bände mit Schülerarbeitsheften Frankfurt/M., u. a. (Diesterweg) 1975

8. *Harms, Arbeitsmappen*	Harms Arbeitsmappen, Geschichte 4 Mappen München (List) 1973–76
9. *Henn, Welt*	Unsere Welt Ein Werk in sechs Bänden für den Geschichtsunterricht an Hauptschulen Wuppertal, u. a. (Aloys Henn Verlag) 1970–74
10. *Hirschgraben, Fragen*	Fragen an die Geschichte 4 Bände Frankfurt/M. (Hirschgraben) 1980
11. *Hirschgraben, morgen*	Geschichte für morgen 2 Bände Frankfurt/M. (Hirschgraben) 1978
12. *Hirschgraben, Weg*	Unser Weg durch die Geschichte Neubearbeitung 3 Bände Frankfurt/M. (Hirschgraben)
13. *Klett, Damals*	Damals und Heute Geschichte für Hauptschulen 5 Bände mit Lehrerbänden Stuttgart (Klett)
14. *Klett, Menschen*	Menschen in ihrer Zeit 4 Bände mit Handreichungen für den Lehrer Stuttgart (Klett) 1978
15. *Klett, Unterrichtswerk*	Kletts Geschichtliches Unterrichtswerk 4 Bände Stuttgart (Klett) 1978
16. *Oldenbourg, Geschichte*	Geschichte 4 Bände München (Oldenbourg) 1971
17. *Oldenbourg, Geschichte 2 A*	Geschichte 3 Bände München (Oldenbourg) 1973

18. *Schöningh, Zeiten B* — Zeiten und Menschen – Ausgabe B
Geschichtliches Unterrichtswerk
4 Bände mit Bänden „Didaktischer Grundriß für den Geschichtsunterricht"
Paderborn (Schöningh/Schroedel) 1975

19. *Schöningh, Zeiten C* — Zeiten und Menschen – Ausgabe C
Geschichtliches Unterrichtswerk
4 Bände mit Bänden „Didaktischer Grundriß für den Geschichtsunterricht"
Paderborn (Schöningh/Schroedel) 1968–71

20. *Schroedel, Erkunden* — Erkunden und Erkennen
Hauptschule
3 Bände
Hannover (Schroedel) 1972

21. *Schulbuchverlag, Erleben* — Wir erleben die Geschichte – Ausgabe A
Ein Arbeitsbuch für den Geschichtsunterricht
3 Bände mit „Arbeitsblätter für den Geschichtsunterricht"
(Bayerischer Schulbuchverlag) 1972

22. *Westermann, Reise* — Die Reise in die Vergangenheit
4 Bände mit Lehrerbänden
Braunschweig (Westermann) 1976

23. *Westermann, Zeitaufnahme* — Zeitaufnahme
3 Bände
Braunschweig (Westermann) ²1980

Verzeichnis der untersuchten Geschichtslehrbücher für die Sekundarstufe II

Schlüsselwort	Titel
1. *Buchner, Werden O*	Geschichtliches Werden – Oberstufe 4 Bände Bamberg (Buchner) 1971
2. *Diesterweg, Aufriß neu*	Weltgeschichte im Aufriß Neubearbeitet für den historisch-gesellschaftlichen Lernbereich der Sekundarstufe II Band 2; Band 3, Teil 1 Frankfurt/M., u. a. (Diesterweg) 1976
3. *Diesterweg, Grundzüge S II 1*	Grundzüge der Geschichte Von der Urzeit bis zur Gegenwart Einbändige Ausgabe Frankfurt/M., u. a. (Diesterweg) 1975
4. *Diesterweg, Grundzüge S II 2*	Grundzüge der Geschichte Historisch-politisches Arbeitsbuch 2 Textbände u. 2 Quellenbände Frankfurt/M., u. a. (Diesterweg) 1975
5. *Diesterweg, Politik*	Welt der Politik II Lehrbuch der Zeitgeschichte Frankfurt/M. (Diesterweg) 1975
6. *Gehlen, Politik*	Geschichte und Politik Lehr- und Arbeitsbuch für den Unterricht in Geschichte mit Gemeinschaftskunde 4. durchgesehene und erweiterte Auflage 2 Bände Bad Homberg v. d. Höhe, u. a. (Gehlen)
7. *Gehlen, Wandel*	Wandel der Welt Von der großen französischen Revolution bis zur Gegenwart Bad Homburg v. d. Höhe, u. a. (Gehlen)

8. *Klett, Grundriß*	Grundriß der Geschichte Für die Oberstufe der höheren Schulen, Ausgabe B 3 Bände Stuttgart (Klett) 1979
9. *Schöningh, Zeiten O*	Zeiten und Menschen Geschichtliches Unterrichtswerk, Oberstufe Ausgabe B 2 Bände Paderborn (Schöningh) 1970
10. *Westermann, Minderheit*	westermann – colleg: Zeit + Gesellschaft Heft 1, Minderheit und Mehrheit Braunschweig (Westermann) 1979
11. *Westermann, Politik*	Politik im 20. Jahrhundert 1 Band Braunschweig (Westermann) 1979

Literatur

Borries, Unkenntnis	Bodo v. BORRIES, Unkenntnis des Nationalsozialismus – Versagen des Geschichtsunterrichts? Bemerkungen zu alten und neuen empirischen Studien, in: Tagung der Konferenz für Geschichtsdidaktik, Berlin 24.–27. 9. 1979, Historisches Bewußtsein und Identität, Der Nationalsozialismus in öffentlichen Medien und im Unterricht.
	Dieter BOSSMANN (Hrsg.) „Was ich über Adolf Hitler gehört habe“. Folgen eines Tabus, Auszüge aus Schüleraufsätzen von heute, Frankfurt 1977
Brocke/Jochum, Judentum	Michael BROCKE/Herbert JOCHUM. Das Judentum in Schulbüchern für den katholischen Religionsunterricht heute – Eine Problemanzeige, in: Herbert Jochum/Heinz Kremers (Hrsg.), Juden, Judentum und Staat Israel im christlichen Religionsunterricht in der Bundesrepublik Deutschland, Paderborn 1980
Caspers, Analyse	Horst CASPERS, Analyse der Darstellung des Judentums in evangelischen Religionsbüchern, in: Herbert Jochum/Heinz Kremers (Hrsg.), Juden, Judentum und Staat Israel im christlichen Religionsunterricht in der Bundesrepublik Deutschland, Paderborn 1980
	Empfehlungen für Schulbücher der Geschichte und Geographie in der Bundesrepublik Deutschland und in der Volksrepublik Polen, Georg-Eckert-Institut für internationale Schulbuchforschung, IJbGG Bd. XVII, 1976
Erziehungswesen und Judentum	vgl. Verband Deutscher Studentenschaften
	Jürgen FÖRSTER, Zur Rolle der Wehrmacht im Krieg gegen die Sowjetunion, in: Aus Politik und Zeitgeschichte, B 45/80
Freimark, Geschichtswissenschaft	Peter FREIMARK, Geschichtswissenschaft und Schulbucharbeit – Ergebnisse, Tendenzen und Folgerungen am Beispiel der deutsch-jüdischen Geschichte, in: Internationale Schulbuchforschung, Zeitschrift des Georg-Eckert-Instituts, 1/1980
	Jürgen FRÖCHLING, Deutschsprachige Schulbuchanalysen seit 1958 – Eine vorläufige Bibliographie, IJbGG, Bd. XVI, 1979
Glaser, Aufarbeitung	Hermann GLASER, Aufarbeitung von Vergangenheit, in: Aus Politik und Zeitgeschichte, B 16/80
	Erich GOLDHAGEN, Der Holocaust in der sowjetischen Propaganda und Geschichtsschreibung, in: Vierteljahrhefte für Zeitgeschichte, 4/1980

Habel, Israel und das Judentum	Werner HABEL, Israel und das Judentum als Gegenstand didaktischer Reflexion im Bereich historisch-politischen Unterrichts, in: Erziehen heute, Mitteilungen der Gemeinschaft Evangelischer Erzieher e. V., Heft 4/1977
	Helmut HOFFACKER/Klaus HILDEBRANDT, Bestandsaufnahme Geschichtsunterricht, Programmatik, Materialien, Perspektiven, Stuttgart 1973
	Marhild HOFFMANN, Der Nationalsozialismus in Richtlinien und Lehrplänen. Kritische Anmerkungen zu Beispielen aus fünf Bundesländern, in: Der Nationalsozialismus als didaktisches Problem
	Marhild HOFFMANN/Dieter RIESENBERGER, Ergebnisse der Gruppenarbeit, B, Der Nationalsozialismus und das Problem der Kontinuität in der deutschen Geschichte, in: Der Nationalsozialismus als didaktisches Problem
Internationale Schulbuchforschung, Vorschläge	Vorschläge für die Darstellung von Juden, Judentum und Staat Israel in deutschen Schulbüchern für Geschichtsunterricht/Sozialkunde und Religionsunterricht, in: internationale Schulbuchforschung, Zeitschrift des Georg-Eckert-Instituts, 1/1980
Jochum, Holocaust	Herbert JOCHUM, Der Holocaust im katholischen Religionsunterricht in der Bundesrepublik Deutschland, in: Jochum, Jesusgestalt
Jochum, Jesusgestalt	Herbert JOCHUM, Jesusgestalt und Judentum in Lehrplänen, Rahmenrichtlinien und Büchern für den Religionsunterricht, in: Herbert Jochum/Heinz Kremers (Hrsg.), Juden, Judentum und Staat Israel im christlichen Religionsunterricht in der Bundesrepublik Deutschland, Paderborn 1980
Kästner, Zur Behandlung des Nationalsozialismus	Harald KÄSTNER, Zur Behandlung des Nationalsozialismus im Unterricht, in: Aus Politik und Zeitgeschichte, B 22/79
Klessmann, Methodik	Christoph KLESSMANN, Zur Methodik vergleichender Schulbuchanalyse, in: IJbGG, Bd. XVII, Braunschweig 1976
Kolinsky, Treatment	Martin und Eva KOLINSKY, The Treatment of the Holocaust in West German Textbooks, in: Yad Washem Studies on the European Jewish Catastrophe and Resistance, vol. 10, Jerusalem 1974
Kremers, Die Darstellung der Juden	Heinz KREMERS, Die Darstellung der Juden in neuen Schulbüchern in der Bundesrepublik Deutschland, in: Gerd Stein/Horst Schallenberger (Hrsg.), Schulbuchanalyse und Schulbuchkritik, Im Brennpunkt: Juden, Judentum und Staat Israel, Duisburg 1976

Kremers, Judentum und Holocaust — Heinz KREMERS, Judentum und Holocaust im deutschen Schulunterricht, in: Aus Politik und Zeitgeschichte, B 4/79

Kremers, Die Juden in Schulbüchern — Heinz KREMERS, Die Juden in Schulbüchern und anderen Unterrichtsmedien für den evangelischen Religionsunterricht, in: Herbert Jochum/Heinz Kremers (Hrsg.), Juden, Judentum und Staat Israel im christlichen Religionsunterricht in der Bundesrepublik Deutschland, Paderborn 1980

Krink, Nationalsozialismus — Alfred KRINK, Nationalsozialismus und Widerstand als erfahrbare Geschichte, in: Der Nationalsozialismus als didaktisches Problem

Krippendorf, Darstellung — Ekkehart KRIPPENDORF, Die Darstellung des Judentums in der Lehrerbildung und im Schulunterricht, in: Erziehungswesen und Judentum (siehe: VDS)

Reinhard KÜHNL (Hrsg.), Geschichte und Ideologie, Kritische Analyse bundesdeutscher Geschichtsbücher, Reinbek 1973

Landesinstitut für Schulpädagogik NW (Hrsg.), Die Geschichte des jüdischen Volkes in der europäischen Diaspora und im Staate Israel (Tagungsbericht 32), Düsseldorf 1969

Wolfgang MARIENFELD, Schulbuch-Analyseverfahren am Beispiel von Schulbuchdarstellungen zum Thema Islam und Kreuzzüge, in: Geschichtsdidaktik, 4/1979

Marienfeld, Schulbuchanalyse — Wolfgang MARIENFELD, Schulbuchanalyse und Schulbuchrevision. Zur Methodenproblematik, in: IJbGG, Bd. XVII, Braunschweig 1976

Meyers, Antifaschismus — Peter MEYERS, Vom „Antifaschismus" zur „Tendenzwende", Ein Überblick über die Behandlung des Nationalsozialismus in der historisch-politischen Bildung seit 1945, in: Der Nationalsozialismus als didaktisches Problem

Karl MIELKE, 1917–1945 in den Geschichtsbüchern der Bundesrepublik, Hannover 1971 (hrsg. v. d. Niedersächsischen Landeszentrale für politische Bildung)

Mommsen, Zur Behandlung des Nationalsozialismus — Hans MOMMSEN, Zur Behandlung des Nationalsozialismus im historischen Zusammenhang, in: Der Nationalsozialismus als didaktisches Problem

Nationalsozialismus im Unterricht — Nationalsozialismus im Unterricht, Empfehlungen des Zentralrats der Juden in Deutschland und der Gewerkschaft Erziehung und Wissenschaft im DGB, 1979; abgedruckt auch in: Der Nationalsozialismus als didaktisches Problem

Der Nationalsozialismus als didaktisches Problem — Der Nationalsozialismus als didaktisches Problem, Beiträge zur Behandlung des NS-Systems und des deutschen Widerstandes im Unterricht, Schriftenreihe der Bundeszentrale für politische Bildung, Band 156, Bonn 1980

Niedersächsisches Kultusministerium (Hrsg.), Allgemeine Richtlinien und Richtlinien für den Unterricht in den Fächern Erdkunde, Geschichte, Sozial- und Gemeinschaftskunde, Hannover 1970

Norden, Der Nationalsozialismus in Schulbüchern — Günther v. NORDEN, Der Nationalsozialismus in Schulbüchern, i.b.w.-Journal, 12/1979

Detlev PEUKERT, Der deutsche Arbeiterwiderstand 1933–1945, in: Der Nationalsozialismus als didaktisches Problem

Redhardt, NS-Zeit — J. REDHARDT, NS-Zeit im Spiegel des Schulbuchs. Konzeption und Fehlkonzeptionen für westdeutsche Schüler dargestellt am hessischen Beispiel, Frankfurt 1970

Reinhold Schneider Stiftung (Hrsg.), 1933–1945. Ist Geschehenes Vergangenheit? Aufsatzwettbewerb 78/79, Hamburg o. J.

Rainer RIEMENSCHNEIDER (Hrsg.), Die Judenverfolgung im Dritten Reich (ungedruckt), Maschinendruck

Riesenberger, Der Nationalsozialismus im Geschichtsunterricht — Dieter RIESENBERGER, Der Nationalsozialismus im Geschichtsunterricht – die didaktische Situation heute, in: Der Nationalsozialismus als didaktisches Problem

Robinsohn/Schatzker, Jüdische Geschichte — Saul B. ROBINSOHN/Chaim SCHATZKER, Jüdische Geschichte in den deutschen Geschichtslehrbüchern, Braunschweig 1963

J. ROHLFES, Curriculum und Lernzielvermittlung, in: J. Rohlfes/K. E. Jeismann (Hrsg.), Geschichtsunterricht, Inhalte und Ziele, Stuttgart 1974

Schallenberger, Zur Darstellung der Schoah — E. Horst SCHALLENBERGER, Zur Darstellung der Schoah im deutschen Schulbuch der Gegenwart, in: Tribüne, Heft 67 (1978)

E. Horst SCHALLENBERGER, Das Schulbuch – Aspekte und Verfahren zur Analyse, Ratingen 1973

E. Horst SCHALLENBERGER (Hrsg.), Das Schulbuch – Produkt und Faktor gesellschaftlicher Prozesse, Ratingen 1973

E. Horst SCHALLENBERGER (Hrsg.), Studien zur Methodenproblematik wissenschaftlicher Schulbucharbeit (= zur Sache Schulbuch Bd. 5), Kastellaun 1976

E. Horst SCHALLENBERGER/Gerd STEIN, Jewish History in German Textbooks, in: Patterns of Prejudice, Sept. Okt. 1976; (eine leicht veränderte Fassung auch in: Lebendiges Zeugnis 32, 2/1977 Themenheft: „Judentum und Christentum“

E. Horst SCHALLENBERGER/Gerd STEIN, Juden, Judentum und Staat Israel in deutschen Schulbüchern, in: Lebendiges Zeugnis 32, 21/1977, Themenheft: „Judentum und Christentum“

E. Horst SCHALLENBERGER/Gerd STEIN (Hrsg.), Das Schulbuch – Zwischen staatlichem Zugriff und gesellschaftlicher Forderung, Kastellaun 1978

Schatzker, Bemerkungen — Chaim SCHATZKER, Bemerkungen zur Legitimations- und Kriterienfrage des geplanten Schulbuchprojekts, Intentionen und Fragen zu einer multidisziplinären Analyse deutsche Lehrbücher in bezug auf Juden, Judentum und Staat Israel, in: Gerd Stein/E. Horst Schallenberger (Hrsg.), Schulbuchanalyse und Schulbuchkritik

Chaim SCHATZKER, Israel im Schulbuch. Über den Stand der Forschung und der Untersuchungen deutscher Geschichtsbücher, bezogen auf Inhalte jüdischer Geschichte, Judentum und Staat Israel, in: Blickpunkt Schulbuch, Zeitschrift für moderne Unterrichtsmedien Heft 21 (1978)

Schatzker, Die „Judenfrage“ — Chaim SCHATZKER, Die „Judenfrage“ im Geschichtsunterricht. Ein Ansatz zu ihrer didaktischen Behandlung, in: IJbGG, Bd. XVIII, Braunschweig 1977/78

Schatzker, Schulbucharbeit — Chaim SCHATZKER, Schulbucharbeit als permanenter Denkprozeß. Überlegungen zur Intention eines Forschungsprojekts über Juden, Judentum und Staat Israel in Schulbüchern der BRD, in: Stein/Schallenberger, Schulbuchanalyse

Chaim SCHATZKER, The teaching of the Holocaust, Dilemmas and Considerations, in: The Annals of the American Academy of Political and Social Science, July 1980

Chaim SCHATZKER, Die „Schoah“. Das Schicksal des europäischen Judentums im Dritten Reich als didaktisches Problem in der israelischen Schule, in: Neue Sammlung, Göttinger Zeitschrift für Erziehung und Gesellschaft, 1/1977

Gerhard SCHNEIDER, Mehr Affektivität im Geschichtsunterricht?, in: Aus Politik und Zeitgeschichte, B 45/80

Otto Ernst SCHÜDDEKOPF, Der deutsche Widerstand gegen den Nationalsozialismus. Seine Darstellung in Lehrplänen und Schulbüchern der Fächer Geschichte und Politik in der Bundesrepublik Deutschland, Frankfurt 1977

Schüßler, Gedanken — Roland SCHÜSSLER, Gedanken, Anregungen, Hinweise zur Darstellung des Judentums in deutschen Schulbüchern, in: Erziehen heute, Mitteilungen der Gemeinschaft Evangelischer Erzieher e. V. Heft 3/1980

Alfons SILBERMANN, Antisemitismus in der Bundesrepublik Deutschland, in: Bild der Wissenschaft, 6/1976

Georg STADTMÜLLER, Das nachbiblische Judentum in der Geschichte der Menschheit, in: Erziehungswesen und Judentum, siehe VDS

Gerd STEIN, Immer Ärger mit den Schulbüchern. Ein Vortrag zum Verhältnis zwischen Pädagogik und Politik, Stuttgart 1979

Gerd STEIN, Das Schulbuch als „Politikum", in: ders., Schulbuchkritik als Schulkritik, Saarbrücken 1976

Gerd STEIN, Schulbuchkritik als Schulkritik, Saarbrücken 1976

Gerd STEIN, Schulbuchwissen und Politik und Pädagogik. Untersuchungen zu einer praxisbezogenen und theoriegeleiteten Schulbuchforschung, Kastellaun 1977

Stein/Schallenberger, Schulbuchanalyse — Gerd STEIN/E. Horst SCHALLENBERGER (Hrsg.) Schulbuchanalyse und Schulbuchkritik, Im Brennpunkt: Juden, Judentum und Staat Israel, Duisburg 1976

Bernhard TEWES (Hrsg.), Schulbuch und Politik, Paderborn 1976

Theologische Schwerpunkte des jüdisch-christlichen Gesprächs, Arbeitspapier des Gesprächskreises „Juden und Christen" des Zentralkomitees der deutschen Katholiken, Bonn-Bad Godesberg, den 8. Mai 1979

Werner TRUTWIN/Günther WISCHMANN, Juden und Christen, Quellentexte, Texte für den Religionsunterricht auf der Oberstufe der Gymnasien. Nr. 16 der Quellentexte zum Religionsunterricht: Befragter Glaube (für den evangelischen Religionsunterricht), Göttingen 1971

Uhe, Der Nationalsozialismus — Ernst UHE, Der Nationalsozialismus in deutschen Schulbüchern. Eine vergleichende Inhaltsanalyse von Schulgeschichtsbüchern aus der Bundesrepublik Deutschland und der Deutschen Demokratischen Republik, Bern/Frankfurt 1972

VDS, Erziehungswesen und Judentum — VERBAND DEUTSCHER STUDENTENSCHAFTEN (VDS) (Hrsg.), Erziehungswesen und Judentum, Die Darstellung des Judentums in der Lehrerbildung und im Schulunterricht, München 1960

Hanna VOGT, Die Darstellung des Judentums in der pädagogischen Praxis, in: Erziehungswesen und Judentum, siehe VDS

Veröffentlichungen des Internationalen Schulbuchinstituts Braunschweig/Georg-Eckert-Institut, vgl. Internationale Schulbuchforschung

Zwi WERBLOWSKY, Trennendes und Gemeinsames, in: Handreichung Nr. 39 für Mitglieder der Landessynode, der Kreissynoden und der Presbyterien in der Evangelischen Kirche im Rheinland „Zur Erneuerung", Düsseldorf 1980